20 世纪中国图书馆学文库·69

文科文献检索

朱建亮

圕 國家圖書館出版社

本书据华中理工大学出版社 1990 年 12 月第 1 版排印

目　　录

前　言

　　本教材可供高等院校文科各类专业的学生特别是高年级学生和研究生使用,亦可作为电大、函大、夜大、职大、刊大等文科大专生读书治学、撰写论文的良师益友,同时,还可供青年教员、图书情报档案工作者及其他文史爱好者参考。

　　读书须知门径,研究要查资料。没有输入,焉能输出?不大量搜集图书情报资料和其他信息,并加以消化和熔炼,便不能产生出优秀的科学研究成果。因此,对信息的重视,对情报意识的加强,已成了信息时代教育的一个特色。

　　如今,世界出版物多如牛毛。据统计,全世界每 10 人有 1 份报纸,每分钟有约 1.5 种图书出版(据联合国教科文组织 1985 年统计年鉴统计,1983 年全世界共出版 772000 种新书),加上期刊和非书资料,以及世界数千年来累积之文献,其数量之惊人,可想而知。在如此浩瀚的知识大海面前,如何有效地开发和巧妙地利用,已成为广大读者尤其是青年学生不可不掌握的一项基本功。1984 年原教育部一再发出通知,要求在高等院校开设"文献检索与利用"课程,原因正在于此。

　　笔者在图书馆工作期间,看到大学生们多不会充分利用图书馆,不善于检取所需资料,就曾设想写点有关说明性的文字,并在业余动起笔来。1984 年,我作为本校图书情报学系的一个专职教员,高兴地接受了为全校文科学生开设"文献检索与利用"课的任务,于是自编了一本油印教材《文科文献检索》,使用至 1986 年,经过一番修改,又付之铅印,其名仍旧。没想到,铅印本《文科文献检索》竟引起了校内外众多读者的兴趣。于是,笔者再次修订删削,成了现在这个样子。尽管如此,不足之处,亦在所难免,希望读者多多赐教。

我在图书情报专业执教以及编写这本教材,从母校北京大学图书馆学系主任周文骏教授、朱天俊教授,以及武汉大学图书情报学院、南京大学图书馆等一些老师和同行的著述中得益颇多,并从校系领导和同志们那里得到了大力支持,这次修订出版,又得到了华中理工大学出版社有关同志的热忱指导和帮助。在此,谨向上述同志致以深切的谢意。

作者谨识　1989 年 12 月于湘潭大学南阳村

第一章　检索课题与文献

我们读书治学,特别是开展学术研究,常常有许多疑难需要查解,有许多资料需要搜集,从而需要利用图书、情报和档案系统开展文献检索。所谓文献检索,就是文献需求者向文献存贮系统查检整件文献或零星资料的过程。或是图书情报人员帮助检索,或是读者自己检索,或是两相结合,均应以满足需要和问题得解为目标。为此,本章概述文献的形式与种类,文科研究与文科文献特点,文献收藏与社会需求,文献检索课题的类型、特征等。

第一节　文献的形式与种类

何谓文献?元代马端临在他编的《文献通考·自序》里说:"凡叙事,则本之经史,而参之以历代会要,以及百家传记之书,信而有证者从之,乖异传疑者不录,所谓文也。凡论事,则先取当时臣僚之奏疏,次及近代诸儒之评论,以及名流之燕谈,稗官之纪录,凡一话一言,可以订典故之得失,证史传之是非者,则采而录之,所谓献也。"显然,马氏之"文献"是指"文"与"献"这两类不同的文字资料。而孔子是最早提出"文献"这个概念者,他说:"夏礼吾能言之,杞不足征也;殷礼吾能言之,宋不足征也。文献不足故也。足,则吾能征之矣。"(《论语·八佾》)文献究竟何指,并未说明。

1

古今文人对于"文献"一词,曾经有过不同的解说。传统的解说多尊汉宋学者(郑玄、朱熹等)的说法:所谓"文,典籍也;献,贤也。"然而,从孔子作为文献专家,在列国观览文籍、研究经史、整理图书档案资料这一历史事实来看,他之所谓"文献",恐怕并非如此。故马端临在解释"献"字时,就作了明显的更动。应当说,孔子是不会抱恨贤人之不足的。今天,我们之所谓文献,泛指一切文字、图像、音响资料和视听资料。其实质是以特定的物质为载体的人类精神信息的固态品。

文献随着文字的产生而产生,从我国现存文献资料来看,约有3500多年历史。文献在历史上几经变迁,不断发展,连绵流传,丰富多彩。了解文献的各种物质形式、经历、品类及级别等等,对于我们利用文献,很有必要。

一、文献的产生与发展

我国大约在四五千年以前的夏代就有了最早的文字,在三四千年以前的殷商时代就有了最早的图书——甲骨图书。当时,甲骨图书是分类成包收藏的。公元 1898 年,河南安阳小屯村的农民在地里犁田的时候发现了这种甲骨图书(时称"龙骨"),以后多次发掘,获得了大量的甲骨片,在一个大窖穴里还发现了一个蜷曲的死者,考古学家认为,那可能是甲骨图书的管理人员。那些大窖穴就是殷代的国家档案馆或图书馆。这说明,我国最早文献于那时就产生了。甲骨文中已有书册的"册"字和典籍的"典"字,《尚书·多士》亦载:"……唯殷先人有册有典。"册典有别,进而说明当时的文献已有了统一的形式。

文字和文献的出现,宣告了"上古结绳而治"时代的结束,历史进入文明时代。正如恩格斯所说的:人类"从铁矿的冶炼开始,并由于文字的发明及其应用于文献记录而过渡到文明时代。"(《家庭、私有制和国家的起源》)他又说:"文明时代是学会对天然产物进一步加工的时期,是真正的工业和艺术产生的时期。"(同前)既然如此,信息交流包括文献形式的交流必然日臻繁盛。

文献的产生和交流促进了科学文化的发展,后者又反过来促进前者的发展。世界各国的文献都有一部漫长的历史,随着整个社会历史的曲线而发展延伸。今天,许许多多有价值的珍贵文献保存下来了,也有不少文献散佚了,毁亡了。例如《汉书·艺文志》收书38种,596家,有552家亡,仅44家存。又如《唐书·艺文志》序中说:"藏书之盛,莫盛于开元。其著录者,五万三千九百一十五卷。而唐之学者自为之书者,又二万八千四百六十九卷,鸣呼,可谓盛矣。"然而,"今著于篇,有其名而亡其书者,十盖五六也。"

文献散亡的主要原因,是当时社会落后,人们愚昧,文献的社会价值没有充分显示出来,也没有引起足够的重视,封建统治者对文化控制严酷,加之兵火盗掠,以致文献累遭散亡。《隋书·牛弘传》载,牛弘指出了五次大书厄,其时间是:一为秦始皇焚书;二为赤眉入关;三为董卓移都;四为刘石乱华;五为周师入郢,梁元帝自焚藏书。明代胡应麟又续指了自唐至宋末的五次大书厄:一为隋末炀帝杨广被杀,一时大乱,图书被焚;二为安禄山入关,李隆基奔蜀图书尽失;三为黄巢入都,僖宗出走,图书被焚不少;四是金人入汴,二帝被掳,图书全被散失;五是伯颜入临安,图书被掠一空(参看张舜徽《中国文献学》,中州书画社1982年本)。元、明、清三代,书厄未绝。清代禁书毁书,不次于秦。

当然,还是有丰富的文化典籍被保存下来,其中许多珍贵的著作在社会上广为流传。据估计,现今存世的古代文献共约10万余种(一说约7~8万种,一说约15万种)。

由于科学文化的发展,现代史上的文献更为丰富,特别是当代文献增长甚速。人类的科学知识正按几何级数增长,文献增长率也是如此。我国在1949年10月至1980年共出版图书527402

种,80 年代出版更多,仅 1984 年一年出版的图书就达 41700 种。有人估计全世界的图书总藏量在 1981 年已逾 3000 万种,并仍按每年约 70 余万种增长。现今全世界平均每分钟出书约 1.5 种,每 10 人有 1 份报纸。期刊和其他文献资料更不计其数。故西方惊呼:"知识爆炸"、"情报雪崩"!

二、文献的物质形式

自古至今,文献的物质形式丰富多样,在我国古代就有过甲骨文献、金石文献、简牍文献、缣帛文献、纸质文献。在国外有过泥版文献、羊皮文献、纸草纸文献、树叶文献和纸质文献。在当代,各国都有缩微文献、视听资料和电子计算机可读文献。现分述如下:

甲骨文献。以龟甲骨和兽肩骨为材料。文字是以刀刻写的,然后填上朱砂,以便保存。殷商社会,每事必卜,甲骨上所记即为占卜事,故甲骨文又称甲骨卜辞,简称卜辞。《易经》上记载:"上古结绳而治,后世圣人易之以书契"。书契即此。殷商首都所在地河南安阳小屯村发掘出来的甲骨总计近 16 万片,其文字已分类录入巨著《甲骨文合集》。1986 年,考古工作者在西安西郊花园村又发现更早的甲骨文,距今约 4500~5000 年。

简牍文献。以竹木为材料,削成竹片,木片。北方少竹,多用木片。文字书于竹片者称为简,书于木片者称为"牍"。书写后的竹简或木牍用麻绳、丝绳或鞣制牛皮编连成策(策同册),这就是简牍(或简策)文献。自殷商使用至汉末及三国约 1000 余年。简牍的长短和用什么材料作编,皆有定式。孔子读《易》"韦编三绝"。韦编即熟牛皮为编。这种文献因材料易找,发展迅速,当时私人藏书家藏书有的"汗牛充栋"。可惜易于腐烂,南方尤甚。埋入地下者,即使用油漆书写也易腐烂。今出土完好者少。加之"秦火"之害,简牍文献实物保存的时间很短。晋代曾出土过大批先秦简策,后来整理成了《竹书纪年》等书。解放前和近十余年来也出土了大量简牍,汉简居多。目前部分内容尚未公布。

金石文献。以青铜器作材料,或以石头作材料。文字铸刻在青铜器上或刻写在石头上。周秦大量钟鼎器皿是专为保存某种记录的。流传保存至今者仍有不少,其文字已分别录入《金文编》及其《续编》等书。而石料更好保存,故当时用石头作材料刻写过某种文字内容。秦有石鼓、石磐文。保存的石鼓现存九个,唐代学者韩愈有《石鼓歌》一首写此。石磐则于1986年5月在陕西秦公一号大墓首次出土。东汉将《五经》刻于石碑,立于京城,称"石经"。《墨子》云:"书于竹帛,镂于金石",后半句指此。

缣帛文献。以丝织品作为书写材料,自春秋战国沿用至汉末。丝织品贵于竹木,在缣帛文献与简策文献并行时,前者少于后者。秦始皇燔诗书也烧掉了缣帛形式的图书,唐代诗人章碣有诗云:"竹帛烟销帝业虚,关河空锁祖龙居",即写此。汉代藏书更盛,国家图书馆缣帛文献收藏甚富,可惜在当时就散亡严重。东汉末年董卓战乱之中,国家图书馆遭到破坏,这类文献成了军人帐篷、车篷、提囊和口袋的材料。70多年前在新疆楼兰遗址发现过缣帛文献,1951年在长沙楚墓中也有发现。但是,第一次出土完整而丰富的帛书是1973年在长沙马王堆一座汉文帝前之12年的古墓中发掘的,其中有两部《老子》,另有《周易》、《战国策》、《左传》、《天文占星》、《医经》、《相马经》等二十几种古书。

纸质文献。以纸张为材料的一切文献。纸产生于汉代。东汉蔡伦造出了廉价而优质的纸张(定名蔡侯纸)以后,纸质文献便逐步盛行起来,长期使用,直至今日。但在蔡侯纸造出之前,"纸"的概念早已出现,不过一直是指缣帛。如《后汉书·蔡伦传》载:"自古书契,多编以竹简,其用缣帛者谓之为纸。缣贵而简重,并不便于人,伦乃造意用树肤麻头及敝布鱼网以为纸。元兴元年(公元105年)奏上之,帝善其能,自是莫不从用焉。"二是指用丝绵碎渣造的纸,这在蔡伦以前已有之,西汉纸已有出土,尚很耐拉。蔡侯纸出现后,纸质文献就成了最重要的文献物质形式。在未来的社会里,纸质文献将延续下去。

缩微及视听资料。一指用胶卷、胶片缩微复制的文献;二是指用胶卷录制的影片、幻灯片、录音带等;三是用塑料制作的唱片等。一百年以前有人预言纸书要被录音品取代,虽然并未如其想象,但今天的缩微视听资料确乎日增,欧美已有"有声图书馆"。全息缩摄可大容量地存储文献信息,便于保存。目前我国已有《四库全书》、《古今图书集成》、《大清实录》等被缩制成胶卷,可资利用。不过,阅读这类文献需通过阅读机。

计算机可读文献。是指各种记录了文献信息的磁带、磁盘、磁鼓等。这类文献有着很大的发展前途,目前已开始广泛在文献市场发行。对于存储文献信息和检索情报资料很有价值。

总之,文献的物质形式是不断向前发展的,发展的原则是:取材要容易、储存信息量要大,使用要轻便,还要便于保存。文献物质形式发展走过的道路足以说明这一点。当我们了解文献物质形式发展以后,对于查阅、考究古今文献就有了一个基础。

三、古籍的结构和版本

古籍的划分以公元 1911 年为限。古籍在结构和版本上均较复杂。

(一)古籍的结构:古籍的结构包括书名、作者、序跋、牌记、正文等几个部分。此外,古籍还有印记和计量等问题。现依次分述如下。

1. 书名。以反映书中的内容为主,但不只是如此,往往作者及其职官、字号、地名、著作方式,年代等各方面也有所反映。纯反映内容的,如有《易》,《诗》,《书》,《礼》,《乐》,《春秋》,《四书五经》等;反映作者的,如有《老子》,《韩非子》,《毛诗》,《吕氏春秋》,《陆象山尺牍》,《王廷相奏议》等,这里,陆象山为北宋哲学家和自然科学家;反映职官的,如有《太史公书》(即《史记》),《杜工部诗集》,《何水部集》等,"太史公"即司马迁的职官,"杜工部"为杜甫及其任职,"何水部"为南朝梁何逊及其官职水部员外郎;反映作者字号的,有如《刘子政集》、《渔洋山人精华录》等,"子政"为刘向的字,"渔洋山人"为清人王士禎的号;反映作者斋室的,有如《古微堂集》、《二十七松堂集》等,"古微堂"为清魏源的读书堂,"二十七松堂"为清代廖燕的书室,元代陈基有益白斋,其集子称《益白斋集》;反映地名的,有《贾长沙集》,《剑南诗稿》等,"贾长沙"是因贾谊在长沙做官,故名;"剑南"是指四川,陆游在四川做官达十年,其诗稿故名;反映朝代或年代的,有如《明史纪事本末》、《(光绪)湘阴县志》等;反映著作方式的又分为:

编。即后人对前代及他人资料的汇集,如有《图书编》等。

纂。即汇集。如有《管子纂》(明,张榜纂)等。

辑。即收集、摘录。如有《春秋左传杜注补辑》(晋,杜预注,清,姚培谦补辑)等。

解。即对他人书的解释,如《老子解》等。而集解是集中各种解说,如《周易集解》等。

诂。即用今言逐字解释古书,如《墨子闲诂》(清,孙诒让)等。

此外,还有所谓故、训、传、章句、义疏、正义、笺、释等等。

古书名还有大题小题,一般小题在前,大题在后。还有冠词问题,如"新刊"、"重修"、"钦定"、"金像"、"绣像"等等。还有同书异名或同名异书的问题。例如《红楼梦》又名《石头记》、《金陵十二钗》、《风月宝鉴》、《金玉奇缘》、《情僧录》等。

2.作者。即书的著作者、注释者、编辑者等等。古代读书要求同时了解其作者,包括作者的姓名,朝代,籍贯等项,甚至还留心作者的生平传略。孟子说:"颂其诗,读其书,不知其名可乎!"即指此。古时书目往往于书名之下有小传记述,其旨意亦很明确。

3.序跋。古籍的序指序文,跋是跋语。序一般置于书前,但又分自序和他序,自序则往往在书后,他人(包括师友或政界、学界名人)作序多置于目录之前。自序中一般有写作目的和成书经过,他序则多为推荐评介等内容。跋语一般见于正文之后,多为刻书家或版本学家,藏书家所作。序跋对于研究古典文献都有着重要的参考价值,尤其是序文是第一手材料。

4.牌记。古籍牌记即有关版刻的题识文字,包括刻书家的姓名、堂号及刻书时间和刊刻名称等,或称木记。常用牌形、方形、钟形、炉形、鼎形、亚字形等标识。多见于卷末。

有些古籍还有印记。即线装古书上的印章。这些印章为藏书家所钤盖。或反映该书为谁所有,或反映收藏家对后世的告诫。有的文字较长,如明代祁承㸁澹生堂藏书的印记是:"澹生堂中诸经籍,主人手抄无朝夕,读之欣然忘饮食,典衣市书恒不给,后人但念阿翁癖,子孙益之守勿失。"有些书盖有许多家藏书印记,说明流传久远,经手众多。印记本不属古籍结构,但现存古籍大多如此。

古籍计量。古籍有篇之称,周春秋书的篇幅很短。那时,有的书含有许多篇,往往并非原貌,而是后人整理汇集的结果。不像后来的篇是一书中的单位或独立的不能称为一书的文章。古籍有卷之称,原为卷轴图书(包括简策之卷)一卷之卷,以后形成一部书中的具体单位、字数约一万左右。古籍又有帙之称,这是多卷书的套子,一帙约五卷或十卷,《隋书·经籍志》则记"《周易》一帙,十卷"。后又有函之称,亦指此。

此外,古籍还有目录和正文的问题,与现代书无甚差别,不作详介。了解古籍结构也就大致了解现代书的结构。

(二)古籍的版本:古籍的版本也很复杂。版本越老越具学术价值。版本学上有所谓写本、抄本、刻本、仿刻本、活字本、影写本、影刻本、监本、殿本、书棚本、宋本、金本、元本、明本、书帕本、经厂本、朱墨本、套印本、聚珍本、百衲本,巾箱本、善本、孤本、珍本、校本、定本、原本、副本、别本、异本、节本等等。其中,刻本有按朝代划分的如宋刻本、元刻本等,以宋刻本为最佳。有按地方划分的,如蜀本(蜀刻本)、浙本等,蜀本最好。朱墨本指红、黑两色套印本。善本指经过精心校勘,错误较少的本子。亦泛指旧刻本、精抄本、手稿、旧拓碑帖等。孤本指唯一仅存的古籍。珍本,指具有重要学术价值的珍贵罕见文献。

如要进一步了解古书的体例、编次等等,还可以阅读《古籍版本谈丛》和1985年上海古籍社出版的余嘉锡撰的《古书通例》等。

四、现代文献的级次与类型

"辛亥"以来的图书资料,统称现代文献。现代文献可分为三个级次和多个类型。

(一)文献级次。

文献的级次是根据其性质、用途、内容和加工方式划分的。有一级、二级、三级文献,或谓一次、二次、三次文献。

一次文献。指一切原始文献,即由作者创作的一切第一次刊载的文献及未刊手稿或档案资料等。包括报刊论文、专著、研究报告、文学作品、会议文献、专利说明书等。亦有人将未刊手稿称为零次文献,但未得到公认。一次文献的特点在于其创造性,故其学术参考价值很高,贮存量最大,然而最分散,是我们检索的主要对象。

二次文献。指为查检一次文献而编辑的文献,包括各种书目、索引、题录、文摘等,其他具有检索一次文献功能的工具书,也具有二次文献的性质。这类文献的出版是为了控制和利用一次文献用的,它们是将大量的分散的一次文献序化,形成的一种检索工具。其特点是:系统性、报道性、浓缩性、易检性。

三次义献。指在一次、二次文献的基础上编制的查阅二次文献和了解学术动态、水平以及一次文献概况的出版物,包括百科全书、年鉴、手册、指南、名录、要览和书目之书目以及发表在文摘或普通期刊报纸上的动态综述、学术述评、进展报告等。其特点在于综述性、总结性和先导性。对学术研究具有很大的指导和参考作用。

这种级次的划分，同样也适应于古代各时期的文献。了解文献的级次，有助于分级利用和检索。

（二）文献类型。

现代文献的类型，按出版形式或加工方式划分的有：1、印刷型。包括书籍（小册子在内）、期刊（及连续出版物）、报纸。2、缩微型。包括缩微的胶卷、胶片等。3、机读型。包括磁带、磁盘、光盘等。4、视听资料。5、档案。

印刷型文献，是我们使用的最主要的出版形式的文献。又包括：①图书，②期刊，③报纸，④其他文献。

①图书。图书的概念是一个极为含糊的概念。今天仍有广义图书与狭义图书之分。广义图书泛指图书馆的一切文献藏品，书籍、报纸、刊物和手稿、单篇资料都包括在内。狭义的图书限指一定页数的印刷品。1961年联合国教科文组织关于印刷品统计问题的一份建议采纳了这样概念：篇幅不少于49页的印刷品为"书"，5—49页间的印刷品为"小册子"。苏联在1971年公布的国家标准是："书是篇幅大于48页，照例有平装或精装封面的不定期出版的印刷材料"。而其他国家又各有规定，并未统一。我们在这里讲的是这种狭义的图书。

图书按其内容的整体结构和出版形式又分有：单卷书，即内容完整独立成册的图书；多卷书，即内容完整但分多卷或多册出版的图书；丛书，即内容各自独立的多种书冠以一个总书名出版的一套图书，各种单书（子书）之间在内容上不一定都有什么联系。

图书就其内容划分，又有：

a 指导性文件。即党政决议、公报、指示等。包括部分小册子。

b 科学著作。指文科和理工科各门科学的学术理论著作和专业技术著作。

c 通俗读物。包括内容浅显的科学普及著作、文教著作和深浅不同的文学作品。

d 教材。指各种教学用书,如教科书和教学参考材料等。

e 工具书。指按一定的方法编排,供迅速查检文献资料和具体知识用的特殊类型的书籍,包括部分连续出版物。

②期刊。期刊又称杂志。是一种连续出版的印刷品,其特点是具有周期性。又分为半周刊、周刊、旬刊、半月刊、月刊、双月刊、季刊、半年刊和年刊。有综合性的期刊和专科性学术期刊。期刊由于常常定期(极个别的不定期,称不定期刊物)出版,时效性极强。近期期刊是人们最为欢迎的,其中含有最新的学术情报极为丰富。专家们认为,为科学研究所利用的全部学术情报中,有70%是由期刊提供的。期刊由于长期连续出版,又具有知识、情报的累积性,利用期刊可以回溯检索到以往发表的许多文献。

③报纸。报纸又称新闻纸。包括日报、双日报、周报、旬报等,也是一种定期出版的印刷品。报纸分为综合性报纸和专科专题性报纸两类。报纸上发表的主要是政治、经济、文化教育、科学研究、外交等方面的新闻报导,但也有大量的哲学、社会科学方面的论文和综述、评论资料,以及文学作品、小品文、小资料和广告等。报纸的最大特点是其时效性最强,故从中可检得丰富的情报。

④其他文献。其他文献指会议文献,即学术会议上交流的论文和讨论记录资料等,从中可找到许多重要的学术情报。政府出版物,即政府颁行的文件,如政府公报、会议文件和记录、法令法规、条约、公告、专题报告、调查报告等出版物。旧称"官书",美国称"官方出版物"、"官方文件"或"政府出版物"。外国的政府出版物很多。这类文献极具权威性,对于研究国际局势、国家政治形

势、方针政策和思想路线,以及引用统计数据等,有着很大的参考价值。学位论文,即高等院校、研究机构的学生为取得某种学位而撰写的科学论文。一般不发表,而保存在有关单位,读者可借阅或复制,颇具学术参考价值。

至于档案,部分是印刷型的,部分是手写件。这类文献的情报价值很高,值得充分开发利用。1988 年公布的《中华人民共和国档案馆法》对此作了明确说明。

第二节　文科研究与文科文献特点

文科是哲学、社会科学在习惯上的简称,曾或谓文史哲,或谓社会科学,或谓社科,有时也称人文科学(实则有异)。其中,都包括有哲学。其实,哲学划归社会科学或社科并不准确。它是社会科学(社科)和自然科学两大部门科学的概括和总结,是它们的结晶,非属社会科学一方;是高居于这两大部门科学之上,而非并列其中者。然而,人们习惯于将哲学社会科学统称为社会科学或社科,这是为科学研究工作、教育工作组织之便,以简化称呼而造成的历史事实。故这里所言文科亦即过去人们所说的哲学、社会科学或社科等。

文科研究和文科文献有着自己的特点,与自然科学、技术科学相比,很多不同之处是显而易见的。因此,文科读者和学术研究者为读书治学而从茫茫书海之中查阅文献资料时,都须了解这些特点,才能正确地查找、鉴别、选择、利用文献,有效地读书,顺利地研究。

一、文科研究的意义和特点

文科研究在全部科学研究中有着重要的意义。它关系着上层建筑、意识形态的发展方向。在我国今天的两个文明建设中,文科研究得到重视。在建设高度的物质文明的同时,我们要建立起高度的精神文明,文科研究肩负重任。社会主义精神文明对物质文明的建设不但起着巨大的推动作用,而且保证着它的正确的发展方向。

要学好和研究好文科各学科,须大致地了解文科研究的基本特点。这些特点是如下几个方面。

1. 研究对象的复杂性。文科研究或社会科学研究与自然科学、技术科学研究的对象有着明显的不同。后者是整个自然界,整个宇宙、整个物质世界。自然科学要探究的是自然界发展变化的客观规律,即物质形态、结构、性质和运动规律。包括数学、物理学、化学、天文学、气象学、海洋学、地质学、生物学等基础科学和材料科学、能源科学、空间科学、农业科学、医学科学、工业技术等应用技术科学。文科要研究的是整个人类社会,是结成了一定关系的人,包括人们的思想活动和社会活动等等一切社会现象,要探究的是社会和人们的思想发展变化规律以及整个宇宙、整个自然界和人类社会发展变化的总规律。文科包括政治学、军事学、经济学、法学、文艺学、历史学、民族学、宗教学、社会学、科学学、体育学、图书馆学、情报学、档案学和哲学等等。至于马克思主义,列宁主义和毛泽东思想,则是一切学科的理论基础,既须独立研究,又须结合各学科进行研究。

文科要研究的人类社会,不仅指现实社会,而且包括这个社会的历史,即人类历史各阶段的社会。人类社会的发展变化是极其复杂的,它既受自然界影响,更受人类内部的影响,包括人类创造的生产力的影响和人类建立起来的上层建筑及意识形态的影响。而文科中的哲学则不仅要以人类社会为对象,而且要以自然界以及整个客观世界为对象,从中抽象出基本观点来,以指导人们的一切活动。

人,作为自然的人,属于自然科学研究范畴,但我们这里讲的人,是作为社会成员的人,是生活在极其复杂的社会关系中的社会的人。人的意志、生活、行为、事业、情感、思想和成就等等,都是文科研究的对象。人这个对象的思想活动既受自然界的影响,又受其内部的影响,人们互相影响。

作为现实的社会和现实的人,都是活生生的、动态的、不断向前发展的,这些都是文科研究对象复杂性之所在。

2. 研究者的政治思想影响。自然科学本身不带政治思想性,其研究成果本身也是如此。当然,科技研究者是有自己的祖国的,他们的研究目的同样受着世界观和立场的制约,但其政治思想观点不会影响其研究的结果。文科研究工作及其成果则不同,是会受着其认识主体即研究者自身的影响的,他们的思想感情、立场、世界观往往会融进其研究成果。研究者的立场、世界观不同,必然对同一社会现象作出不同的看法,往往得出截然相反的结论。研究者的思想水平和文化水平程度不同,必然对同一社会现象作出深浅不同的认识结论。

由于研究者的立场观点不同,同样一部《红楼梦》,如鲁迅指出的,经学家、道学家、革命家、流言家会看到不同的东西。正是所谓"智者见智,仁者见仁"的现象。

研究者所处的时代和社会制度不同,也往往会影响其研究成果。

3. 成果形成以文献为形式。自然科学技术科学的研究成果有两大形式问世,一是文献形式,一是器物形式,包括制造机器,建筑房物等。文科研究成果一般形成文献,包括未刊文稿、发表的论文和著作等,而且在绝大多数情况下以此为最后形式,除一些艺术成果以直观的艺术作品(如雕塑品)和直观的艺术表现(如表演)形式见诸社会,真正通过研究而获得的认识成果,总以文献见世。文献是一种不太直观的东西,即其外表是直观的,其内容则是以文字符号表达的精神信息,只有通过人的思维才能提取。这些,也是与自然科学技术科学不同的地方。

以上几个特点,第一、二点较为突出。西方有的学者说:"社会科学最大的困境也许还在于实验方面。因为社会科学的实验室是社会,对象都是有意识和活动着的人。观察者和被观察者都相同,他们之间会混淆在一起⋯⋯"。(《国外社会科学》1981 年第 4 期第 28 页)这是不无道理的。了解文科研究的上述特点,也会使我们更注重于文科文献的搜集。

二、文科研究对情报的依赖程度

总的说来,自然科学和文科研究都须臾离不开情报资料,然而,两相比较,后者对情报资料尤其对文献情报资料有着更大的依赖性。

1. 既然社会科学以社会为对象,社会就是实验室,那么对社会就要作全面的考察。社会包括现实社会及其历史两个方面。对现实社会的研究和考察,除了要亲自实践,直接作调查和观察体验(例如马克思曾以伦敦为观察资本主义社会的"窗口")外,还要依赖他人记录的现实资料和他人观察、调查、体验的结果,例如报道、档案资料、调查报告、统计数据、会议文献、政府出版物以及各种图像、图表等等。同时还要参考他人的研究成果,包括当代人和前人的成果,这些,绝大多数都是依赖文献资料获得的。马克思写作《资本论》利用"蓝皮书"等就是一个典型的例子。至于对社会历史的研究和考察,除了利用文物资料和文献资料,没有别的方法。"古人已死书独存,吾曹赖书见古人。"(陆游诗)任何文献最后都变成历史文献,是后人研究历史,研究前人的根本依据。

2. 既然文科研究者受政治思想的影响,使其研究成果也带有一定的政治思想性,那么文科研究是否可以借此随心杜撰呢? 不能。相反,更应缜密,才能具有说服力,才能使自己的认识更具有普遍意义和学术价值。而要这样,就必须集思广益,推敲各种各样的正反两方面的见解。除了学术工作者进行直接的学术交流和直接的调查以外,主要的就是根据文科文献的情报。马克思在《资本论》中深有感慨地说:"研究必须充分地占有材料……"。(《资本论》中文本第一卷第二版跋)他为此书的创作阅读了1500种图书,作了近100本笔记,为各科研究者树立了光辉的典范。恩格斯也说过:"即使在一个单独的历史事例上发展唯物主义的观点,也是一项要求多年冷静钻研的科学工作,因为很明显,在这里只说空话是无济于事的,只有靠大量的、批判地审查过,充分地掌握了的历史资料,才能解决这项任务。"(《马克思恩格斯全集》中文本第3卷第527页)。

3. 文科研究成果既然以文献见世,那么,其科学交流则也以文献为主。因此,利用图书情报部门,充分查阅各种文献资料,就成了文科研究的突出之点,其成败之关键亦系于此。目前不少人强调开拓性人才或智力人才的培养,知识的积累被置于次要地位。这当然是对的。但是有一点必须注意,无论什么人在涉足文科研究,都必须一方面深入社会,另一方面钻进书海里去,否则,聪明才智是不能发挥作用的。在现代信息社会,文献多如牛毛,我们当然不可能囊括无遗;也不必像古人那样为著一书而皓首穷经,似蠹鱼蛀书一生。但是,必须利用文献进行科学交流,又必须利用图书情报档案部门进行文献搜集,这是可以肯定的。更何况今天的文科研究还要利用自然科学、技术科学的一些成果。因此,仅靠个人的些小藏书也是不够的。

此外,文科情报的互相渗透特点,也使得文科研究需要更多地查阅文献。事实上,文科论著比自然科学技术科学论著的平均文献引用量略高,在研究过程中查阅文献所占时间的比例也比自然科学要大,自然科学技术科学一般为1/3,文科为1/2甚至更多。目前有些论著的质量较低,其重要原因是文献不足或搜集不力。

由此观之,文科研究(包括著书立说和毕业论文的撰写)不能不注重文献资料的查找。

三、文科文献的特点

要选择、利用众多的文科文献,就要了解这些文献的特点,而这些特点又与文科情报自身相关,即与其内容相关,故文科文献的特点实质上就是文科情报的特点。这些特点大致是:

1. 文科情报源的社会性。所谓文科情报源,从根本上讲就是指社会实践,有人把现有的文献资料当作情报源,那是欠妥的。文献中含有情报,文献是一种间接的情报源,实则情报流。由于社会科学工作者不可能事事实践,必须大量地从文献中获得情报,故有人误为情源。文科情报源既在社会实践,就决定了它的社会性。社会是极其广大的,纵观历史,环览全球,社会广大多维。文科情报就是反映其中事物的信息,故具有社会性。这也就是说,文科文献具有社会性。

2. 文科文献的思想性。文科情报是被反映的社会信息,人的思想,包括作者的思想也必然得到反映,因此,文科文献具有一定的思想性。在阶级社会里,表现为阶级性,在阶级不复存在的社会里,也有正确与错误,先进与落后的思想性之别。

读者了解以上两点,将促进其认真鉴别,选择文献,孟子曰:"尽信书不如无书。"对一切文献和文献中的一切,都抱一视同仁的态度是不对的。毛泽东同志的"挈其瑰宝,而绝其缁磷",(转引自李锐《毛泽东的早期革命活动》第44页)即"汲其精华,去其糟粕"的思想,应成为我们鉴别、选择文献的基本原则。

3. 文科文献内容的交叉性。由于哲学、社会科学各学科间彼此渗透交叉,致使其文献内容彼此渗透交叉。当然,自然科学各学科之间也有交叉问题,然文科尤为突出。其原因有二:一是文科内部各学科分立以及每学科内部再立分支学科的历史,总的来说比自然科学要短一些;加之,历史上的文人往往身兼多能,文科各种知识往往无所不知,从而造成了文献的综合性。一部《周易》有哲学、历史、政治、文学等以及自然科学多方面的知识,整个《十三经》不仅有哲学知识,文科许多部门如历史、文学、艺术、政治、语言、军事、外交、经济、法学、哲学等的知识及情报资料水乳交融,难分难析。原因之二是文科各学科及每学科内部的分支学科之间,彼此存在着很大的交叉渗透特性,因为它们的研究对象的界限是模糊的复杂的,所以,反映这些知识的文科文献具有上述特点。

读者了解这一点,就应当较多地注意相邻学科的文献,不要囿于自己的学科和专业领域的文献范围。"他山之石,可以攻玉",当代自然科学尚要"博才取胜",何况文科学术工作者乎!南宋著名历史学家、目录学家郑樵提出"天下之理,不可以不会,古今之道,不可以不通"的会通古今的学术思想,正是要求人们广事搜罗,融会贯通。

4.文科文献的重复性。这是同一情报重复传播在文献上的反映,这种现象在科技方面少些,文科文献比较严重。例如:

①重复报道。包括同时报道和反复报道。

②同一内容在书、刊、报各类文献中相互转录。

③文献的重印和再版。包括多次印刷(非一个出版社的重复排印)和重要文献在各时代以不同物质形式出版,以及出版修订版等等。

④部分出版物在内容上的雷同。

⑤影印、复制。

⑥印刷型转换成机读型。

⑦传抄。

⑧以不同的语言文字出版。

这一特点存在浪费的一面,但并非只是缺点。许多重复是必要的。这一特点,一是由于不同时代不同时期的读者需要造成的,二是由于不同民族不同学科的读者需要造成的。了解并利用这一特点,读者就能多途径地查找同一资料。例如某篇文章在一种报纸或一种刊物上一时查不到时,就可以利用其他报刊查找;利用一种文字的文献查不到时,就可以利用其他文字的文献来查,如此等等。了解这一特点,还将促使读者注意选择好的版本。我国古代文献版本甚多,优劣悬殊,只有选择好的版本,才能得到真实的知识和可靠的情报,从而使研究的结果正确。

5. 文科文献的长寿性。这也是相对于自然科学文献而言的。后者具有强烈的累积性,往往前一代或前20年的文献内容已被后一代以至20年后的文献全部吸收,"二十年、五十年或一百年以前出版的著作在很大的程度上只有纯粹的历史意义,研究新问题的科学家们一般说来很少再去翻阅它们。"文科著作却不是这样,"在几十年、上百年内都有提供知识的价值。这也可以用科学计量研究著作加以证明,它们表明,经济学家、哲学家、社会学家和历史学家摘引的著作的'年龄'要比数学家、物理学家、化学家或生物学家在其著作中摘引的著述的'年龄'要大得多。"(王奇等译《社会科学与情报》第27页)。我国二三千年以前的先秦古文献,至今仍在得到引用。后一代以至后许多代的著作并不能完全取代当时的著作,就是说其内容并不完全被吸取干净。许多文献在不同的历史时代和不同的思想方法下被重新研究过。由于这个原因,文科各学科的许多重要著作经历代"书厄"而不灭,一直保存至今。这也是文科文献长寿的原因和标志。

图书情报工作者了解这一特点,将促使其注重前人的文献。布尔韦尔·利顿曾经说:"在科学著作中,你最好读最新的书,在文学著作中,你最好读最老的书。"

此外,文科文献还多为著作,文科重要的成果往往以大部头著作或多卷集著作问世,这也与自然科学不同,后者的成果多以论文见世,包括报刊论文,学术会议上宣读的论文、科技报告、专利说明书及小册子和论文集等等,大部头著作较少。原因是自然科学技术科学的分支甚为细密,各学科研究对象比较狭窄,因而发展速度也比较快,许多问题来不及写成大部头著作就过时了。相反,文科各学科研究的对象比较宽,其自身发展变化的速度也比较缓慢,因此,研究的重大成果多为大部头著作。再说,文科研究由于需要占有大量的文献材料才得出正确的结论,也需要引用大量的资料才能说明问题,因此,文科论著必然要有较大的篇幅,不像自然科学技术科学有时可以用数学语言简明地表述出来。

文科读者了解这一特点,对于选择不同形式的文献很有意义,即既要留心新报刊新内容,更要注意系统地查阅有关专著,特别是一些基本著作。蔡尚思教授为我国青年读者开列了最能代表中国文化的40余部著作(《工人日报》1983年10月4日第二版)确是值得通读的。他写的《中国文化史要论(人物·图书)》,对于文科读者说来,也是一部珍贵的参考书目。

总之,文科研究和文科文献与自然科学、技术科学相比,有着很多不同之点,了解这些特点,既是做好图书情报工作的必要前提,也是文科读者为提高学习效率和科研速度,而正确选择和迅速查检文献的必要前提。

第三节 文献的收藏与课题需求

文献的产生,其社会意义深远而巨大。它使人类得以存储、积累、交流知识和情报,不但在同代人中广泛交流,而且还向子孙后代永久地流传,为人类提供了纵的和横的思想、感情的纽带,为交流知识、情报及各种信息提供了载体。但是,紧接着的一连串的问题也发生了,如文献的收藏、管理、控制、流通及广大社会读者的需求、检索等问题,就是其中最主要的问题。这些都是图书情报学应当回答和我们需要了解的问题。

为了便于检索，我们不妨大致地了解一下文献的收藏和课题需求，尤其是检索课题的类型、特征问题。

一、文献的收藏

文献的收藏，在文献总量还不很大的情况下，自然不会提到全社会的议事日程上来。那时不过是为王室而生产、为王室而收藏罢了。以后随着需要面的扩大，文献生产的数量增多，文献的收藏就由王室扩大开来，又有了政府各部门的收藏、教育机构的收藏、学者的收藏、宗教部门的收藏、出版家、书商的收藏以及私人藏书家的收藏等等。到了近代、现代，由于需求和收藏问题的日益突出，产生了服务广泛的图书收藏、流通的专门社会机构——近现代公共的和部门的图书馆；并且产生了专门提供情报服务的专门社会机构——情报所或情报研究所，它们同样收藏文献；此外，还有些专门收藏、提供档案资料和保存、展出对人类及自然界具有重要研究价值实物的社会机构——档案馆和博物馆，后者同样保存部分图书，不过，最重要和最主要的文献收藏机构还是各类图书馆及情报所，尤其是前者。

当然，在古代还有将图书"藏之名山"，或埋入地下者。例如晋代出土的先秦简策的数量就极其巨大，说明先秦时代有人将图书埋入地下了。以后，又逐步有所发掘。这些出土文献有的原貌完好，内容更是真实可靠，有的虽有断烂脱落，但尚存之文字可参证现存占籍，都是历史研究（包括各科史）的珍贵资料。因此，对这些文献的出土我们应随时关注。不过，埋入地下者毕竟不能与地上的图书馆相比。殷商周已有收藏丰富的王室图书馆，老子任过周王室的图书馆馆长；春秋战国的图书馆被称为平府或册府；秦有博士之藏；西汉有石渠、天禄二阁，东汉有东观之藏；唐宋有秘书监及三馆之藏、有各书院之藏。魏晋以来就有佛道寺观之藏；先秦已有私人藏书家,以后极多,如明清仅江浙一带就达300多家。清代有四库七阁,这些都是近现代图书馆的前身。古代文献的保存流传,有赖于此。这些部门的有关记载(包括书目记录等),是今人考究古代文献流传的主要依据。

近代、现代图书馆发展十分迅速,不仅数量多,而且日益系统。据报道,至1984年,我国已有30万个图书馆(《工人日报》1986年4月),无疑是将大量的小型资料室计算在内的。但能称得上图书馆的数量大概也不下一万。这许许多多的图书馆,可划分为几个大系统,即公共图书馆、科学图书馆、高校图书馆、军事图书馆、工会图书馆、中小学图书馆及版本图书馆等。前三类图书馆是最主要的。这许许多多的图书馆藏书各有侧重:公共图书馆以收藏通俗、普及性读物为主,兼收其他一切出版物。地方公共图书馆还有地方特色,分别系统全面入藏地方文献。科学图书馆以入藏科学著作及科学期刊为主,包括自然科学和社会科学,但多为自然科学方面,其他图书亦兼有收藏。高校图书馆以收藏教材和科学著作、期刊为主,其他图书视需要兼收并蓄。各图书馆对工具书刊一般都有收藏。这许许多多的图书馆上下左右,纵横交错,织成了全国性的图书馆网,它们不仅有业务上、学术上的交往和依赖关系,而且还有书刊交换和馆际互借关系。这些都是我们在开展文献检查时值得注意的。

除了图书馆以外,社会的情报系统和档案系统都是重要的文献收藏机构。情报系统一般分为科技情报系统和社会科学情报系统。我国在1956年成立了中国科学院科学情报研究所(后改称中国科学技术情报研究所),以后逐步发展,现已形成了比较完善的独立的分布于全国各地的大系统,包括中国科技情报所、专业科技情报所、省、市、自治区及地、县级的地方专业情报所,以及厂矿、大专院校和科研单位的情报所(室)等。该系统入藏了大量的科学技术文献。社会科学情报系统的建设在我国起步稍迟,目前也正

22

在逐步形成。中国社会科学院于 1975 年成立了情报研究所,1983 年召开了全国社会科学情报工作规划会议,1984 年中国社会科学院文献情报中心建立,现在,省、市、自治区级的社会科学情报所(室)已逐步建立起来。该系统入藏了大量的文科文献。

档案馆是入藏科研和人事档案的机构。我国现已建成庞大的档案馆(室)网络。这个网络自中央至地方及专业机构和厂矿企业,分布很广。中央级的档案馆有三个,即中央档案馆、中国第一历史档案馆、中国第二历史档案馆。中央档案馆设在北京,直属中共中央和国务院领导,1956 年建,入藏建党以来的具有全国意义的革命历史档案和建国以来党、政各部委直属机构的重要档案。中国第一历史档案馆也在北京,即原故宫博物院(1925 年成立)文献部。现属国家档案局领导,入藏明清档案。中国第二历史档案馆在南京,初名南京史料管理处,1951 年 2 月建,属中国科学院近代史研究所领导,1964 年改为国家档案局领导,入藏 1912 年至 1949 年中华人民共和国成立前的这一历史时期的档案。到 1984 年,全国共有档案馆 2924 个,收藏自唐至今的档案共约 6200 万卷。

二、文献的社会需求

文献的生产是为了利用,收藏也是为了利用,因此,当文献在社会发挥了重要作用而社会也认识了文献的价值以后,对其多方面、多层次的需求就接踵而来。古今中外,许许多多的大大小小的发现、发明和创造都与利用文献相关。十年来图书馆事业和情报工作有了迅速发展,1979 年至 1985 年 6 月,获国家发明奖的成果竟达 967 项,累计获得的经济效益达 260 亿元(据《光明日报》1985 年 9 月 29 日)。在文科研究方面和整个一代人才培养教育方面获得的效益更是无法估量。这又进一步使得社会对文献的需求更扩大了、更深入了。

文献的社会需要是随着物质生产和科学文化的发展,随着物质生活的提高和社会制度的进步而不断扩大、增长的。最初,文献是极少数统治者占有和利用,同时,社会的广大其他成员对文献需求也并不很迫切,这与当时文献的信息内容、与人们对文献价值的认识程度以及他们的文化程度也是有关系的。以后,文献的社会需要逐步扩大,由统治者扩大到了被统治的劳动人民。在社会主义社会,几乎人人都在渴求知识,追求文化生活,需要利用文献。列宁在十月革命胜利以后就提出了"充分教会居民利用书报"、"使书有人读、使能够阅读的人更多"的问题,同时他还要求图书馆"迅速地满足读者对图书的一切需要⋯⋯"。(《列宁论图书馆》,北京大学图书馆学系编印,1973 年版)

广大社会读者对图书的需求,又是随着上述因素而不断加深和提高的。归纳起来,有如下三大层次的需要:

1. 对整件图书和报纸、杂志的需要。又包括总藏量、收藏处、某一方面的图书、某一具体图书及某书的作者、译者、出版者、出版时地、版本、内容提要等等。

2. 对图书、报纸、期刊中的具体篇章、内容的需要。又包括对篇章节目出处的需要、对某些主题资料(人名、地名、片段资料等)的需要。这是在上一需求的基础上加深的。因为人们找到书刊,有许多时候是要求迅速得到其中某篇章节目或某主题资料。

3. 对图书、报刊内容中的疑难查解的需要。又包括字、词、术语、时间、地点等等查解。这一需要更深了一步。人们得到书刊,及其篇章节目和片断资料以后,还有一个阅读理解的问题。

以上三点,归根到底是对文献信息即对知识和情报的需求。

其中,第 2、3 层需求日益突出,读者呼声越来越高,这也是现代图书情报事业日益进步的背景。图书情报人员就是要千方百计地去满足上述这一切需求,于是,他们一方面要能迅速回答上述几方面的各种具体问题,另一方面,要设法使读者自己能够查解这些问题,使之掌握文献检索与利用的知识。

三、文献检索课题

所谓文献检索课题,即读者要查找的文献资料或要查解疑难时所提出的问题。例如:①什么叫社会学? ②古今有哪些地方称为宁乡? ③近30年来发表了哪些有关美学的著作和论文? ④古今文献中有关陆务观的资料有哪些? 这些就是文献检索课题。在图书情报学领域,后两题称为专题文献课题,前两题称为事实课题。前者要查检的是个别性的知识和情报,后者要查的是一个专门研究课题所需要的文献资料。这两类课题都是在上述的文献的社会需要三个方面的基础上派生出来的,归根到底,是在对知识和情报需求的基础上派生出来的,或者说是其具体化。这两类课题也就是读者对文献需求的具体提问,亦即检索时的提问。这两类课题都是对文献的需求问题,因此都称为文献检索课题。这两类提问(课题)互相联系,又互有差别,各有其特点。

(一)事实课题:

事实课题的特点是:第一,提问具体、狭小、明确。如前面①②题即很具体、狭小、明确。还有更狭小的,如某字的读音、某字的明确写法、某词的常用含义等等。第二,提问的意图是为了获得一个极为明确的答案,或者说,检索的结果必然是明确的,毫不含糊,也就是确指性强。例如前面①②题的答案就是很明确的。同时,其答案一般为某一具体知识或某一具体文献,而不是一批知识或一批文献。第三,提问大多是为了解决读书、写作中的个别疑难,即课题多发生在一般的学习和写作中。当然,也有一些在科学研究之时。

事实课题又可分为许多类型,如:

1.文字类。包括文字的形、音、义等各方面。例如,"某字的含义是什么"等。

2. 词语类。包括词语的写法、读音、各个义项及用法等等。例如，"古汉语中'弱冠'是什么意思"等。

3. 语句类。包括马列经典著作中的语句出处，古今文献中的名言、警句、隽句、诗词曲、联语等等出处。例如，"河出图、洛出书"出自何书等等。

4. 器物类。包括某器物的图形、名目、作用及起源等。例如"清代以前弓箭的图形如何"等等。

5. 史事类。包括历史上大事和专科史事等。例如，"公元1644年李自成何时退出京城"等等。

6. 时间类。包括中历的纪年纪月纪日的名称和中外历法年月日的换算。例如，"鲁迅记于某书序言末的'太岁阏逢摄提格九月既望'是公元何年何月何日"等。

7. 地理类。包括古今地名及其地理位置等。例如"秦代长沙郡相当于今何地"等。

8. 人物类。包括人物的姓名、字号、室名、别号、行第、生平、职官等。

9. 典制类。包括典章制度的名称和沿革等。

10. 书目类。包括某书为何人著，何地出版，有什么版本以及开本、价格、篇幅等等。

11. 文章类。包括某文的作者和出处，以及某人在某时有什么文章发表等。

如此等等，还可以举出许多其他类型，也可以把每一类型详细分析，但万变不离其宗，即均具上述特点。

(二)专题文献课题：

专题文献课题的特点是，第一，提问往往较宽。第二，答案也不那么明确、具体，就是说具有一定的伸缩性。例如，要查出古今有关陆务观的资料，答案就不一定绝对齐全，毫无遗漏。自然科学、技术科学可以尽可能避免遗漏，文科就很难。事实上，某些课题也只要求查出其主要文献为满足。什么是主要的呢？应据具体要求确定。第三，提问大多来自学术研究课题本身。要研究某一学科的某一具体问题，不仅要解决一般的阅读问题（这往往事先达到了一定的水平而非临时大量地排解疑难），而且要解决文献的搜集问题。总之，专题文献检索课题，是围绕着专门研究课题而产生的文献搜集问题。那么，研究某一课题，究竟要搜集哪些方面的文献资料呢？一般说来，有如下几个方面：

1. 有关该课题或该题所属学科研究发展的水平和动态。只有掌握了这一点，研究才有起点，否则是达不到先进水平的，而可能步他人之后尘。

2. 有关该课题研究的现有成果有哪些？包括有哪些专著？有哪些论文等。只有查检出来，才能参考他人的观点，汲取现有的成果，使自己的思想得到启迪；才能发现他人之不足或错误；也才会帮助自己找到许多原始文献资料的线索。不过，不能停留在这里，不能光靠他人引述的资料或仅对他人的观点作综述，否则，还是不能超出现有水平。有的人写作论文（如毕业论文）仅限于此，而不去搜集原始文献，结果流于浅陋。虽然有的毕业论文一时在老师面前通过，甚至有的发表了，但终究会经不起时间的考验，其学术贡献必然不大。

3. 有关该课题的原始文献。例如要研究某一历史事件，就必须收集当时的有关档案资料，其中主要人物自己的记述、亲友和当代其他人的记载，史书（后一代编的史书）的记载。这是原始资料。又如要研究一古代文学家，不能光读后人撰写的传记，而必须直接查阅其本人的作品、日记、书信、亲友和当时其他人的记述，以及史书记载和档案资料。在这些文献中，地下发掘的比地上流传的更可靠，本人的文字材料比他人的记述更可靠；同代人的记载比后代记载的更可靠。只有搜集并阅读了这些文献资料，研究得出的结果才真正属于自己。在此基础上再旁参他人的成果，研究才会获得较高的水平。

这些文献有的保存下来了，有的湮沉散佚了，有的散见于他书，如类书和他书的注释中，零零星星，点点滴滴，皆不可忽视。

4.有关该课题的佐证资料。佐证资料有的见于文字、词语的结构和使用，有的见于某些事件的发生，有的见于姓名、字号、室名，有的见于他人的诗歌等等。这些往往不算直接的原始文献，而且需要作出情报分析，才能确定为有用的佐证资料。虽然不是主要的，但在直接的原始文献不足的情况下却能起到很好的佐证作用。

5.有关课题基本理论的文献。撰写学术论文要多靠历史事实，但有些论文却很需要一些公认的原理为论据。而且，也必须有正确的理论指导，才能使研究不致得出唯心史观的结论。

6.反映相关学科成果的文献。相关学科的成果有时能帮助自己思考问题，启迪思维。

在以上几方面中，头三个方面是最主要的。事实上在研究中的读者往往事先掌握了其中的某些方面；或者在平时已积累了不少材料，这时只须检索某些方面或作补充了。不论是全面地检索，还是为围绕课题的部分检索，都属专题文献检索课题范围。只有在研究过程中或写作文章时碰到的极具体的个别性的知识和情报需要查解才不属此，而为事实课题。

但应指出，事实课题和专题文献检索课题之间并无鸿沟。例如，那些难于查解的事实课题，往往要通过许多书籍来查，并通过分析，才得结果者，则也带有专题研究课题的性质。反之，专题文献课题可以分解为许多个别的事实课题，"化整为零"，"各个击破"，最后合并，即成全体。查解二者，使用的工具书略有差别。事实课题通过参考工具书多可迅速查解，专题文献课题则须多利用检索工具书，并综合利用其他工具书、边缘工具书，以至普通书，全面检索。

第二章　检索途径与方法

文科文献检索的途径和检索工具的使用方法很多。各种不同的课题需要不同的途径和不同的方法。我们在读书治学时，会碰到这样那样的课题，为了顺利地进行检索，对各种检索途径和各种检索方法，都必须有所掌握，以便随时应用。故本章既介绍文献检索的一般要求和途径，又介绍基本检索方法和各种具体方法。

第一节　检索系统与检索途径

文献检索，包括具体资料的查找，文科与理工科，都有一些共同的基本检索方法。掌握这些基本方法，比了解某一具体问题的资料的查找更为重要。这正如黑格尔所说的："手段是一个比外在合目的性的有限的更高的东西"（《逻辑学》下卷第438页）。

一、检索系统

所谓检索系统，是指图书情报档案工作者和社会其他学者按某种方式方法建立起来的供读者查检图书情报档案资料的某种有层次的体系。它们是客观存在的设施和设备，依次有如下三个方面：

1. 就文献情报事业来讲，我国目前有图书馆系统、情报所系统和档案馆系统。图书馆系统纵横交错组成了一个全国性的图书馆网。读者查找图书情报资料,不仅要利用自己所在单位的图书馆,而且可以向这个网络的每一个网点查找。情报所系统是以中国科学技术情报研究所为核心的全国情报所网络。这两个系统正在走向一体化。档案馆系统是从中央到地方的各级各类档案馆组成的网络系统。

2. 就检索的工具和方式来讲,有机器检索系统和手工检索系统。机检系统是指用电子计算机存储和检索文献资料,而这些所有的用于文献检索的电子计算机又可以联成一个庞大的网络,进行联机检索。北京将建立一个中心性的数据库,各图书馆情报所均可设置检索终端。国家情报检索中心还可以与外国的检索系统连接起来,进行国际联机检索。各读者在各馆终端即可进行人机对话检索。目前北京、天津、上海、长沙、广州等城市已能向国外进行通讯检索。中外文文献的检索系统网不久后将在全国建立起来。手工检索系统是指传统的靠查目录卡片,工具书等来检索的体系,如图书馆目录体系、工具书检索体系等。

手工检索在目前仍然是主要的手段,在将来也是不可缺少的。目前手检可以检到书报刊中的具体语句、词藻资料等,而机检在我国一段时期内一般还只能检索书名或篇名的题录或提要等。

3. 就手工检索来讲,又分图书馆目录体系和工具书体系。图书馆目录卡片有普通卡片和穿孔卡片。普通卡片又分为公务目录和读者目录。读者目录一般有:分类目录、书名目录、著者目录,有的图书馆还有主题目录。穿孔卡片在国外使用,并被淘汰。工具书又分为检索工具书和参考工具书。

二、图书馆各部门简介

图书馆、情报所和档案馆都向社会开放,读者均可利用它们来查检和借阅文献资料。不同的是,档案馆是入藏保密的最原始的文献的机构,例如手写的各种原始材料,向读者公开提供的只有其解密的那一部分。图书馆是入藏以公开或内部出版物为主的文献的机构。其所能提供的也以此为限。图书馆和档案馆多以提供文献原件为主要服务手段,较少直接为读者提供文献的具体内容。情报所就较二者深入一步,它直接提供文献情报(即文献内容中的与读者需要相关的那一部分),同时也入藏各种文献,并向读者开放。以上三者,在设备条件和服务方式上大同小异,而以图书馆规模稍大,工作稍复杂一些,了解图书馆的情况是利用这三者的基础。

无论公共系统、高校系统、科学系统的图书馆,一般都有如下四个部门:

1.采编部门。即将图书从社会上采购回来并进行分类、编目、加工的部门。这里,为了选购图书,订有各种出版目录、出版信息报刊,编有公务目录。

2.图书流通部门,即各类图书的外借部门。这里有卡片式目录多套,有的还有计算机检索设备,读者可通过这些检索工具查得图书的编号(索书号)后即可借阅。

3.阅览部门。即陈列各类出版物,供读者自由阅览的部门。该部门按读者对象或文献类型,开辟不同的阅览室,例如综合阅览室、教师阅览室、报纸阅览室、现刊阅览室、过刊阅览室、古籍阅览室、外文阅览室等等。

4.参考咨询服务部。根据读者的某种特殊需要而编制参考书目、索引和解答读者提出的各种咨询课题的部门。

有的图书馆还有复制服务部门,情报服务部门。这些部门均可供读者随时利用。此外,读者还可以通过自己所在单位和附近的公共图书馆向上一级的或其他省市的大型公共图书馆了解藏书情况或开展馆际互借(包括国际馆际互借)。

三、基本检索方法

文献检索中有三个最基本的方法，即常用法、追溯法、循环法。

1. 常用法。即依赖检索工具查找文献资料的方法。或是机检，或是查检图书馆的卡片目录，或是查检工具书。

常用法是人们经常使用的文献查找方法，无论文献篇名、书名，以及图书报刊中的具体的字、词、语句、名词、术语、史事、数据、人名、地名、事物、时间、书名、团体组织等资料，一般说来，均可通过常用法查得。常用法又分：

（1）顺查法。即在时间上是由远而近地查找。例如查某一专题资料，先了解其渊源，而后了解其发展，最后了解其现状和当代水平。这样，在选择工具书时，也往往是先用较早的工具书，然后才查晚出的工具书。此外，在选用同一套工具书时，也是先查先出的部分，后查晚出的部分。

（2）倒查法。与顺查法相反，是逆历史时间顺序，由近而远地查找。例如查某一课题研究资料，是先查能够反映最先进水平的工具书，然后再查以往出版的工具书。在使用同一种工具书时（例如《全国报刊索引》）也是由近而远。

常用法在具体使用时，还要注意分析课题，鉴别选择工具书，以及掌握检索方法、步骤。

2. 追溯法（或叫回溯法）。这种方法不是用检索工具书来检索，而是以某一现有文献后面所附的"参考文献"为线索，逐一追溯查找的方法。在学术论文或著作的后面往往附有"参考文献"或"参考资料"，追溯法的第一步就是找出并阅读这些"参考文献"；第二步找出这些"参考文献"及其每一篇文献后面所附的另一批"参考文献"；第三步、第四步类推。这种方法往往可以查到仅仅依靠工具书查不到的某些文献，因为每一篇论文的作者都曾不仅利用过工具书查找资料，而且为了使文章根据充分而积累了一些工具书以外的文献资料；另一方面，工具书也往往不能把一切有关文献资料都收录齐全，总是有缺漏的。因此，利用追溯法查找文献资料，就成了一种重要的检索方法。

不过，使用追溯法要注意下面几点：

（1）应从最新文献开始，而不要从几年前或十多年以前的文献开始。

（2）在第三、四次追溯到的"参考文献"中应加选择，而不必每篇都查阅。

（3）可以同时从几篇最新文献开始，但是，要注意去掉追溯到的重复文献和加以选择。

（4）此法多适应查找整件的书籍、文章，具体的事实资料一般不宜用此法检索。

3. 循环法（或分段法）。即前面两种方法的结合。先用常用法或追溯法查得一批资料，然后用追溯法或常用法查得一批资料，两法交叉使用，直至满足为止。

以上三种基本方法中，首先要用的是常用法，第二种最好用作补充。原因是第二种方法容易发生漏检；再说，要从最新文献开始。这些最新文献本身就需要用工具书查得才比较全面，否则，靠偶然碰到的最新文献，必然会漏掉一些。当然，第三种方法比较全面。

四、基本检索途径

检索文献的基本方法掌握以后，还要掌握基本检索途径，以便为今后（即在学习、掌握了许多检索工具书和参考工具书知识以后）根据不同课题确定检索策略打下基础。

如同人们走路一样，要达到某一个目的地，就必须选择某一路线，检索文献也必须先确定途径。

如前所述，文献可划分为一次、二次、三次文献。查检事实课题可据自己对工具书和图书馆目录的知识,直查某种直接工具书或卡片目录,而专题文献检索则往往要从三次文献开始,以了解学科动态和发展水平,然后再查二次文献,以便检索出所需一次文献及具体情报的线索,最后找到所需一次文献及文献中的散见资料。有时,我们在准备使用二次文献(书目、索引等),却不知道或一时记不清有哪些书目、索引及其他工具书,这也要先查查三次文献(如书目之书目、工具书手册之类),以了解这方面的情况。这种"三次文献───二次文献───一次文献"的检索专题文献的程序,是了解基本检索途径必须掌握的。如果说二次、三次文献是对整篇整件的完整文献的逐级的控制工具,那么,上述逐级检索的程序,就是查找专题文献资料的合乎逻辑的必经之途。这是一个总体的途径。我们具体利用三次、二次以及某些一次文献时,在查找某一具体文献时,还要灵活运用下列基本途径。这些途径是根据文科文献的外表和内容特征两个方面来确定的。

文科文献的外表特征有书名、篇名、著者、文种、发表时间和出版者出版地等。其内容特征有所属学科及分支,所属主题,所涉及关键词等等。因此,文科文献检索的途径主要有:

1.题名途径。许多检索工具是根据文献的书名或篇名来排列编制的,包括图书馆卡片目录和工具书等。因此,如果读者已知某些文献书名或篇名,即可从这个途径来查找。

2.著者途径。许多检索工具是根据文献的作者姓名标引排列起来的,包括图书馆卡片目录和工具书等。因此,如果读者已知某文献的作者姓名,即可从这个途径来找。从这个途径查找可得某一作者许多文献。

3.序号途径。有些检索工具书或图书馆卡片式目录根据整篇整件文献的编号特征组织了一套供检索用的线索,读者如已知某文献的序号,即可从这个途径查检。

4.分类途径。许多检索工具是根据文献内容所属的学科分支编排起来的。如果读者不了解文献的书名、篇名、作者名或序号，则可以根据这个途径来查找。从这一途径可以查出同一类目的许多文献。

5.主题途径。某些检索工具是根据文献内容所属的主题及专题编排组织起来的，即按描述主题的词汇标引组织的。读者如果能够分析某文献属于什么主题，即可从这个途径查找。通过这种途径可以查到许多专题资料。

6.关键词途径。某些工具书是根据文献的题目或正文、摘要中选出来的关键词（即具有实际意义的关键性词汇，但不是虚词）作为标引组织起来的。在查文献或文献正文段落，或其中的摘要等时，读者可以从这个途径来查。

第二节　检索工具

文献检索工具是读者进行文献检索时所必备的桥梁或钥匙。包括图书馆目录（即卡片式目录）、工具书和机读目录。后者是机检工具，同时需有电子计算机配合使用；前两者为手工检索工具，是目前检索文科文献最主要的检索工具。

一、卡片目录及其使用方法

图书馆的卡片式目录简称卡片目录。卡片目录是以卡片作为物质载体的目录，其大小一般为 40 厘米 ×60 厘米。每一张卡片代表一种图书。读者要了解图书馆的藏书情况和要外借书籍时，必须先在目录厅的目录柜里查一查卡片目录。一则看是否有自己所需图书，二则查得其号码，以便填写索书条，向管理员借书。

（一）卡片目录的类型。

一般图书馆都设有两套卡片目录，一套叫公务目录，多按书名的汉语拼音或四角号码排列,置于图书馆的采编部门;另一套叫读者目录。读者目录,虽曰一套,实则多种,置于图书馆的目录厅以及各阅览室。顾名思义,公务目录是图书馆工作人员为分编图书或其他公务查检用的,在个别情况下,管理人员为解答读者咨询,也可以带读者偶尔一查;读者目录则专为读者所备。

大型、中型图书馆的读者目录,一般备有几种。大型图书馆备有三至四种。

1. 分类目录。即按一定的图书分类系统(具体来说,按某种分类表)排列的卡片目录。供读者从分类即从学科角度查检图书。

2. 书名目录。即按图书的书名的字顺排列的卡片目录,大多是按汉语拼音、四角号码排列起来的,少数按笔画排列。供读者从书名角度(如只知书名,不知类属)查检图书。

3. 著者目录。即按图书的著者、译者或编者的姓名(有的是政府机构名、团体组织名或其他名称)的字顺排列的卡片目录。多按汉语拼音或四角号码排列,少数按笔画、部首排列。供读者从著者角度来查检图书。

4. 主题目录。即按图书内容所属的主题排列起来的卡片目录。供读者从所需的主题(如"逻辑"、"消费经济"等)的角度查检图书。但目前只有少数图书馆备有这种目录。

这四种目录各有所长。其中,分类目录和主题目录是反映图书内容的目录,编制较难,使用也略复杂一些。

(二)卡片目录的使用方法。

1. 卡片目录的著录事项。要了解卡片目录的使用方法,必须先了解其著录事项。全国图书馆的卡片目录都有统一的著录方法,其著录事项有①索书号。在卡片的左上角,由分类号和书次号组成,如湘潭大学图书馆入藏的(美)本·巴格迪坎著,林珊等译的《传播媒介的垄断》一书的索书号就是"G 21 9·71 2 / 130"。其中,

"G21 9·71 2"是分类号,是据《中国图书馆图书分类法》给定的类号,我国目前大多数图书馆是按该分类法分类,少数图书馆是按《中国科学院图书馆图书分类法》或《中国人民大学图书馆图书分类法》分类;"130"是书次号。书次号有不同编法,有的按书名或著者的头几个字的汉语拼音或四角号码编次,有的按同一类书到馆的先后次序编次,称为种次号,此例就是种次号。②书名项(题名项)。在卡片的正上方即头一条位置。按图书原文照录,原书题目上面的说明(如"大学生丛书")著录于书名之后用括弧括住,原书题目下面的说明,照录在书名下,即第二条位置。③著者项(责任者项)。在书名项之后,用斜线隔开。包括著者、译者或编者、校者的姓名及其著作方式(著、译、校等)。外国图书著者前注明国别。④版本项。在著者项之后,著录版次及版本形式等。⑤出版发行项。在版本项之后,包括出版地、出版者(出版社或出版的团体、机关)、出版时。⑥稽核项。包括页数、插图数、标准书号、开本、价格。⑦提要项。目前图书的卡片目录大多无提要,只有全国统编的印刷发行的卡片目录有内容提要,在稽核项之下。⑧附注项。有些图书馆在卡片目录的左下角或右下角有公务记注,称附注项。它是补充说明上述各著录项目的内容的,图书的目次、附录等也属附注项的内容。

2.分类目录的使用。使用分类目录之前,读者应先了解所在图书馆是按什么分类法编的分类目录,这一般在目录厅都设有分类目录的使用说明,并列有所使用的分类表的大类,了解其大类就可以从分类目录柜里抽出所需大类的一盒,然后再找二级、三级或四级类目。在目录盒里,大类、二级类目、三级类目,甚至四级类目均有导卡(即有"耳"的卡片,"耳"上标明类目)。根据各级导卡,读者便可以查到自己所需的某类图书的目录卡,从而了解该类有哪些图书,并可从中选择,按索书号和书名填好索书条,便可以借阅。我国现在的图书分类有三种分类法,即中国图书馆图书分类法(中图法)、中国科学院图书馆图书分类法(科图法)和中国人民大学图书馆图书分类法(人大法),为了解以上三种分类法的情况,现列其基本大类类名及其类号如表2-1。

表2-1

"中图法"类号类名	"科图法"类号类名	"人大法"类号类名
A 马克思主义、列宁主义、毛泽东思想	00 马克界列宁主义、毛泽东思想	1 马克思列宁主义、毛泽东思想
B 哲学	10 哲学	2 哲学、辩证唯物主义与历史唯物主义
C 社会科学总论	20 社会科学	3 社会科学、政治
D 政治	21 历史、历史学	4 经济、政治经济学与经济政策
E 军事	27 经济、经济学	5 国防、军事
F 经济	31 政治、社会生活	6 国家与法、法律
G 文化、科学、教育、体育	34 法律、法学	7 文化、教育
H 语言、文字	36 军事、军事学	8 艺术
I 文学	37 文化、科学、教育、体育	9 语言、文字学
J 艺术	41 语言、文字学	10 文学
K 历史、地理	42 文学	11 历史、革命史
N 自然科学总论	48 艺术	12 地理、经济地理
O 数理科学和化学	49 无神论、宗教学	13 自然科学
P 天文学、地球科学	50 自然科学	14 医学、卫生
Q 生物科学	51 数学	15 工程技术

"中图法"类号类名	"科图法"类号类名	"人大法"类号类名
R 医药、卫生	52 力学	16 农业、畜牧、水产
S 农业科学	53 物理学	17 综合参考
T 工业技术	54 化学	
U 交通运输	55 天文学	
V 航空、宇宙飞行	56 地质、地理科学	
X 环境科学	58 生物科学	
Z 综合性图书	61 医药、卫生	
	65 农业科学	
	71 技术科学	
	90 综合性图书	

在西方国家（如美国、加拿大、澳大利亚）多采用美国图书馆学家麦威尔·杜威编的《杜威十进分类法》（简称《杜威法》），该分类法的特点是各级类目都是 10 个，其主表 10 大类的类号和类名如表 2 - 2。

表 2 - 2

000 总论	500 纯粹科学
100 哲学	600 技术科学
200 宗教	700 美术
300 社会科学	800 文学
400 语言学	900 历史

3. 主题目录的使用。主题目录是根据一定的主题词表和图书的主题内容编制的。主题目录卡片与分类目录卡片略有不同，即在书名上方加有主题词。此外，与上述主题目录不同的还有见卡

和参见卡,即用白卡片,在上下方分别标出两个主题词,例如"名学"、"逻辑";"莱塞"、"激光器";中间用一个"见"字连接,即为见卡。或者,"图书馆学"、"情报学";"情报学"、"图书馆学";中间用"参见"二字连接,即为参见卡。二者都是主题参照卡。以上都是主题目录卡片,其排列顺序多按其主题词的汉语拼音顺序。同样,主题目录中也有导卡。导卡上标出的是一、二、三各级主题词,也按汉语拼音排列。导卡上除标明主题词以外,还标明与其他主题词的各种关系。其中,"F"表"分"(fēn)有哪些主题;"S"表示"属"(shǔ)于什么主题;"C"表"参"(cān)见什么主题,有时还有"Y"、"D"、"Z",分别表示"用"(yòng)什么主题词;"代"(dài)替什么主题词;"族"(zú)首主题词是什么。据此,读者可以查检相关主题词,得到相关的文献资料。

使用主题目录时,先要根据自己研究的课题内容确定一个或两个以上的主题词,然后按拼音(多是如此,少数按笔画)找到导卡和主题目录卡,据此便可借阅有关主题的图书文献了。

二、文科工具书的类型及其作用

文科工具书是检索文科文献的又一重要检索工具。在开展学术研究和一般学习专业知识时,都要利用工具书。当我们查找图书和论文资料等等时,当阅读古今文献资料而查解各种疑难问题,参考他人的观点等等时,都要利用工具书。为此,我们应了解工具书及其类型。

什么叫工具书? 工具书就是按特定的排检方法编排,能迅速为读者提供知识和资料线索的特定类型的图书。有中文和外文的,文科和理工科的,古代的和现代的。

古今文科工具书可分为两大类型:

1.检索工具书。这是仅仅提供文献目录和资料出处线索的工具书。一般说来,它们没有直接的学术参考价值,只能起引导作

用,这类工具书包括:

（1）书目。指各种成本的图书、报、刊目录（详后）。

（2）索引（旧称通检和引得）。指查找书、刊、报中的具体篇名、文句、人名、地名、书名、社团名等资料线索的工具书（详后）。

（3）文摘。一种有关文章摘要或论著摘要的工具书。它可以提供文献线索，又可以查到一些关键性的摘要，更便于取舍。不过，文摘又具有参考工具书的性质。其中，有时有综述或述评及学术动态等内容，是提供观点的。

检索工具书将进一步大发展，一是数量将增加；二是将标准化；三是将进一步系统化。这是文化建设的基本建设，是社会科学情报系统应积极组织编纂的。

2. 参考工具书。这是能直接提供知识，观点，能直接解答各种具体知识疑难问题的工具书。一般说来，它们不提供线索而提供具体的直接答案。当然，这也不是绝对的，就像检索工具书也有某些参考价值一样，参考工具书有时也有提供线索的作用。例如类书也提供资料线索，百科全书往往在条目后附有参考书目。参考工具书包括：

（1）字典、词典。即有关收录、解释、说明字、词的形、音、义和使用方法的工具书。词典又分综合性的和专题性的两类。

（2）百科全书。是全面反映各学科领域或某一专业领域的具有世界先进水平的知识的大型辞书。

（3）年鉴、手册。年鉴是以年度汇编重要资料和按年度出版的工具书。收录的资料包括学术动态、大事记、统计数据和时事等。手册，不受时间限制，是以学习、工作和科研之实用为出发点来提供知识和资料的工具书。

（4）类书、政书。类书乃我国古代独有。似百科全书而非百科全书。它是将古籍中的有关史实典故、名物制度、诗赋文章和丽词骈句等资料按事物性质类属或韵部编排的工具书。政书是汇集历代政治、经济、军事、外交、文化教育等各方面典章制度资料的工具书。类书和政书，可以说是古代资料汇编式的工具书。

（5）年表、历表。年表是供查史事和年代的工具书。历表是供查时间和不同历法年、月、日换算的工具书。按表格编写。

（6）舆图、图录。舆图即指各种类型的地图。图录是指收录图片图像资料的工具书。

此外，在检索工具书、参考工具书与普通书之间还有一种可称"边缘工具书"的图书，即大部头著作、全集、大部丛书、史书、资料汇编等等。它们既是普通书，又可以起到文献检索的某种作用。

工具书的排检方法分为两大类：字顺排检法和类序排检法（详后）。

三、电子计算机检索简介

电子计算机检索在国外已很普遍。我国在自然科学技术科学方面也开始逐步增多，这主要是利用外文数据库或国际联机检索系统来进行检索；在哲学社会科学方面，使用电子计算机检索尚不太多。由于中文输入电子计算机还在继续实验中，目前虽然有很多方案通过了鉴定，但多不十分理想，因此中文文献数据库也较少。然而，发展是迅速的，不久的将来，电子计算机检索定会普遍起来。这里介绍若干基本知识和方法。

1. 基本原理

电子计算机检索，是通过电子计算机使用户的提问与数据库存贮的内容进行比较（即进行"匹配运算"）来实现文献信息之获取的。其原理同手工检索基本相同。手检时，检索者要将提问与检索工具（如图书馆卡片式目录、工具书）的内容和编排特点（即标引方式）相匹配，才能实现检索；所不同的是，检索时的"匹配"过程，一是由电脑（电子计算机）完成的，一是人脑完成的。故手检需要我们掌握大批工具书，懂得工具书的基本知识和使用方法，机检需要我们掌握数据库、电子计算机检索系统及其使用方法。

2.电子计算机检索系统

电子计算机检索系统,主要由计算机、通讯网络、检索终端以及数据库构成。

计算机,包括硬件和软件部分。硬件包括输入装置、运算器、控制器、存贮器和输出装置。软件指各种程序,主要包括操作系统、数据管理系统、联机控制系统和应用程序。

通讯网络,指终端与计算机之间联络网。

检索终端或终端,指检索者进行"人机对话"检索的装置,包括电传终端、视频终端和带电脑的智能终端。

数据库(或称文档),即存贮文献信息或各种数据的磁鼓、磁盘等,分文献数据库和非文献数据库:前者包括机读版的书目、索引、文摘和原文,后者指机读版的参考工具书,如年鉴、辞典、百科全书、名录、手册等。

利用电子计算机系统检索文献,可以解决某些事实课题如一个书名、篇名、一个统计数据、一个商品的价格或其他某一具体知识;也可以解决专题文献课题,如查出某一方面多年以来所有的文献,或随时提供新发表的文献。前者称追溯检索,后者称定题检索。

检索时,用户先要提出问题。提问由程序员或用户自己通过人机对话进行。这需要预先确定一套提问方案,即要有正确的检索策略,否则不仅会降低速度,造成浪费,而且甚至难于查到结果。提问方案由一项项提问式构成。提问式由课题的某些关键词和一些逻辑算符组成。逻辑算符或称逻辑算子共有三种:"与"(即AND,符号为" * ");"或"(即OR,符号为" + ");"非"(即NOT,符号为" - "),分别用以表示两个检索项之间的关系。提问式输入机内,通过计算机的处理(运算)便可以检出结果(答案),并能进行原文打印。在确定课题的关键词时,应调用数据库词汇表选词,以节省正式检索的时间和免遭失败。

3. 我国读者目前怎样利用计算机检索文献?

①利用引进国外磁带。北京文献服务处、中国专利局、中国科学院图书馆、北京图书馆、南京大学、机械工业部情报所、上海科技情报所等十几个单位分别引进了国外磁带,其中部分为文科文献数据库。可用以脱机检索。如北京文献处引进的磁带有《美国政府报告通报》(NTIS bibliographic data file. 1964—现在),中国专利局引进的磁带有《世界专利索引》(WPISDI—TAPE. 1981—现在),上海科技情报所亦藏。中国科学院图书馆引进的磁带有《会议论文索引》(CPI. 1979—现在)、《科学引文索引》(SCI. 1983—现在)。北京图书馆引进的磁带有《美国国会图书馆机读目录》(MARC. 1978—现在)。

②利用武汉、镇江等地建立的数据库。武汉大学中文系、计算机科学系共同建立了《骆驼祥子》、《倪焕之》等作品全文数据库,镇江市科工委与南京工学院工程系研制了"红楼梦数据库系统",存贮了《红楼梦》全文,可以检索 4000 多个项目的内容。国家经济信息中心已研制成国家条法信息系统,该系统现已收录 2200 多件法律、法规、规章等文件,共 1100 多万字。北京师范大学建立了"中国年历日历谱微机检索数据库"并通过鉴定。这些都是中文数据库。这类数据库将会逐年增加。

③利用国际联机检索终端和中国科技情报所终端站。兵器工业部二○一所,湖南省国防科工办科技开发中心等几十个单位与美国 DIALOG 和 ORBIT 系统联机。中国科技情报所于 1983 年建立了我国第一个国际公用数据终端站。该站可检到欧洲空间组织情报检索中心(ESA—IRS)和美国上述两个系统提供的意大利及其连接到的欧美各国公用数据网的资料。

④利用香港的 DTC—382 型检索终端。在广州等地利用通讯通过该终端可检到美国上述两个系统提供的资料。

利用国外检索系统时,可以先在北京、上海、天津、长沙、广州、南京、西安等等信息中心或科技情报所查阅各系统的数据库目录。例如 DIALOG 系统数据库在文科方面就主要有如下文档:《进行中研究项目索引》(1978 年—现在);《美国百科全书》;《美国协会大全》;《华盛顿邮报索引》(1979 年—现在),每月更新;《美国报纸索引》(1979 年—现在),每月更新;《杂志文献》(1983 年—现在),每月更新;《教育文摘》(1966 年—现在),每月更新;《社会科学文献索引》(1972 年—现在),每月更新;《心理学文摘》(1967 年—现在),每月更新;《语言及语言行为文摘》(1973 年—现在),每季更新;《社会学文摘》(1963 年—现在),每季更新;《哲学文献索引》(1940 年—现在),每季更新;《心理学文献索引》(新编),每周更新;《宗教索引》(1975 年—现在),半年更新;《法律文献索引》(1980 年—现在),每月更新;《金融与市场商情》(1979 年—现在),每月更新;《情报科学文献》(1966 年—现在),双月更新;等等。需要时,可迅速通过终端调用查检。

第三节　工具书字顺检索法

文献检索无论文科,还是理工科,无论工具书,还是图书馆卡片目录以至机器检索,都用得着字顺检索法。在工具书里,字顺检索法的采用,尤为普遍。

字顺检索法是查找文献资料的一种具体方法,即根据文字的形体结构和音韵规律进行查找的方法。例如根据文字的部首、笔画数、编号和音序进行查找的方法。它是查检单字和复词的一种重要的方法。

所谓复词,包括一切语言词、专科名词术语、人名词、地名词、图书文献书名、篇名词、年号等等在内。字典、词典、韵书、百科全书,某些类书、手册、书目、索引等都采用了这种方法。凡构成条目者均可用这种方法检索。

字顺检索法又分如下几个类型及其各种具体方法：

一、形序法

1.笔画法。即根据条目的汉字笔划数多少来检条目的方法。这种方法多用于单字的查检和条目首字的查检，条目的第二、第三字就不用这种方法了。

检字时，先要确定要检的字的准确的笔画数。如果笔画数稍有误差可在其前后相邻画数中查。但是，繁简字的笔画数相差很远，因此，数画数要根据所使用的工具书是按简体还是繁体字编排而定。很多旧工具书，要求按繁体字的笔画数来查。如果只知其简体而不知其繁体，可通过繁简字对照表和《新华字典》等工具书查出其繁体。在确定一个字的笔画数以后，再按笔画数从少至多的顺序查找。如果笔画数相同的字众多，再按部首或起笔，或第一、二笔的笔形去查。这说明笔画法往往是同部首法和笔顺法结合在一起的。这种方法的优点是极为简便，易于掌握。其缺点是某些字难定笔画；某些字的笔画太多，如"齉"竟达36画。再说，同画数的字有的相当多，如七、八画字极多，必须同其他方法结合，才能提高检字速度。

2.部首法。即按汉字的偏旁部首来进行查检的方法，它同样是查单字和条目首字的重要方法，许多工具书采用了这个方法，但一般是字典、词典采用。

所谓偏旁部首是按汉字形体结构中某些较为稳定的基本的结构，这些结构在许多汉字中共用，这是古人造字时形成的。因而可以按偏旁部首将汉字分组归类进行排检。检索者只要认定其部首，即可查得。

具体检字时，先要确定好对要查的字的部首是什么。在定部首时又要注意:①要根据繁简不同字体来定不同的部首,就是说某工具书是按简体字编排的则不能用该字的繁体部首。②要根据不同工具书的不同部首表(或部首索引)来定部首,《说文解字》的部首为 540 个,《康熙字典》等的部首为 214 个,《辞海》为 250 个,《新华字典》和《现代汉语词典》分别为 189 部和 188 部。既然部首数目不同,部首结构也就有了变化,因此最好是先看看具体工具书前的部首表。③近现代工具书的部首定法一般先看上部;如没有,再看下部;上下没有,再看左边;左边也没有,再看右边;上、下、左、右皆无,看外围;再没有,看中座;再没有,看左上角;如果一个字的部首有多个时,再按上述次序选取;如下、左上角或右、左上角都有部首,取下、取右,不取左上角;同一部位有多笔少笔几种部首互相叠合的,取多笔部首,不取少笔部首;一字有单笔、复笔部首,取复笔,不取单笔部首;如果一字什么部首皆无从选取,就按单笔"部首"查检。

　　为了帮助记忆和理解,现列口诀和举例,如表 2 - 3(共六句,以 1979 年版《辞海》为例):

表 2 - 3

取部首的口诀	举　　　　例
一般应在上下左右外部找	字(宀部)、奉(夫部);丝(一部)、眉(目部);阡(阝部)、矜(矛部)、欧(欠部)、馗(首部);图(囗部)、国(囗部);威(戊部),巨(匚部);周(冂部);
如无再看中座、左上角	夹(大部)、办(力部);疑(匕部)、嗣(口部)
部首多个应按上序取	床(广部);想(心部);沐(氵部);歇(欠部);坐(土部)、整(止部)
同位多笔少笔取多不取少	庆(广部,不取丶、一部)、章(音部,不取丶、亠、立部)
单笔复笔取复不取单	旧(日部,不取丨部)、火(火部,不取一部)
部首无复再按单笔找	凹(丨部)、也(乛部)、东(一部)、串(丨部)

47

一个字的部首确定以后,再数部首笔划数。找到部首后,一般再看余笔画数,根据余笔画数即找到该字,例如《康熙字典》里的"哲"字部首是"口",余笔七画(折)。

部首法的优点也是简单易学,绝大多数字易检。《康熙字典》、《中华大字典》、《辞源》(新、旧本),还按部首的笔画数多少分12集(子、丑、寅、卯、辰、巳、午、未、申、酉、戌、亥),可据如下口诀直查正文某集:

一二子三中丑寅,四卯辰巳五午寻,六在未申七在酉,八九戌集余亥存。

部首法的缺点是某些字的部首难定,"叛"在"丶"部,"龍"本身为一个部首,《康熙字典》的"袁"字在"衣"部,"羅"字在"网"部。使用时还要注意"部首说明"和难检字表等。

3. 笔顺法。即根据汉字的各种笔形顺序为先后的检字方法。这种方法要求每笔都要看,第一、二、三笔……。第一笔相同看第二笔,第二笔相同看第三笔,余类推。

这种方法最早使用于清代吏部档案的排检,有的用"元亨利贞"的起笔(一、丿)为序,有的用"江山千古"的起笔(丶丨一)为序;还有的用"寒来暑往"的起笔(丶一丨丿)为序。丨一般认为第三种较合理,但是单独使用这种方法者极少,字典只有《新桥字典》以(一丨丶丿)为序。一般与笔画法结合使用。

二、号码法

1. 四角号码法。即根据汉字的结构特点,把所有笔划按结构规定为从0到9十个号码,然后在一个字的四角各取一个号码,连成一个由四个数字组成的四角号码。使用这种方法,应先熟悉口诀(横1、垂2、3点捺,叉4插5方框6,7角8八9是小,点下有横变0头)和笔形结构及代号,然后见字、识码、取号;取号次序是左上、右上、左下、右下。为了解决同号问题,另有附号,附号是根据

48

右下角笔形上面紧贴的一个笔形而定,其数字附于最后一个数字的右下角。

四角号码法创始于 1926 年至 1928 年。沿用至建国初年,称为旧四角号码法。以后,在此基础上作了修改,称为新四角号码法。以上介绍的为新四角号码法。旧四角号码法与新四角号码法的区别在某些笔形代号和取号方法上,四角的取号法,附号取法都略有区别。

旧法规定:①"人"(如大)不作 8;"个"(如水)不作 9。因此,大 = 4003 ≠ 4080,水 = 1223 ≠ 1290。

②一个字的上部或下部如果只有一个单笔或一个复笔笔形时,不论在什么位置,均算左角,右角作零。例如:弓 = 1720 ≠ 1702。

③"行"同"口""門""鬥"均作外围的字,左下右下角都取里面的笔形。例如:衡 = 2143 ≠ 2122。

④下部撇的下面有笔形所托时,取托在下面的笔形作下角。例如:召 = 1760(当然,新法规定当中起笔的撇下有托笔按托笔取号亦作 1760)。

⑤附号要取右下角上方最贴近而且露出锋芒的笔形,否则作 0。

此法用于检查条目的第二字时,只取头两角的号。例如用《中国丛书综录》查章學诚著有哪些书时,先查"0040₆章",然后查"77 學",才能查得章學诚二字。此法查检迅捷,但应注意旧工具书用的是旧四角号码法。

四角号码法使用的范围很广,特别是一些常用工具书以此为主要检索方法。

2.起笔笔形计码法。即将汉字每字的起笔笔形分别计以如下几种号码:

横	直	点	撇	角	外文字母或阿拉伯数字
1	2	3	4	5	0

检字时,将条目(实指书名)的第一至第五字的每字起笔笔形分别代以上述号码,然后连成一个最多只有五位数的号码。解放后一段时期的《全国总书目》后面所附的书名索引采用了这个方法。例如《家》的号码为3,《九龍山》为432,《561型螺纹铣床》为01244。这种方法很少用于其他工具书。它不能避免重号。

3. 中国字庋撷法。这是一种比较特殊的号码法。它要求先将汉字不同形体分别代以一定的一位数号码,然后按不同字体的要求再取四个号码,最后数该字的方格数,再附一个号码。

(1)不同字体是:"中"字体(如中、申、母、亏等),号为1;"国"字体,(如图、国、匡、间等)号为2;"字"字体,(如全、金、定、基等)号为3;"庋"字体,如(度、席、尿、友等)号为4;"撷"字体,(如结、湘、刻、孔等)号为5。或用罗马数Ⅰ、Ⅱ、Ⅲ、Ⅳ、Ⅴ表示。

(2)按"庋""撷"二字的笔形计以0—9十个号码。

这种方法既复杂又不很科学,不很准确,使用者只有旧燕京大学编的几十种"引得"。如需进一步了解,可查这些"引得"说明。使用这些引得时,另有注音和笔画检字表可用。

三、音序法

1. 汉字拼音字母音序法。即根据汉字的汉语拼音规律检索的方法。

检字时,先据首字母确定在"A、B、C、D、E、F、G、H、J、K、L、M、N、O、P、Q、R、S、T、W、X、Y、Z"23部中的哪一部,然后查出音节,最后看声调:阴平(－)、阳平(ˊ)、上声(ˇ)、去声(ˋ)。不熟练者可先查书前的音节表,熟练者可直检正文。这种方法是一个发展方向,极为重要。

2. 注音字母音序法。即根据30年代公布注音字母表的要求查检汉字的方法。同样是先看声母,后看音节,最后看声调。其声母表可参看《现代汉语词典》附录。此法已过时,只有《新华字典》(1956年本)、《同音字典》(1959年本)等少数旧工具书用此法。

3. 韵部法。即将汉字按音归部并按韵部查检的方法。我国古代许多韵书都用此法。隋代的《切韵》为193韵部,《广韵》、《集韵》为206韵部,南宋的《礼部韵略》并为107部,金元又改为106部,明代《洪武正韵》为76部,一般认为106韵部较为通行。此法先按声分部,然后在每部之下列若干韵。106部韵是:

上平声1东、2冬、3江、4支、5微、6鱼、7虞、8齐、9佳、10灰、11真、12文、13元、14寒、15删;

下平声1先、2箫、3肴、4豪、5歌、6麻、7阳、8庚、9青、10蒸、11尤、12侵、13覃、14盐、15咸;

上声1董、2肿、3讲、4纸、5尾、6语、7麌、8荠、9蟹、10贿、11轸、12吻、13阮、14旱、15潸、16铣、17篠、18巧、19皓、20哿、21马、22养、23梗、24迥、25有、26寝、27感、28俭、29豏;

去声1送、2宋、3绛、4寘、5未、6御、7遇、8霁、9泰、10卦、11队、12震、13问、14愿、15翰、16谏、17霰、18啸、19效、20号、21箇、22祃、23漾、24敬、25径、26宥、27沁、28勘、29艳、30陷;

入声1屋、2沃、3觉、4质、5物、6月、7曷、8黠、9屑、10药、11陌、12锡、13职、14缉、15合、16叶、17洽。

检字时,先确定所要查的字属何声,然后确定何韵,在韵下再找出所要查到的字。一些韵书、类书(如《佩文韵府》)、字典(如《经籍籑诂》)采用了此法。因此,要查找古代资料,须会用这种检索方法。

字顺检索法除以上几种具体的方法,还有"五码法"、"三码法"等,可看已经出版的《五码字典》和《三角号码字典》。

第四节　工具书类序检索法

前面所谓分类检索法、主题检索法、时序检索法、地域检索法，可以统称为类序检索法。

类序检索法是从文献内容特点来考虑检索的。因此，类序检索法可以帮助读者从类目，从主题或所系时、地等找到集中的资料，是文献检索的又一重要检索方法。

下面分述类序检索法的各种具体方法：

一、分类检索法

分类检索法是根据所要查找的文献资料是属于什么类目来进行检索的方法。所谓类目又分科学系统的类目和事物系统的类目两个方面。因此，分类检索法包括科学系统分类和事物性质分类检索法。

1.科学系统分类检索法。这实质上是根据图书资料分类系统来进行检索的方法。当然图书资料分类系统的建立是以科学分类系统为根据的。

科学分类的前身是历史上的知识分类，许多哲学家、科学家对人类知识、学科部门都作过分类。我国先秦时代孔子的"六艺"，实际上反映了他对知识技能的分类，包括礼、乐、射、御、书、数。英国唯物主义哲学家培根将知识分为三大类：历史、文学、哲学，自然科学知识包括在哲学里，这当然有他的历史局限性。唯物主义哲学家洛克将知识分为三大类：（1）直觉知识；（2）论证知识；（3）感情知识。后来法国实证主义哲学家孔德又将知识分为五个基本门类：天文学、物理学（及地球物理学）、化学、生理学、社会学，他认为社会学是各门科学的高峰，数学是在五个类前面或者后面的科学,哲学则是各门科学的协调,而不是以外的东西。此外,还有过其他一些哲学家、思想家的科学分类。

恩格斯指出:"科学分类,每一门科学都是分析某一个别的运动形式或一系列互相联系的和互相转化的运动形式的,因此,科学分类就是这些运动形式本身依据其内部所固有的次序的分类和排列,而它的重要性也正在这里。"(《自然辩证法》)。毛泽东根据这一正确的思想,将科学分为三大类:哲学、社会科学和自然科学,认为哲学是对社会科学和自然科学的总结和概括。

历史上图书资料的分类正是根据历史上科学分类的发展而发展的。我国从汉代的《七略》,到魏晋南北朝时期《七志》、《七录》、《(晋)中经新簿》到《隋书·经籍志》,到清《四库全书总目》这些图书分类方法的发展,都反映了当时知识分类的情况。封建社会图书分类的基本部类是经、史、子、集四部,部下有类,类下有子目。现简介如下:

经部 该部分入的图书是儒家经典著作和注释、阐述这些经典的著作。这些经典为儒家认定的基本的必读书。最初只有六经,至唐宋发展为十三经。加上注释、阐述的著作不断增多,类目就复杂起来了。到清代,经部设类有易类、书类、诗类、礼类(又分周礼、仪礼、礼记、三礼总义、通礼、杂礼书六个子目)、春秋类、孝经类、五经总义类、四书类、乐类、小学类(又分训诂、字书、韵书三个子目)。

史部 该部分入的图书是历史、地理、目录方面的著作。其中,历史著作的体裁众多,故下设类目也较繁富。计有正史类、编年类、纪事本末类、别史类、杂史类、诏令奏议类(又分诏令、奏议二个子目)、传记类(又分圣贤、名人、总录、杂录四个子目)、史钞类、载记类、时令类、地理类(又分宫殿疏、总志、都会、郡县、河渠、边防、山水、古迹、杂记、外记九个子目)、职官类(又分官制、官箴二子目)、政书类(又分通制、典礼、仪制、邦计、军政、法令、考工六个子目)、目录类(又分经籍、金石二个子目)。

子部　该部分入的图书是诸子百家和宗教著作。而诸子百家又包括儒、兵、法、农、医、天文、术数等各个方面,故自然科学、技术科学以及小说、艺术方面的图书都混杂其中,从而使该部最繁杂、设类目最多。计有儒家类、兵家类、法家类、农家类、医家类、天文算法类(又分推步、算书二子目)、术数类(又分数学、占候、相宅相墓、占卜、命书相书、阴阳五行、杂技术七个子目)、艺术类(又分书画、琴谱、篆刻、杂技四个子目)、谱录类(又分器物、食谱、草木鸟兽虫鱼三个子目)、杂家类(又分杂学、杂考、杂说、杂品、杂纂、杂编六个子目)、类书类、小说家类(又分杂事、异闻、琐语三个子目)、释家类、道家类。

集部　该部分入的图书主要是文学作品、文学理论著作,包括历代诗文总集、别集、诗文评议、词曲集等。设类为楚辞、别集类(一、汉至五代,二、北宋建隆至靖康,三、南宋建炎至德祐,四、金至元,五、明洪武至崇祯,六、国朝)、总集类、诗文评类、词曲类(又分词集、词选、词话、词谱、词韵、南北曲五个子月)。

30 年代,我国一些图书馆学家如刘国钧等根据美国的《杜威十进分类法》创造了一些与封建社会的四分法相结合的十进制分类体制。由于十进制的限制,对科学知识的本来系统并不适应,因此并不科学。

建国后,我国的图书分类法逐步完善,到目前为止,出现了三大图书分类法,都设五个基本部类:马克思主义、列宁主义、毛泽东思想;哲学;社会科学;自然科学、技术科学;综合性图书。这三大分类法即中国图书馆图书分类法(中图法)、中国科学院图书馆图书分类法(科图法)和中国人民大学图书馆图书分类法(人大法),其基本大类已列表对照如前。不难看出,这些分类法是比较合乎科学知识系统内部固有的结构的。就其文科各类而言,大类名称基本相同,各类所分入的图书资料也相差不远,只是类号和排列先后略有出入。现就文科的大类名称及所分入的图书资料情况作一简介。

马克思主义、列宁主义、毛泽东思想　该类分入的图书是马、恩、列、斯、毛全集、选集、单行本著作、书信集、手迹、专题汇编、语录；这些著作的有关研究、学习、解说、提要等著作；有关他们的生平、传记、年谱、回忆录、纪念文集、图集等。（"科图法"还将刘少奇、周恩来、朱德著作及研究文献、传记文献入此。）

哲学　该类分入马、恩、列、斯、毛哲学著作；世界各时代的哲学著作；中国各时代的哲学著作；逻辑学、道德哲学、美学、心理学著作；无神论、宗教著作（"科图法"将此入"社会科学"）。

社会科学总论　该类分入社会科学理论与方法论著作；社会科学现状、研究机关、团体、会议、教学和科普著作；统计学、人口学著作等。

政治　该类分入政治理论、政治学说史著作；共产主义运动、共产党有关著作；工人、农民、青年、妇女运动与组织方面的著作；各国政治和政治制度史著作；外交、国际关系著作；法律著作（"科图法"、"人大法"另立法律类）。

军事　该类分入中国、各国军事理论、概况、现状和军事学史著作；军事技术著作；军事地形、地理学著作。（"科图法"将军事技术入自然科学各有关类）

经济　该类分入政治经济学著作；世界各国经济概况、经济史、经济地理著作；计划经济与管理著作；农业、工业、交通运输、邮电、贸易、财政金融各部门经济著作。

文化、科学、教育、体育　该类分入文化理论、世界各国文化事业概况著作；新闻、广播、电视、出版、群众文化事业、图书馆学、目录学、图书馆事业、文物、博物馆事业、档案学、档案馆事业、科学与科学研究事业（包括科学学、未来学、情报学、情报工作与事业）、各种文化、科学事业著作；教育学与教育事业著作；体育著作。

语言、文字　该类分入语言学著作;汉语研究著作;中国少数民族语言研究著作;外国语研究著作;各语种的语文辞书和读物等。

文学　该类分入文学理论著作;世界文学作品总集和世界文学史著作;中国文学方针政策、文学批评与研究、文学作品、文学史著作;各国文学著作。

艺术　该类分入艺术理论著作;世界各国艺术概况和作品总集图书(包括中国艺术);艺术史著作;绘画、书法篆刻、雕塑、摄影、工艺、建筑、音乐、舞蹈、戏剧和电影各种艺术著作。

历史、地理　该类分入史学理论著作(包括历史哲学、年代学、史料学、史学史);世界史著作;各国史著作;中国史著作;传记著作;考古学著作;风俗习惯著作和民俗学著作;地理学和地理著作。

综合性图书　该类分入的图书是综合性丛书、百科全书、类书;综合性辞典;综合性论文集;杂著;综合性年鉴、年刊和连续出版物;各种图书目录、文摘、索引等。

了解上述大类分入图书的基本情况,对于查检图书馆的卡片式目录和书本式目录都有好处。各大类之下,都设有二级、三级、四级以至五级、六级类目。在查图书目录时,应能利用这种上下级位关系,从大类找到下属的某一具体类目。以上三大分类法中,"中图法"使用较普遍。

科学系统分类检索法适应图书馆的卡片目录检索,也适应书本式书目及一些索引的检索。这种方法在使用时,应注意:

(1)先了解所查的检索工具是按什么科学系统即何种分类法组织起来的。

(2)应了解分类系统的部类的基本情况,包括上下类目的关系和并列类目的关系。

(3)应确定自己所要查的图书文献资料的具体的类目级位。

当然,这是从大范围逐步到小范围地推查得到的。

(4)只适应于查找专科图书名和单篇文献的篇名等资料,不适应于某一已知书名、篇名或已知某一作者的姓名为线索的查找,更不适应于查找书中篇中的字词解释或语句出处等。

(5)应触类旁通,积极利用相关类目的文献资料。

2.事物性质分类检索法。即根据所要查找的资料内容是论述什么事件、什么器物、什么人物、什么观点、什么制度及其所系时间、所属地区等进行查找资料的一种方法。

这种方法主要用于类书、政书、手册、指南、汇编、年鉴等工具书的检索。这些工具书的分类情况又各有不同。

类书的类目,一般以"天—地—人—事—物"为基本部类或顺序,每部之下再分小类,每类之下再分细目。例如《艺文类聚》按"天—地—人—事—物"的顺序分为46部727类。《太平御览》分55部4558类。《古今图书集成》则分为6汇编,32典,6109部(该书以"部"为子目)。

政书的类目,按典章制度详分。例如"三通典"的类目是:食货、选举、职官、礼、乐、兵、刑、州郡、边防。"三通志"的类目是:本纪、年谱、世家、列传。略:氏族略、六书略、七音略、天文略、地理略、都邑略、礼略、谥略、器服略、乐略、职官略、选举略、刑法略、食货略、艺文略、校雠略、图谱略、金石略、灾祥略、昆虫草木略。"四通考"的类目是:田赋考、钱币考、户口考、职役考、征榷考、市籴考、土贡考、国用考、选举考、学校考、职官考、郊社考、宗庙考、王礼考、乐考、兵考、刑考、经籍考、帝系考、封建考、象纬考、物异考、舆地考、四裔考、外交考、邮传考、实业考、宪政考。以上是《十通》的大类,每类之下又分细目。至于断代性的政书如《秦会要》等的类目性质与此相似,只是立类有多少的差别,类名也有某些不同。

年鉴、手册以及汇编或某些辞书的类目,都是根据其工具书的性质和所收集资料的具体情况来进行分类的。例如《中国百科年鉴》(1980)分"特载"、"概况","百科"、"附录"等几个部分,其中"百科"下再细分十几个大类。辽宁大学中文系编的《文艺描写辞典》近似类书,其类目有"景物部"、"场面部"、"人物部"、"细节部",每部之下再分若干类,在类下排列资料。

利用事物性质分类检索法查找资料应注意:

(1)只适应查找事物方面的片断性的资料,统计数据,时事等,一般不用于查某一方面的图书书名和文章篇名。

(2)由于各种工具书对事物性质没有统一的确定,分类不一致,因此,读者要了解所选用的工具书的具体类目,然后再下手检索。

(3)要了解所用具体工具书所收资料的时间断限和基本情况。

(4)由于事物性质分类的方法不很科学,不一定很准确,故容易错类,错了类找不到资料时,要注意改换其他有关类目来查找,直到满足为止。同时要注意相关类的利用。

二、主题检索法

所谓主题检索法,是根据所要查的某一方面的图书和篇名资料的内容是属什么主题概念来进行检索的一种方法。

所谓主题概念,是指图书和篇章的内容实质。例如,此书是谈"辩证法"的,那篇文章是讨论"消费经济"的,那么这里的"辩证法"、"消费经济"就是主题概念。用语言表达,主题概念就是主题词。主题词都是实词,而非虚词。主题词又都是规范了的词汇,例如"土豆"与"马铃薯"是一回事,是一个主题概念。同样"出口"和"输出"也是如此。但主题词规范以后,"土豆"要改用"马铃薯","出口"要改用"输出"才能迅速查到资料。否则会降低检索速度。

主题检索法用于主题目录和索引。它们是根据规范了的主题词作为标引排列起来的目录或索引,而排列时采用的是字顺法。如中文主题目录或索引,是按主题词的汉字字顺(或拼音或笔画法,一般用汉语拼音音序)排列的。例如要查"出口"方面的主题资料(一批图书书名或篇名)则最好用"输出"这个词来查。如查"出口",它会指引你用(Y)"输出"来查。查到"输出"后便可得到一批文献。关于主题卡片目录(见前),目前还很少有图书馆编制,但必将增多,如遇主题卡片目录可参考其使用说明。

用主题检索法检索,既广且深。用分类检索法只能检索到书名、篇目,而主题检索法可检到片断资料;分类检索法将一本书只分入一个类,而主题法则将一本书的不同内容的章节排列在各个主题词下,提高了利用率;分类目录一般不允许同类的书目和篇目混排,主题法则可以将同一主题的书目、篇目混排在一个主题词下,提高了检索效能;分类检索法要拐大弯,从大类到二级类、三级类……逐级推查,而用主题法可以按字顺直接查到自己研究的那个主题。

不过,应当指出,我国不仅图书馆的主题卡片目录尚少编制,书本式的主题索引就哲学社会科学来说,目前也只有《马克思恩格斯全集主题索引》、《列宁全集索引(1—35卷)》(上)、《毛泽东选集专题论述索引》等。自然科学技术科学方面的情况好一些。因此,哲学社会科学方面尚有待图书情报工作者和学者们的努力。

此外,另有分类检索法和专题(类似主题)相结合的检索方法,即在分类的大类之下列出某些适应收录资料具体情况的标题。

三、时序检索法

时序检索法是根据所要查的资料所系的时间(年、月、日)线索来进行检索的方法。

这里所指的资料包括文献资料的发表时间和具体的历史事件、时事、个人生平活动,以及各种历法所纪的年、月、日等等。其中,以史事、个人活动和各种历法的年、月、日为主。

时序法使用的范围主要有《中华人民共和国大事纪年》、《中外历史年表》、《中西回史日历》等年表、历表类工具书。此外,一些连续出版的工具书如各种年鉴和报刊索引等的使用也应考虑其时序。另外有些工具书如类书、政书中的资料虽然主要按分类法排检但子目之下多是按时间顺序排列的,故亦可用时序检索法。不过,目前单就出版物的出版时间顺序来编制的中文工具书还没有,其实这是可以考虑编制的,也可以作为计算机检索的一个方法。目前图书馆目录中连续出版和同一作者的著作是按时序排列的,但一般按逆时排列。

四、地域检索法

地域检索法是根据要查的资料内容所属的地理位置或地区关系来进行检索的方法。

地域检索法适应的工具有:《中国名胜词典》、《中华人民共和国地图集》、《世界地图集》、《中国地方志综录》等工具书。

查某一地名的地理位置,可以根据其行政区划来查;查某一名胜的介绍资料,也可以从该文献所属的行政区划来查。查找时,一般是这样的顺序:国名—省、市、自治区名—地区名—县名—乡镇名等。

以上类序检索法由于是从文献资料的内容特征来考虑检索的一种方法,因此,文科读者进行文献专题资料检索时尤应注意掌握、利用。

第三章　查当代科学进展与时政大事

　　反映当代先进水平的科学名词术语、科学动态报道、综述、统计数据和有关的新闻图片等,是学习和研究需要经常查阅的。这些方面的检索,主要依赖各种百科全书、年鉴、手册,以及文摘中的综述或评述等等。本章就此作一概述。

第一节　查当代科学发展水平

　　当代科学,如某一学科的研究对象是什么? 有哪些分支学科? 其研究进展如何? 要查解这类问题,主要是利用最新版的百科全书、年鉴、手册和各种最新专著,而从工具书角度来看,百科全书尤为直接,使用尤为经常。

　　百科全书有着悠久的历史,广泛的内容和广阔的发展前景。目前国外百科全书众多,我国正在编辑出版《中国大百科全书》和各种专业百科全书,并翻译了部分外国百科全书。

一、百科全书的性质与时代水平

　　百科全书具有规模巨大性,这是人们熟悉的。国外有人称之为"工具书之王",那是把我国的类书也算在内的。《不列颠百科全书》把我国古代的《太平御览》等许多类书均列为百科全书,说

"《永乐大典》是世界上最大的百科全书"。当然,这实际上有失偏颇。除类书以外,百科全书的确是工具书中之最大规模者,在现代综合性百科全书中卷帙最多者要算西班牙的《插图欧美大百科全书》(ESPASA),全书 80 卷,加上逐年所出补卷,已逾百卷。百科全书除了卷帙浩繁,就是内容收罗十分广泛。故《美国百科全书》(1941—1975 年版)给百科全书下定义说:"百科全书是一切知识门类广泛的概述性的著作。"我国百科全书专家金常政也说:"百科全书是一切知识的概述汇编,包罗万象,卷帙浩繁,并附有索引、插图、地图、书目、图表,给人们查阅提供许多方便。"(《类书、政书、百科全书》,见《工人日报》1983 年 10 月 7 日)此外,百科全书还有如下几个基本性质:

1. 教育性和科学普及性。百科全书要面向全人类、全社会宣传人类已经获得的各方面的认识(知识),无论是大学生,还是没有进过大学的各级水平的读者,都可以利用百科全书求取知识。这种工具书本身具有教育功能,一是往往编有分类目录,供读者自此入门求取某一学科的某一方面的知识。例如《不列颠百科全书》新版特编有《百科类目》一卷,《中国大百科全书》各卷均有分类目录;二是有的百科全书如《科里尔百科全书》(24 卷)在末卷中专门编有"学习指南",把正文中的条目内容与学校的课程联系起来。日本《讲谈社大百科事典》(28 卷)也特地编有多种分类目录,即"百科浏览目录",又有"学习、生活辅导目录"以及"中、小学生自学目录"。故西方称百科全书为"没有围墙的大学"。美国的著名科学家爱迪生、法拉第就是靠阅读百科全书自学成才的。利用百科全书往往可以由一门旁及各种相关知识。

2. 科学性和论著性。这主要表现在条目的内容水平上,首先,百科全书各条目的撰写,都是由各学科领域的专家学者,以至由大思想家、大科学家完成。例如:马克思、恩格斯、列宁都曾为百科全书撰写过条目。故百科全书在质量上是相当可靠的。恩格斯曾对马克思说,我要处在你的地位,一定要向他(按:指《美国新百科全书》的编者)提议,让他把整个百科全书完全包给我们,……我们提供"成色足的"知识是很容易的(《马克思恩格斯全集》第29卷第124页)。无疑,这些条目的内容都是他们研究的成果。其次,每个条目都可以说是一篇完整的论著。例如,在《列宁全集》中文版第21卷中,我们看到的列宁为《格拉纳特百科辞典》写的条目《卡尔·马克思》就是一篇典型的论著。原稿本为3万个字符,相当于一本小册子,只是应编者要求而压缩了一半,而这15000字符的篇幅也是十分完整的,该条目有马克思传略、学说及有关参考书目。同时,百科全书还每隔约十年左右修订一次,旨在反映当代的先进水平。目前世界上一些著名的百科全书都已更换了新版,大多有1980年左右的版本。例如:《美国百科全书》、《科里尔百科全书》、《美国学院百科全书》、《康普顿百科全书》、《世界图书百科全书》、《国际百科全书》、《苏联百科词典》(第二版)等,都有1980年的版本。另外,还有几部为1976年至1978年的版本。至于《中国大百科全书》更是其中之新秀。在这些百科全书中所反映的内容,无疑属于当代科学水平,极便读者了解本学科的发展水平。

3. 检索性和查考性。百科全书还有供读者检索文献和查考知识源流的性质。首先,大部分条目附有参考书目或在文中注明了征引资料的出处,例如:列宁写的《卡尔·马克思》条目后就附有如列宁自己说的"相当详细的多半是外文的论述马克思的著作的目录"(《列宁选集》中文本第二卷第575页),据此可查得一批文献;其次,据条目中的引文和引文出处以及代表人物,还可查得一些资料;再次,由于条目的撰写往往注意了历史源流,因而可查得有关的研究观点和史事、数据等等。

二、百科全书的源流

百科全书的起源,与古代的一些大型综合性的往往欲囊括各种现有知识的图书相关。西方称亚里士多德为"百科全书之父",或称斯彪西波(Speusippus,卒于公元前 339 年或 338 年)为百科全书的创造者。我国则有人称先秦的《吕氏春秋》(《吕览》)为百科全书性质的著作。吕不韦与西方上述两人是同时代人。或因其著作具有综合性,或因其人研究面广泛,例如亚里士多德一生对哲学、逻辑学、心理学、自然科学、政治学、伦理学、修辞学、美学等都有研究,恩格斯称他为古希腊哲学家中"最博学的人物"(《马克思恩格斯选集》中文本第三卷第 59 页),所著图书有《工具论》、《形而上学》、《物理学》、《伦理学》、《政治学》、《诗学》等,故被誉为百科全书的创造者。但是,古代那些所谓百科全书,包括我国的大型类书都并非真正的百科全书,而只是大型综合性图书中的一种罢了。我国南宋历史学家目录学家郑樵曾提出要"集天下之书为一书",最后编成了《通志》200 卷,其目的在于,欲使文人学子查索各类知识而备此一书足矣。百科全书亦欲达此目的,但又不止于此,它还反映科学发展的世界先进水平,取最方便的排检方法,并请专家撰稿,对一切知识尤其是新兴的科学知识进行概述。所以说,古代那些著作包括我国的类书,只是类似百科全书的著作。若说近现代百科全书发端于它们,则是无疑的。

世界上第一部以"百科全书"命名的著作,是德国学者斯卡列哲(公元 1540 年—1609 年)编的《百科全书,或称神与俗知识概要》。公元 1630 年德国阿斯特德又编出了《百科全书》,1728 年英人张伯斯主编出版了两卷本《百科全书》。这些书表现出的编撰宗旨乃诸科知识之总汇或知识分类概要。但是,现代意义的百科全书从内容到形式的规范创例,还得首推 18 世纪的法国狄德罗和达兰贝尔主编的《百科全书,或科学、艺术和工业的详解词典》。

此后,百科全书日见繁盛。公元 1768 年出版了《英国百科全书》,1796 年出版了《布鲁克豪斯百科全书》(德国),1828 至 1833 年出版了《美国百科全书》,1865 年至 1890 年出版了《拉鲁斯大百科全书》(法国),1839 年至 1852 年出版了《万耶百科辞典》(德国),1926 年至 1949 年出版了《苏联大百科全书》,1980 年《中国大百科全书》开始出版。

百科全书将继续发展。发展的方向是:①继续出版大型的综合性百科全书,80 卷左右,同时又出版小型的专业的百科全书,20 卷左右。目前部头最大的综合性百科全书,是如前所述的《插图欧美大百科全书》(ESPASA)。较小的有如《苏联小百科全书》,只有 10 卷。另有一些是有上下册的专题百科全书。还有一些单卷本称为"案头百科全书",如集邮百科全书,实则为百科词典。②将不断出现按读者对象文化程度不同而编的百科全书,即既有供中等文化程度以上的读者用的,也有供中等文化及其以下文化程度的读者用的,如供中学生和少年读者用的,有《兰登百科全书》(美国,1977 年),《牛津少年百科全书》(英国,1948—1955 年)等。③在使用方面,将采取多途径排检,即附编索引。这些都值得读者注意。

三、我国出版的百科全书

70 年代末以来,我国自编和编译出版了多部百科全书。

《中国大百科全书》,中国大百科全书编辑委员会编,中国大百科全书出版社 1980 年起陆续出版。《中国大百科全书》,正如其序言所说:"这是我国第一部大型综合性百科全书。"自 1980 年开始出版,原计划 10 年内出齐。现估计需延长一二年。全书共拟出 80 卷,每卷约 100—150 万字。总计 1 亿字左右(包括插图、索引)。与外国著名的大百科全书的初版不相上下。全书先分科出版,最后汇总。条目总计约 10 万个,各卷收条目约 1000 多条。均按汉语拼音音序排列,书前列词目分类目录。正文每条先列汉语拼音音节,后列条名,并附英文。解释详尽,均为专家、学者撰写。各条涉及他条时,则用另一号字体排印,十分醒目,有些条目附参考书目。检索时,可利用书前词目分类目录、书后词目笔画索引、词目英文索引以及内容分析索引。待全书出齐后,再按音序统编,书后附10种索引。《中国大百科全书》目前已出版的有:《天文学》卷,《戏曲·曲艺》卷,《中国文学》卷(Ⅰ、Ⅱ),《外国文学》卷,《教育》卷,《体育》卷,《考古学》卷,《民族》卷,《法学》卷,《环境科学》卷,《纺织》卷,《力学》卷,《矿冶》卷,《交通》卷,《电子学与电子计算机》卷(Ⅰ、Ⅱ),《固体地球物理学、测绘学、空间科学》卷,《航空、航天》卷等。

其中《天文学》卷收条目1074个,彩色插图数百幅。内容广涉天文学史、天体测量学、天体力学、天体物理学、光学天文学、天文仪器和方法、射电天文学、空间天文学、太阳系、恒星、宇宙学等各个方面。《教育》卷的条目广涉教育科学史、教育理论、教育心理学、教育管理、中国教育和外国教育等各个方面。《民族》卷的条目广涉民族问题理论、民族学、中国民族史、中国民族语言文字、世界民族等各个方面。《考古学》卷的条目涉及考古学理论、中国旧石器时代考古,中国新石器时代考古,商周考古,秦汉考古,三国两晋南北朝—明考古,外国考古等各个方面。《戏曲·曲艺》卷分两个部分,其中戏曲部分,系统地从戏曲史、音腔剧种、戏曲文学,戏曲音乐,戏曲导演,表演及舞台美术等六个方面,介绍了我国古代、近现代戏曲艺术发展源流,分析了其发展规律和社会政治经济背景因素。介绍了历代著名的剧作家理论家,演员和各剧种特色。评价了具有世界影响的剧作家和表演艺术家,例如关汉卿、王实甫、高明、汤显祖、李玉、洪升、孔尚任以及珠帘秀、魏长生、梅兰芳、周信芳等。介绍戏曲音乐的理论和技法等。曲艺部分同样作了历史的概述,对曲艺曲种、曲艺文学,曲艺艺术(包括音乐、说功、唱功、做功等)各个方面都作介绍和概括。对重要的作品、作家和表演家作了恰当的评价。

《中华百科全书》,张其昀监修,台湾省的"中国文化大学"、"中华学术院"编纂,1980—1983年出版,全书10卷,收条目共1500多个,每个条目亦由专家撰稿,解释简明,具有一定的参考价值,但其立场和观点则须注意鉴别。

《简明不列颠百科全书》(10卷),中国大百科全书出版社和美国不列颠百科全书公司联合据《不列颠百科全书》的《百科简编》(10卷)本编译,1985年至1986年出版。第1至9卷为正文及附录,第10卷为索引。共收条目71000个,按汉语拼音字母顺序排列,有插图约5000幅。内容广涉社会科学、自然科学、工程技术、文学艺术以及世界各国各科人物、历史、机关、团体及地理等各个方面。全书侧重西方文化、科学成就。中译本对原书作了调整,增加了有关中国的条目。这些条目由我国学者重写,约占20%。这样,对于我国读者比较适用。

《科学技术百科全书》(1—30卷),科学出版社1980年开始出版中译本。原书为美国麦格劳—希尔图书出版公司出版,中译本据1977年第4版(15卷)译出,条目共计7800个,分学科、专业出版。

《苏联哲学百科全书》(1—5卷),(苏)Φ. B. 康斯坦丁诺夫主编,1960年—1970年出版,1984年上海译文出版社开始出版中译本。收条目共5400个,涉及哲学史和社会学史、辩证唯物主义和历史唯物主义、现代自然科学和心理学、逻辑学、伦理学、美学、宗教史、无神论等各个方面。中译本第1卷已出版。每条后附参考书目较丰富,但某些观点值得推敲和分析。

《苏联军事百科全书》,中国人民解放军军事科学院编译,中国人民解放军战士出版社1982年开始出版。据原《苏联军事百科全书》1976—1980年版(共8卷)翻译,收条目共11000多个,插图

5000 余幅。中译本按学科专业分 9 卷出版：①战争理论；②军队建设；③军兵种和勤务；④军事历史（上）；⑤军事历史（下）；⑥军事地理；⑦人物志；⑧军事技术；⑨总索引。中译本目前尚未出齐。

《中国企业管理百科全书》（上、下册），中国企业管理百科全书编委会编辑部编，1984 年企业管理出版社出版。这是我国建国以来自编出版的第一部专业百科全书。收条目共 1856 个，插图 800 幅，约 300 万字，主要从微观角度介绍了办好企业的必备管理知识，分类排列，共 12 个方面：①企业；②企业管理发展史；③企业管理原理与组织领导；④计划管理与经营决策；⑤科技管理；⑥生产管理；⑦劳动人事管理；⑧市场与销售管理；⑨财务、成本管理与经济核算；⑩系统工程；⑪企业思想政治工作；⑫不同行业和不同类型企业管理特点。每个方面的条目又分层次排列，例如：

　　工业管理………………

　　　生产过程组织…………

　　　　工序………………

　　　　　工位………………

每条均附英译名，解释详尽，有的附有参考书目。检索时，可注意利用书前总篇目表和各卷条目分类表和书后汉字条目索引，英译名索引。并有多种附录。

专业百科全书还有正在编辑出版的《中国军事百科全书》、《中国城市建设百科全书》、《中国医学百科全书》、《中国农业百科全书》等等。

四、外国著名的百科全书

外国的百科全书历史较长，编纂较多，其中比较著名的有：

《不列颠百科全书》（E　B），初版由拜尔（1726—1809 年）、麦克法夸（约 1745—1793 年）、司麦利（1740—1795）三个苏格兰人主编，公元 1768—1771 年在美国出版，1985 年已出第 15 版修订版。全书正编 30 卷,索引 2 卷,共 32 卷。并且每年有《不列颠百科全书年鉴》发行,以补不足。该百科全书之《百科简编》目前已经译成中文本(共 10 卷)。

《钱伯斯百科全书》(CE),由英国罗伯特·钱伯斯(1800—1868)编辑出版,1859—1868 年初版,目前已出至第六版(1973 年)。

《美国百科全书》(EA),由德国政治流亡者李勃(1798—1872)在美国编辑出版,1829—1833 年初版,1980 年出版最新一版。

《拉鲁斯百科全书》(GDVX1865—1888),原名为《法国十九世纪万有大词典》,共 15 卷,由法国拉鲁斯(1817—1875)编,1865—1888 年初版,以后多次修订,1972—1981 年出了新版《拉鲁斯大百科全书》(LE)22 卷。

《意大利科学·文学与艺术百科全书》(EI)1929—1939 年初版,正编 36 卷,1938—1962 年出版了补编 5 卷,1969—1980 年出版了节本,共 25 卷(LI)。

《世界大百科事典》35 卷,日本平凡社编辑出版,1955—1963 年初版,33 卷;1964—1968 年再版为 22 卷;1972 年出了第三版,共 35 卷。

《苏联大百科全书》(БСЭ),全书 30 卷,1926—1947 年初版,1949—1958 年第二版,1969—1978 年第三版。

此外,还有其他一些著名百科全书,其读者对象,编排方法,卷数,出版单位,初版、新版时间如表 3 - 1。

利用百科全书查当代科学部门及其发展水平,应当选用最新版本。同时还要注意利用一些百科全书补编及年鉴。许多外国百科全书编有年鉴,以反映科学发展的最新水平、动态。我国出版的百科年鉴和各学科及专题年鉴达几十种,可逐年查阅。

另外,手册也能为我们提供当代科学发展的水平以及新学科的建立方面的资料。例如《当代国外社会科学手册》（中国社会科学情报研究所等编,江苏人民出版社 1985 年出版）和即将出版的《当代中国社会科学手册》就充分反映当代科学发展的水平,前者介绍了学术流别及其主要观点等。《当代新科学手册》（杨国璋等编,上海人民出版社 1985 年出版）全面介绍世界当代新建立的学科,共 140 门。

表 3 - 1

书 名	卷 数	出版者	新版（年）
美国百科全书	30	美 Grolier	1980
不列颠百科全书	24（14 版）	美 EB	1970
	30（15 版）		1974
	32（15 版修订版）		1985
科里尔百科全书	24	美 Grolier	1980
钱伯斯百科全书	15（第 6 版）	英 ILS	1973
美国学术百科全书	21		1980
布洛克豪斯百科全书	20（第 17 版）	德 Brockhaus	1966—1974
拉鲁斯大百科全书	22	法 Larousse	1979—1981
苏联大百科全书	65（第 1 版）	苏联 БСЭ	1926—1947
	51（第 2 版）		1947—1958
	30（第 3 版）		1969—1978
世界大百科事典	35（第 3 版）	（日）平凡社	1972
苏联小百科全书	10（第 3 版）	苏 БСЭ	1958—1960
冯克与华格纳新百科全书	27	美	1972
世界图书百科全书	22	美 Field	1980
国际百科全书	20	美 Grolrcr	1980
林肯基本资料文库	2	美 Grolrer	1975
兰登百科全书	1	美	1977

（金常政《百科全书概论》,见《辞书研究》1982 年第 5 期）

第二节　查当前学术动态及数据

从事学术研究,最好随时探索当前的学术研究发展情况,包括学术活动、研究进展,学术人物情况,以及开展研究所需要的新材料、新数据、新闻图像、新方法等等。科学发展,日新月异,这些新动态和新资料等等是层出不穷的。无论初涉学界,还是文坛老将,也无论是着手于研究之前,还是正在著述之中,查检这些新资料、新信息都大有补益。获取这些新的文献资料,主要借助各种年鉴、手册、文摘以及述评性杂志等等,而年鉴尤为重要。

一、年鉴手册的功用

(一)年鉴。

前面,我们谈过用百科全书查当代科学水平及科学分支等的问题,由于百科全书不可能每年修订,须选新版或他种近期出版的百科全书。否则,一些最新的内容就无法查到。为补此不足,不少百科全书出版社出有补卷或每年出版有年鉴一卷,例如《不列颠百科全书年鉴》作为补编出版,《钱伯斯百科全书世界概览》(实为年鉴)作为补编,《美国百科全书》自 1923 年开始每年出版补编《美国百科年鉴》,《美国人民百科全书》每年出版补编《美国人民百科年鉴》,《国际百科全书》和《格劳里尔综合百科全书》每年合出有一册《百科年鉴》作为补编,由中国大百科全书出版社出版的《中国百科年鉴》亦是《中国大百科全书》之伴随产物。由此可见年鉴作用的一斑了。

但是,年鉴并不都为补充百科全书而编,年鉴是一种独立的特殊类型的工具书,它按年度汇编资料和按年度连续出版。全国年鉴研究中心认为:"年鉴是知识密集、信息密集、人才密集型的权威性资料性工具书"(《光明日报》1984 年 10 月 1 日)。说"知识密集",是因为年鉴要求反映各个方面各个科学领域的部分现有知识和各种新知识;说"信息密集",是因为年鉴既要反映知识,又要反映各行各业及科学界的活动、进展、成果、统计数字、国家以及有关一年的新书新论文等等情报;说"人才密集",因为年鉴要反映国内外政治人物,以及经济、外交、哲学、社会科学及自然科学、技术科学、各行各业各领域的重要人物(包括新秀)的情况。

年鉴的重要文章均由名人和学者们撰稿,取材于政府公报的文件、重要报刊所载报导及其他有关资料,即将一年的资料全部集中浓缩,故谓"密集"型工具书。全国年鉴研究中心还称之曰:"集万卷于一册,缩一年为一瞬,无愧为信息时代的骄子"。可见,年鉴是传播年度最新信息的重要工具书。

年鉴有综述或述评式的栏目,其内容是对年度科研进展水平,动向以及行业建设的全面概述和总结。这是科研读者值得随时留心翻检的。

年鉴有动态报导栏目和一年大事记栏目,其内容反映年度的学术活动或其他活动、规划、成果问世、名家情况等等,这对于研究来说,既是应注意的起点,又往往是不可多得的情报资料。

年鉴有统计资料及插图栏目,这些统计数字和新闻图表都是对年度发展情况,成就情况的最好报导和宣传。研究人员掌握了这些资料,著述将极具说服力。

年鉴还有文献报导即书目、索引栏目,这书目和索引所反映的著作和论文,都是年度研究的重要成果,又是经过一定的筛选的。对于科研人员说来,它提供了最新文献的线索。

年鉴分两大类型:综合性的和专科性的,也有的将统计年鉴独立为一个类型。均反映上一年度或前几年的情况。

(二)手册。

手册大部分是侧重于日常学习、工作、生活的一般知识,例如

《读报手册》,《中国近代史知识手册》,《文言文学习手册》,《出版工作手册》等等就是。另一部分是为学习和研究提供资料而编写的,例如《美学向导》、《联合国手册》、《人民手册》(实为年鉴性质)及中、外社会科学手册。即一部分属词典性质,一部分属指南、年鉴、便览性质。后者的最新版本往往反映当代科学水平和收录大量科研资料。

我国的手册起源于古代的《随身宝》、《万事不求人》、《牛马经》等等。近、现代手册发展迅速,类型比较复杂。有书目、字典、词典、年鉴、指南、便览或统计方面各种性质的手册,使用时应予注意。

(三)年鉴和手册的编排。

年鉴和手册都是分类编排的。年鉴的类目往往是标题式的,标题较长,而手册的类目简明一些。年鉴的篇幅比一般手册篇幅要大得多,内容丰富,又由于标题太长,不便检索,故有些在书末附有内容索引。这些都是值得读者注意的。

二、时政大事和百科信息

查国内外的时政大事和百科动态、发展水平、基本统计数据和图像资料等,可利用下述综合性年鉴和综合性的文摘杂志。

《中国年鉴》,北京新华出版社,新中国照片公司和香港新中国新闻有限公司,长青出版社联合出版,自 1981 年创刊,至今。该年鉴为中外各方面的读者了解我国各领域建设成就、发展概况查用。内容广涉政治、法制、军事、外事、科技、文教等各方面。全书以部类分单元,共 11 个部类:政治、法制、军事、外交、财政金融、经济、科学技术、文化卫生、体育、社会生活、新闻人物。部类下又分细目及有关条目。检索时可从前面的分类目录入手。

《中国百科年鉴》,中国大百科全书出版社编辑出版,1980 年创刊,每年一本,至今。按年度反映上一年的全国各个方面的动态和成就等。而创刊本则追述了建国以来各方面的发展情况。分四大部分排列:1.特载,反映党政领导人的重要讲话及文献;2.概况,反映我国和国际基本情况。3.百科,下分若干类目,反映各个学科,各个领域的进展和成就,有综述,有专题报导,有统计数字和图像资料等。1980年本分16个类,1983年本已扩为19类,这是查索当前科学研究基本情况的主要部分。4.附录,包括年度大事记和其他有关知识等。如1980年本有"1979年大事日志"和"建国二十九年大事表",以后各年本的只反映上一年度之大事。使用时可从书前分类目录入手,也可利用书末的内容分析索引。

《人民手册》,原大公报社编辑出版,自1950年创刊,至1966年停刊,除1954—1955年为合刊本,其余每年一本。此书名为手册,实为年鉴。按年度反映我国各方面的大事和教、科、文情况。对于当前学术研究情况已不适应,但对于查1966年以前的基本情况,查考建国后这一段历史,仍为重要的工具书之一。1980年人民日报社出版了《人民手册》1979年本,以后未续出,由《中国百科年鉴》所取代。

《世界知识年鉴》,世界知识出版社编辑出版,1953年创刊,原名《世界知识手册》。1953—1955每年一本,1957年一本,1958年一本,并改现名,1959年一本,1961年一本,1965年一本。1982年复刊。现每年一本。此书共五大部分:各国概况,国际组织和国际会议,专题统计资料,世界大事记及便览。

此外,还可查《各国概况》和《国际形势年鉴》等。

《瞭望》(周刊),这是新中国成立后第一本政治时事性新闻周刊,前身为1981年4月创办《瞭望》月刊,1984年1月始改周刊,这本新闻周刊不只是国内外重大事件的信息传递媒介,而且刊有详述性专文和展望国内外形势及发展趋势的预测性文章,对于政治、外交、法律、经济等各方面的研究,有着一定的参考价值。

《新华文摘》(月刊),该刊转载有政治、哲学及社会科学各方面的重要文章和作品,尤其是辟有"学术动态"、"综合报道"、"论文提要"、"读书与出版"等栏目,实为一部偏重文科的重要综合性文摘。其中内容对于文科研究工作者来说,值得经常翻检。

《高等学校文科学报文摘》(季刊),此刊集中摘录文科学报上的重要论文,同时辟有"学术综述"、"国外学术信息"等栏目,这些是文科研究选题、定题尤其值得参考的情报。《现代外国社会科学文摘》,1958—1966年由上海社联主办,1980年复刊由上海社科院情报所编,现为月刊。

此外,还有《经济科学文摘》(月刊,1982年创刊),《经济改革文摘》(半月刊,1985年创刊)、《教育文摘》(半月刊)、《管理科学文摘》(月刊)、《图书馆学文摘》等专科文摘,及《国外社会科学快报》等。

三、科学研究动态及数据

查学科研究动态资料,除了利用上述工具书以外,更重要的是查阅下述专科性年鉴及部分手册等。

《中国哲学年鉴》,中国大百科全书出版社出版,1981年创刊,每年出版一本,至今。该年鉴分特载、专文、研究进展、新书评价、论文选介、哲学界概况、哲学界动态、国外哲学见闻、附录等部分。在"研究进展"里又分辩证唯物主义、自然辩证法、马克思主义哲学史、外国哲学史、现代外国哲学、逻辑学、伦理学、美学等类目。

《中国经济科学年鉴》,中国经济学团体联合会主办、编辑,1984年创刊,至今。

《中国经济年鉴》,中国经济年鉴编委会编,管理杂志社出版,1982年创刊,每年一本,至今。该年鉴分为10个部分,以1983年本为例:Ⅰ中国概况,Ⅱ重要经济文献,Ⅲ中国国民经济发展概况,Ⅳ中国国民经济各部门的新发展(下分农业、能源等10个小类),Ⅴ各省市自治区经济的新发展(附台湾、港澳经济情况),Ⅵ专题资料(又分农业等 18 个类,皆为专文),Ⅶ经济理论研究概况,Ⅷ,重要经济政策法规选编(反映上一年度),Ⅸ《中国经济大事记》,Ⅹ附录(包括重要经济期刊介绍,国家科委自然科学奖励项目等)。从这些栏目可以看出,该年鉴有大量的经济研究方面的情报资料,具有很大的参考价值和文献价值。

经济方面的年鉴,还有《世界经济年鉴》(1980—);《中国经济特区年鉴》(1984—);《中国人口年鉴》(1985—);《中国城市经济年鉴》(1985—);《中国对外贸易经济年鉴》(1984—);以及建筑材料、包装、煤炭工业、纺织工业、水力发电、建筑、汽车工业、机械电子、食品工业等方面年鉴,还有一些综合性的或专业性的地方年鉴,(包括港台出版的年鉴),这些年鉴含研究资料极为丰富。

《中国文学研究年鉴》,社会科学院文学研究所本书编委会编,1981 年创刊,全书共分 7 大类:研究概况,创作概况,重要会议以及学术活动,研究论文选辑,记事(反映一年度文献,指导性的),资料(包括文学奖颁发,小说篇目,部分研究新著,部分论文的索引等)。

《中国文艺年鉴》,中国文艺年鉴社编,1982 年创刊,至今。

《中国电影年鉴》,中国电影家协会编,1982 年创刊,至今。

《唐代文学研究年鉴》陕西人民出版社 1983 年创刊。

文艺方面的年鉴还有:《中国戏剧年鉴》(1981—),《北京文艺年鉴》(1981—)《鲁迅研究年刊》(1975—1979,1980,1981—),《中国摄影年鉴》,《电影美学年鉴》(1985),《中国比较文学年鉴》(1986),《中国版画年鉴》(1983—)及江西人民出版社出版的《小说年鉴》等等。

《中国历史学年鉴》,中国史学会本书编辑部编,1980 年创刊,每年一本,至今。该年鉴(以 1982 年本为例)共分 10 大类:史学研究,中国史料出版介绍,考古文物新发现,书目论文索引,史学界动态,现代已故历史学家,史学会,史学研究机构及历史系简表,史学研究机构,高等院校历史系简介,博物馆、图书馆简介,附录(包括世界史、中国史书目等)。

此外,历史方面还有《中国考古学年鉴》。出版、新闻、教育、体育、科学技术等各个方面都有年鉴出版,这些都是值得充分利用的工具书。《史学情报》则是有参考价值的杂志。手册方面有:《伟大的十年》(国民经济和文化建设成就统计),国家统计局编,1959年人民出版社出版。《光辉的三十五年》,1984年由中国统计出版社编辑出版,该书以图、文、数字全面反映我国建国以来至1983年间的各项伟大成就。

《中华人民共和国资料手册》(1949—1985),寿孝鹤等主编,社会科学文献出版社1986年出版,这是一部大型资料性工具书,从中国概况、政治、经济、文化教育等各个方面全面系统地反映了建国以来的历史进程和光辉成就,十一届三中全会以来的资料更为齐全。

《经济体制改革手册》,王积亚、朱元珍编,1987年经济日报出版社出版。该书共分8个部分排列:第一部分,政策文件选编;第二部分,经济法规、条例选编;第三部分,中央领导同志部分论述摘录;第四部分,有关文章选辑;第五部分,经济体制改革简介;第六部分,典型经验选辑;第七部分,名词解释;第八部分,东欧国家和苏联的经济体制改革。这部书对于了解当前经济体制改革的动态、概况以及国内外的经验,很有价值。

《当代外国社会科学手册》和即将出版的《当代中国社会科学手册》,是介绍当代科学发展水平的重要手册。此外,还有《当代新科学手册》等。

《美学向导》,北京大学出版社1982年出版。该书实为手册,载有许多综述性的专文,例如:《现代中国美学研究》、《我国当代美学讨论综述》、《马克思恩格斯著作中的美学问题》、《中国古代美学思想家举要》、《西方美学史撷华》等等。还附有大量的美学论著目录、索引。

各学科的读者都应对类似手册的书籍予以注意和利用。

附:哲学社会科学年鉴和综合性年鉴一览(止于 1985 年)

书刊名	创刊(或出版)时间	书刊名	创刊(或出版)时间
世界知识年鉴	1953 年创刊 1982 年复刊	各国概况	1972 - 1979 年出版
人民手册	1950 年创刊 1966 年停刊	中国文学研究年鉴	1982 年 10 月
中国年鉴	1981 年	电影美学年鉴	1985 年
中国百科年鉴	1980 年 8 月	中国比较文学年鉴	1986 年
自然科学年鉴	1980 年 6 月	唐代文学研究年鉴	1984 年
科学年鉴	1984 年	鲁迅研究年刊	1975 - 1981 年
中国哲学年鉴	1982 年 11 月	中国版画年鉴	1984 年
中国新闻年鉴	1982 年	美术年刊	1984 年
中国广播电视年鉴	1986 年	北京文艺年鉴	1982 年 2 月
国际形势年鉴	1982 年 7 月	广东省戏剧年鉴	1981 年 3 月
世界军事年鉴	1985 年	中国历史学年鉴	1980 年 6 月
中国国际法年刊	1982 年	中国考古科学年鉴	1985 年
中国法律年鉴	1987 年	中国体育年鉴	1964 年创刊 1981 年复刊
世界经济年鉴	1980 年 4 月	上海统计年鉴	1984 年
中国经济年鉴	1981 年 12 月	中国经济特区年鉴	1984 年
中国统计年鉴	1982 年 8 月	北京市统计年鉴	1982 年 7 月
中国企业登记年鉴	1984 年	辽宁经济统计年鉴	1984 年

（续表）

书刊名	创刊（或出版）时间	书刊名	创刊（或出版）时间
中国对外经济贸易年鉴	1984 年	广州经济年鉴	1984 年
中国人口年鉴	1985 年	湖南统计年鉴	1983 年
中国城市经济社会年鉴	1985 年	湖南年鉴	1985 年
中国食品工业年鉴	1984 年	黑龙江经济年鉴	1984 年
中国农业年鉴	1981 年 11 月	河南年鉴	1984 年
中国经济科学年鉴	1984 年	安徽经济年鉴	1984 年
中国教育年鉴	1984 年	内蒙年鉴	1984 年
中国出版年鉴	1980 年 12 月	新疆年鉴	1984 年
中国文艺年鉴	1982 年 9 月	山西年鉴	1984 年
中国戏剧年鉴	1982 年 6 月	广西经济年鉴	1984 年
中国电影年鉴	1981 年 12 月	喀什年鉴	1984 年
		藏族历史年鉴（藏文）	1982 年 12 月

第三节　查学术争鸣资料

从事科学研究,应及时把握住学术界的争鸣情况。查学术争鸣资料,既要利用工具书,又要利用一般文献尤其是各学科的核心期刊。

一、查找学术争鸣资料的意义

所谓学术争鸣，就是各种不同的学术思想的交锋。具体说来，就是不同的学派、不同的思想、不同的观点之间展开的争论。这种争论有时名之曰辩论、论战、争辩、论争，有时说得缓和一点，名曰讨论。当然，讨论不完全等于争鸣，但讨论里常常含有争鸣。

争鸣，有心平静气、和风细雨的，有激昂慷慨、针锋相对的。或以会议形式公开舌战；或以通讯形式你争我辩；大部分以出版物形式进行的公开笔战。后两种争鸣，形成争鸣资料，前一种争鸣，一旦记录下来，也形成文献。这样，都可以从文献的海洋里查检出来。

查找争鸣资料，能使我们站到学科发展的最前沿，从而使研究有较高的起点。在学术研究中，要使自己不落后于人家的步伐，不步他人之后尘，就必须在研究的开始找到一个较高的起点，前面所讲的查当代科学发展水平和当前学术动态，都是为了达到这个目的。学术争鸣情况，其实亦属学术动态，不过，比一般研究进展情况更为重要，更能反映学术发展前沿情况和水平。

查找争鸣资料，能使我们参与争鸣，并从中发现真理。马克思说过："真理是由争论确立的，历史的事实是由矛盾的陈述中清理出来的。"（转引自姜念涛《科学家的思维方法》第224页，云南人民出版社1984年。）我国古代著名的思想家庄子也说过："知出乎争。"因此，学术争鸣很值得提倡。在中外科学史上，凡是学术繁荣，文化发展较快的时期，都可以看到百家争鸣的盛况。新思想、新观点就往往迅速产生于那些精微的论争之中。在学术争鸣中，论争者并不回避争论的焦点，而各据一"理"，互相诘难，攻击对方的弱点，抓住要害力战，往往有胜负难分之时。当我们把这些论争的文献找来一看，便往往能发现其奥秘微妙。那也许正是真理的胚胎。又因往往有一胜一负，而负者并未折服，于是又另找材料东山再起,进一步阐幽发微,使论争深化,使真理发展。由于论争者一旦进入论争,就往往不肯甘拜下风,于是,往往集中许多资料、发挥所掌握的各种知识,高度发挥自己的才华进行论战,常有毕其功于一役之势。这样,自然易于发现真理。旁观者自然也会跃跃欲试,参与论战,从而发现思想闪光。无怪乎苏格拉底将学术争论比作新思想的助产婆。

查找争鸣资料,还可以使我们迅速掌握论证方法或新的科学思维方法。论争者在争鸣中不仅要摆出大量的事实(包括新材料),还要讲道理,即组织材料以论证自己的观点。我们查到了这些资料,对我们的研究将大有补益。

二、利用有关工具书查找

查找争鸣资料,主要靠利用工具书。

1. 利用年鉴。既然年鉴是按年度来反映各方面的情况的,学科年鉴则要按年度反映一年的学术争鸣资料。在年鉴里诸如"研究进展"、"动态"、"纪事"等栏目之下,就往往能查到争鸣资料。例如,在《中国哲学年鉴(1984)》里设有"研究情况和进展"栏,其中,介绍了"马克思主义哲学体系的讨论"、"主体和客体问题的探讨和进展"、"关于信息的本质的讨论"、"魏晋隋唐哲学研究进展和争论"等;在《中国经济科学年鉴(1984)》里专设有"经济科学争论问题要点简介"一栏,该栏下就20多个专题简介了争论问题的要点;在《中国文学研究年鉴(1984)》里,设有"1983年文学研究概况"一栏,下有"文艺理论研究概述"、"围绕《1844年经济学－哲学手稿》的美学争论"等专述;至于《中国历史学年鉴(1984)》,则有"史学界动态"栏,其中介绍的学术讨论会就达67次之多。

2. 利用文摘和手册。在文摘里,一般辟有"综述"、"述评"或"争鸣"的栏目。例如在《新华文摘》(月刊)里辟有"学术动态、综合报道"栏;在《高等学校文科学报文摘》(季刊)里辟有"学术综述"、"国外学术信息"栏;在《经济学文摘》(月刊)里辟有"述评"和"学术动态"栏。在手册里,也部分地反映了争鸣资料。例如《当代国外社会科学手册》就介绍了不同的学术流派及其观点;在《美学向导》里辟有"我国当代美学讨论综述"栏。在上述栏目里必然要介绍不同的观点及其争鸣情况。

3. 利用报刊索引。许多争论的文章及综述发表在普通报刊上,利用报刊索引可以找到这些争论的文章和综述资料。除了各大报的索引(如《人民日报索引》、《光明日报索引》、《文汇报索引》等)外,应着重利用《全国报刊索引》、《复印报刊资料索引》(均详后),使用时分学科查找。

三、利用有关期刊查找

用年鉴查得的争鸣资料,至少是过去一年的;用文摘查找,所得也往往是几个月以前的;而随时利用新到期刊查找,则所得资料较新。利用有关期刊查找,包括争鸣刊物,各学科的核心期刊,以及一些内部刊物。

1.《争鸣》(双月刊),创刊于 1962 年 6 月,"文革"时期中断,1981 年 5 月复刊,当时是季刊,1987 年初改为双月刊。这是江西省哲学社会科学学会联合会主办的综合性学术理论刊物。以发表文、史、哲、经济、科学社会主义、教育、法律等社会科学研究成果和争鸣文章为主旨。该刊设有"争鸣集录"、"争鸣橱窗"、"学术动态"等栏目。在"争鸣集录"里直接发表争鸣论文,每期若干篇,在"争鸣橱窗"栏里发表若干争鸣的动态、观点等。这是值得经常查阅的。

2. 核心期刊。各学科都有一些核心期刊。所谓核心期刊是指那些在本学科领域里最有权威、最有影响、文章引用率最高的一批期刊,每学科一般有 7~9 种。在这些刊物里争鸣论文发表最多。随时翻阅这些期刊可得到较多的争鸣文章,而且也较新。同时,在这些期刊里还可以查得"综述"、"述评"文章。例如《江西社会科学》1987年第1期发表有《关于哲学理论改革综述》;《中国社会科学》1987年第1期发表有《社会科学的发展与方法的创新》(《中国社会科学》、《上海社会科学院学术季刊》和上海《社会科学》召开的"社会科学方法讨论会"综述);《文艺研究》1987年第1期发表有《文艺美学的一个核心问题(社会主义文艺审美理论讨论会综述)》。争鸣文章和介绍争鸣的文章又往往据其重要者载入中国人民大学的《复印书刊资料选汇》之中,为查检带来了便利。

3. 内部期刊。查争鸣论文还要充分利用一些内部期刊,到目前为止,哲学社会科学方面的内部期刊也很不少,仅其正式经批准登记过的内部期刊约有数百种。在内部期刊(如各种"参考"之类)上往往发表有争鸣资料,包括论文和综述等。

此外,某些报纸也发表和报道争鸣文章,如《理论信息报》和一些专业报可经常查阅。

第四章　查图书报刊的出版与流传

　　人们学习,要选择图书,从而要全面系统了解本学科或自己所爱好的某一行业门类的图书;学术研究,要查阅专业图书和报刊的出版,以便借鉴现有的论著成果。同时,还应参考一些综合性的图书报刊和相关学科领域的成果。这样,就要查检其出版情况和收藏情况,以便借阅。为此,必须掌握书目知识,包括检索各种书目的具体方法等。

第一节　书目的作用、类型及书目之书目

　　著名的目录学家姚名达先生深感目录学对于读书人的重要,著有《目录学》、《中国目录学史》、《中国目录学年表》三书。他在《目录学》的自序中说:目录学是"给一般图书馆的馆员和读者做一只开门的钥匙用的。"在《中国目录学史》里,他又殷切希望统一分类编目,"使治书之业,寻书之法,易学易做,目录学成为人人所共知的最通俗的常识。"的确,无论学习或科研,都应懂一点目录学,即对书目的作用、体例、种类以及各类各种书目的具体使用方法等,都要有所了解。

一、书目与读书治学

所谓"书目",是对一批相关图书的记录与揭示,并按一定的方法加以编排的检索工具。不过,这里的"图书"二字,含义较广。不光指书籍,而且还包括报纸、期刊、视听资料等文献。书目著录一批相关图书,并按一定的次序编排组织,是揭示、报道图书文献的工具。如书、报、刊的名称,编著者,出版者,出版时间、地点,书籍的开本、装帧、页数、价格等等,即一切外观特点,都报道给读者,有时还报导内容梗概。应当注意的是:书目一般不揭示报导书刊报中的具体篇章,更不解决阅读中的字、词、时间、地理、事件、人物、图像等等具体疑难问题。

书目的作用很多,对读书治学尤为有用。清代学者王鸣盛说:"凡读书最切要者,目录之学。目录明,方可读书,不明,终是乱读。"目录之学"学中第一要紧事,必从此问途方能得其门而入。"(《十七史商榷》卷一)这里讲的目录学,就是关于书目的系统知识。列宁利用过大量的书目,他自己曾备有一本厚厚的书目,并且向图书馆借用过书本式目录,向出版商收集过书目。革命胜利以后,他还要求过开展书目研究和建立目录图书馆(北京大学图书馆学系编《列宁论图书馆》第59页)。

书目对读书治学的作用,具体说来有如下几点:

1. 详分图书门类,辅助阅读和研究。

人们对书籍的兴趣和利用是不断发展变化的。或是某个时期只读一个或几个门类的书;或是某一个时期没有专门爱好,而是博览群籍;或是某一个时期以某一专业为主,而在闲暇中兼读杂书。年轻时多爱读通俗科普著作,年长者知识较深厚者爱读专深论著。如此等等,都应先了解和选择图书,这就须依靠书目。

书目,绝大多数是按科学系统编排的,门类详备。现代书目分类十分细密,任何一本书在书目的类目系统里,都有一个很具体的位置,通过书目可决定取舍。至于科学研究,则更要依靠书目找资料。

2. 传播出版信息,供查最新图书及报刊。

图书文献的出版,具有知识累积、更新的作用。在一本新书中,往往包括许多旧书的知识内容,理工科的书尤其是这样。许多陈旧了的知识只作为历史保留在旧书里,大量的新知识则出现在新书里。因此,挑选教材、科学著作、科普读物,以及论文集、当代小说等等,最好选择最新出版者。这也需要查阅书目。书目有传播出版信息的任务,例如《全国新书目》和各出版部门的通报书目或出版目录就是如此。

3. 介绍图书版本,鉴别优劣与异同。

一种图书往往有多种版本,古代图书版本尤其多样。读书治学,了解版本非常重要。古代图书互相传抄,错漏难免,某些不负责任的私家出版,讹谬更多。宋代的图书,到了元明清三代,不少的就有变化。现存最好的版本,要算唐、宋的本子。另外,有些图书几个名称。这些问题,均须注意。否则,读了劣等版本的图书,研究征引时就可能得出错误的结论。要避免这方面的问题,就须依靠书目。书目有介绍图书版本,鉴别优劣异同的任务。这类专门书目称为版本书目。

4. 总记历代图书,辨章学术,考镜源流。

图书的品种数量,是衡量文化状况的重要标志。各个朝代出版了哪些门类的图书,有没有自己所关心的图书,总计有多少,存佚情况如何,这些是研究通史或各专科历史经常要查考的。怎么查考?依靠书目。一个时代,一个国家,一个地区,一个图书馆的图书总况,都可以通过书目查得。书目不仅记载了各朝代的图书总况,而且由于按学术门类编排,按时代先后编排,有的还有详细提要,例如《四库全书总目提要》。一部好的书目能达到清代历史学家章学诚说的"辨章学术,考镜源流"的目的。所谓"辨章学术",就是分辨并宣传了各科学门类;所谓"考镜源流",就是供人了解某学科某专业研究文献之来龙去脉,分支系统等等。具体说,书目可以告诉人们:某书属什么学科,什么流派;某学科某流派有什么图书。某类某书的历史渊源和历史地位、学术价值,都可以通过书目,一目了然。故有人把一部好的完整的书目当作一部学术史和思想史来看。至于编者,也自觉或不自觉地这样做了。余嘉锡先生说:"目录即学术史也。"(《四库提要辨证》)这些见解是很有道理的。多熟悉书目,定有启迪。

除了上述作用,有些书目还介绍收藏单位,例如《中国丛书综录》和《中国地方志联合目录》等,以及大量的馆藏目录、联合目录,从中可以得知某书收藏在什么图书馆,以便读者借阅。

二、书目的编排体例

1. 按分类编排。这是按图书的内容所属的学科来编排的,同一类图书全部集中在一起,同时又反映了上下级类目的联系,还反映了相邻类目的联系(参看第二章第三节)。这种目录叫分类目录。欲知各学科专业有哪些图书,即可查分类目录。但应注意,具体书目有不同的分类体系。

2. 按主题编排。这是按图书内容的所属的主题来排列的,读者只要查到某主题,就可以查得一批该主题的图书资料。这在国外较普遍,我国也将先在各图书馆编出主题卡片目录,然后出版主题书本目录。

3. 按年代编排。往往是专题书目这样编制,例如马列经典著作书目和传记书目就有系年编排者。另外,有的则与分类编排结合,在类下再按年代排列。还有的按年出版,如《全国总书目》。读者可从年代这个时间途径查找图书。

4. 按地区编排。这是按图书内容主要涉及什么地区来分别排列的,例如地方志等地方文献书目,同一地区的图书集中一处。使用时应注意,这种目录的"地区"往往以编纂时的行政区划为标准。

书目的体例往往前言,凡例,目次,正文和辅助索引等兼备。这里最重要是要了解正文和辅助索引。

书目的正文,是书目的主干,包括著录部分和内容提要部分。

①著录:即依次将每一种书的书名(包括主、副书名)、著译者、出版者、出版地、出版时、页数、开本、有无图片及照片、价格、附注各项,如实记录下来。

②内容提要:即对该书所作的简要的概述。严格地讲,内容提要是书目的不可缺少的重要组织部分。但有些书目工作者怕麻烦而省略了。做内容提要的确不易,它要求对全书熟悉一遍,然后加以概括。古人很讲究做内容提要,反对"但记书名","不辨流别"。我们今天的书目质量也在日益提高,一部书目要达到考证学术源流的目的,非有内容提要不可。

内容提要,旧称题解。有叙录体的内容提要。如汉代刘向的《别录》就是。他每校一书,都要把作者生平、图书内容的学术源流、图书的真伪、内容梗概以及得失等方面记录下来,评论一番。古代有所谓传录体、辑录体的内容提要。今天书目的内容提要一般只涉及图书本身的内容。

书目的正文是揭示和报导图书资料的根本部分,应当注意详细查阅。书目的辅助索引是为了检索正文而编制的,大多为书名索引和著者索引,按笔画或四角号码排次。

三、书目的类型

书目的种类,分别有按编制目的、收录范围、所属时代划分的几种。

1.目的不同的书目。包括登记书目,通报书目,导读书目,专题书目。

①登记书目。比较集中地反映一国或一地的一定历史时期出版、发行、甚至收藏情况。例如:《全国新书目》,《全国总书目》,可查建国后某时出版的图书;《中国古籍善本书目》(已出经部),可查到目前全国的古籍善本书现存的情况。

②通报书目。比较及时地反映了新出版和新入藏在图书馆的图书资料。这对于了解本专业或自己所喜欢的某方面的新书情况,很有帮助。例如新华书店外文发行所编的《外文图书预订目录》,北京图书馆编的《外文科技新书通报》(双月刊,包括西文、俄文、日文三部分),湖南图书馆编的《新书通报》(月刊,内部油印)等以及各种出版目录都是通报书目。

③导读书目。一般是专家为指导青年读者编的书目。例如1983、1984年《中国青年报》都为青年、职工的读书活动开过书目,蔡尚思教授也给读者开过最能代表中国文化的导读书目,包括40种图书。目前,许多有关自学成才的刊物,报纸上经常刊载有关某方面的选读书目,因为专家学者所开列,参考价值较大。至于《书目答问》、《读书指南》、《大学文科书目概览》等均为有价值的导读书目。

④专题书目。即专题文献目录,是为某专业或某研究课题及某学科编的书目。它与导读书目之不同,在于它全面系统地收录、报道了某一专门方面的全部图书,甚至涉及单篇文献,如《八十年来史学书目》(1900—1980)、《书画书录解题》、《经济学著作书目》(1949—1983)等。从事专题研究应充分利用专题书目。

2. 收录范围不同的书目。包括:①综合性书目。它收录的图书,广涉社会科学、自然科学、技术科学等各个方面;②地方文献书目。它收录的图书,只涉及某一地方的政治、经济、文化、科学、人物、历史、地理、气候、物产、风俗等;③个人著述书目。它收录的图书限于揭示、报道某一人物的著述,有时涉及他人对该人物的研究资料;④专题书目。如前所述。既是目的不同的书目,也是收录范围不同的书目。事实上,目的不同与范围不同的书目有所交叉。⑤书目之书目(详后)。

3.按时代划分的书目。包括①古代书目。即 1840 年以前所编的书目。②近现代书目。即 1840 年以后所编的书目。

4.按藏书地方和情况划分的书目。包括:①馆藏目录。一般指一馆所藏图书之目录。②联合目录。指一个国家的主要图书馆、或一个地区、一个系统(如高校系统)的图书馆联合编制的书目。利用此种书目,可以查检到图书所入藏在什么图书馆,及各馆的某些收藏情况。

四、书目之书目

在这里,应特地一谈的是书目之书目。这种书目又称书目指南,属于三次文献。人们要了解古今图书须查书目,可是书目又十分繁杂,故应利用书目之书目。目前主要有:《书目举要》,周贞亮、李之鼎编,南城李氏宜秋馆 1920 年本;《书目举要补正》,陈钟凡补正,金陵大学铅印本;《书目长编》(附补遗补校),邵瑞彭、阎树喜等编,1928 年北京资研社铅印本;《北平图书馆书目·目录类》,肖璋编,1934 年北平图书馆铅印本;《全国图书馆书目汇编》(图书馆学参考资料),冯秉文编,1958 年中华书局出版,该书目汇集了自建国至 1957 年间全国各图书馆编的书目与索引共约 2300余种,包括当时正在编辑和计划编辑的在内。书后附有《馆名索引》;《中国历代书目总录》,梁子涵编,1955 年台北中华文化出版委员会出版;《中国书目编年》(1949—1981),北京大学第一分校图书馆学系 1982 年铅印;《书目类编》,严灵峰编辑,1978 年台湾成文出版社有限公司印行。这是一部规模巨大的书目之书目,精装为 114 册。分公藏、私藏、专门、丛书、题识、版刻、索引、论述、劝学和日本书目 10 类排列。但台湾省各公共图书馆和日本现有的公藏图书之目录并在台刊行者均未收录。

国外还有:《世界书目服务》(联合国教科文组织编辑,1977 年出版),反映了 120 个国家 1970—1974 年间书目服务的发展和书目出版物,此前出版有 3 卷:1950—1959 年卷;1960—1964 年卷;1965—1969 年卷。《苏联书目之书目》(苏联版本图书馆编,年刊),逐年报道苏联出版的各种类型的书目。《苏联各图书馆编制的书目和书目卡片情报索引》(苏联国立列宁图书馆编,自 1957 年起出版,月刊),前身是 1943—1948 年出版的《图书馆最主要的目录》,1961 年以后还出版部分全年累积本《社会科学、文学、艺术书目与索引的综合目录》。《日本书目之书目》(日本天野敬太郎编,岩南堂书店 1977 年出版),是作者于 1933 年编辑出版的《本邦書志の書志》的基础上增补而成的,全书 4 卷:第 1 卷为综合性书目,反映了 1277—1965 年间的书目,第 2 卷为专科编(1),第 3 卷为专科编(2),第 4 卷为总索引。这是日本著名的书目之书目。《世界书目之书目》(第 4 版),这是一种不定期出版物,第 1 版为1939—1940 年本,第 2 版为 1947—1949 年本,第 3 版为 1955—1956 年本,第 4 版为 15 世纪至 1963 年间涉 50 种文字的书目117187 种。1977 年又出版了补编,为 1964—1974 年本。此外,还有《书目索引:书目之累积书目》,该索引于 1938 年创刊,季刊,1951 年底至 1969 年改为半年刊,1970 年起又改为每年出 3 期,第3 期为 12 月份出版,有全年合订累积本和数年累积本。它报道全世界多种文字和各种形式的书目,是现行书目的最好的报道性书目。但以上书目之书目均未译成中文,应注意查其原版。

要利用其他图书馆,就必须借助其他馆的馆藏目录和联合目录。联合目录一般是专题性的。最后有一点应当指出,有少数书目与索引编在一起,既有图书书目又有论文篇目,多称综录或编目。

第二节　查马列经典著作

革命导师马克思、恩格斯、列宁、斯大林、毛泽东著作,是人类文化遗产宝库中的一笔巨大财富,对于指导共产主义实践、指导两个文明的建设,以及读书治学等,都有巨大的意义。这些著作本身就是人类文化的结晶,是伟大的科学研究成果或实践经验的总结。因此,我们经常需要查阅。

这些经典著作数量很大,其中有的早已公开发表,并有不同的中译本,有的为最新发现,不久才公布的;有的已经编入全集、选集、文集、文稿、汇编,有的以单行本出版;有的虽然在报刊上发表过,但还没有编入集子,也没有以单行本出版。怎样查找这些文献呢? 这应作为一个专门方面来介绍。

一、马克思恩格斯著作

查马克思恩格斯著作,首先可以利用图书馆的卡片式目录,其次是利用工具书(包括油印本馆藏目录),这方面的工具书主要如下:

《马克思恩格斯全集目录》(1—39 卷),人民出版社 1976 年出版。《马克思恩格斯全集》中文版 1—39 卷是中共中央马恩列斯著作编译局据《马克思恩格斯全集》俄文版第二版编译的,并参考了马克思、恩格斯原著文字。编译出版自 1956 年开始至 1974 年完成,共出 39 卷。1—26 卷是著作,27—39 卷是书信。这本书目,包括收入中文版《马克思恩格斯全集》的单篇文章、单行著作,以及书信和附录资料。全书目分为两个部分:第一部分为全集卷次和著作书名、篇名顺序目录,按时间顺序排列。如果知道某一著作发表的时间,可查这一部分。第二部分为全集索引,又分"著作索引"、"书信索引"、"附录索引"三部分。如果要查某一著作,而不知道发表时间,只知书名,即可查这一部分的"著作索引"。全书查检均较便捷。

要注意的是,这个目录没有收入第 40 卷及以后的著作。因此,查第 40 卷及以后各卷(中共中央马恩列斯著作编译局据《马克思恩格斯全集》俄文版第二版补卷译出,现已出齐,共计 50 卷)所收著作,则要直翻这几卷书前的目录。另外,有一些单行著作如《博士论文》、《数学手稿》等,因没有收入全集而不能在这本书目中查到。

《全国总书目》和《中国出版年鉴》。解放后,马克思、恩格斯著作的中译本出版情况在《全国总书目》里都有收录,例如没有收入全集的马克思《数学手稿》的中译本,利用 70 年代的《全国总书目》即可查得。1980 年创刊的《中国出版年鉴》能按年提供马恩著作的出版情况。

《马列著作编译资料》辑刊和《马列著作研究资料》辑刊。前者是中共中央马恩列斯著作编译局编辑出版的,已出 18 辑。后者是人民出版社编辑出版的,已出 25 期,这两种专刊经常发表最新发现的马克思、恩格斯的作品中译文,主要是通讯、笔记、手稿等。同时发表有关研究论文和资料。

《苏联大百科全书》的"卡尔·马克思"和"弗里德里希·恩格斯"条目。在这两个条目之后,都附有其书目,按年代排列。例如"马克思"条目后所附目录,从他最初在报刊上发表的诗歌《狂暴之歌》(1841 年)起,到最后为《共产党宣言》俄文版写的序言(1882 年 1 月 23 日)止,单行著作和单篇文章都有反映。

《马克思恩格斯著作中译本年表》。该年表见载于《中国出版史料补编》,原刊于《新建设》1956 年第 5 期。这个年表只能查到至 1955 年的各种中译本马恩著作。至于以后的,便要依靠《马克思恩格斯列宁斯大林著作中译文简目》(学习杂志社编,1957 年出版),《马克思恩格斯列宁斯大林著作中译本目录》（文化部出版事业管理局版本图书馆编，1956 年印行），《马克思恩格斯全集——俄文第一版及第二版篇名版本目录、篇名字顺索引》（中国人民大学图书馆编，1956 年印行），《马克思恩格斯列宁斯大林著作中译本联合目录》（初稿）（北京图书馆中文编目组编，1959 年印行）等等。然而，查马恩著作的中译版本，最好是《马克思恩格斯著作中译文综录》和《马克思恩格斯列宁斯大林著作中译本书目版本介绍》（1950—1983）。

《马克思恩格斯著作中译文综录》。这是北京图书馆马列著作研究室于 1983 年编辑出版的。这本综录收集了我国 20 多个著名图书馆、档案馆、博物馆中珍藏的各种马恩著作中译本的版本，集过去各种马恩著作中译本年表、书目之大成，为最全的一种目录。它汇录的 1980 年以前中译本目录（包括篇目）共 5717 条。全书分四个部分排列：一、著作篇目（1635 条）；二、书信篇目（3933条）；三、著作汇编本书目（159 条）；四、马恩著作中译本年表（1899、2—1980、12）。每条目录之下附有说明，简要介绍了著作、书信的写作情况、作者生前和逝世后的出版情况，以及中译文的编译出版情况。最后还注明了版本的收藏单位，便于读者查阅。如果需查《共产党宣言》的中译本到底有多少，在"著作篇目"部分，结果查得有 1903 年—1979 年间的中译本，共 25 种。

《马克思恩格斯列宁斯大林著作中译本书目版本简介》（1950—1983）。由人民出版社马列著作编辑室编，人民出版社1985 年出版。这个书目收录了人民出版社自 1950 年 12 月（该社成立）以来至 1983 年底出版的马克思、恩格斯、列宁、斯大林著作的中译本，包括公开和内部出版发行的，也含有三联书店出版的，一些即将出版的重要的马恩列斯著作亦酌予收录。有全集、选集、文稿、文选、文集、合集、单行本以及专题汇编本和论述辑录等。对每一著作的写作和发表时间、背景、内容要点（包括序言、正文、注释、附录、索引、插图、字数等）、不同译本或版本、译者编者、翻译或编辑取材出处、出版时间及版次、装帧、开本以及价格等，都作了介绍。书后还附录了《全国其他出版社出版的马克思恩格斯列宁斯大林著作中文本书目》（1949.10—1983.12）和有关马恩列斯著作的工具书（书目、说明、索引）。是一本较有特色的版本书目。此外，还可利用1976年人民出版社出版的《马克思恩格斯著作的发表和出版》一书。

二、列宁斯大林著作

1. 查列宁著作的书目主要有：

《列宁全集（1—39卷）目录》，人民出版社编辑出版，1965年再版。《列宁全集》中文版1—39卷是由中共中央马恩列斯著作编译局据《列宁全集》俄文版第4版译出的，自1956年开始编译出版，至1963年完成，共出39卷。第1—33卷是著作，第34—35卷是电信，第36卷是著作补卷，第37卷是家书，第38卷至39卷是笔记。这部书目反映了收入《列宁全集》的单行本著作书名、篇名、书信和笔记。它是在原《列宁全集目录（1—38卷）》的基础上增补的，原来只有1—38卷的中文译本目录，再版时将第39卷的目录补入，并增编了全集的篇名索引。前一部分是按年代顺序排列的卷次总目，可按卷次查找，例如若知道《论彼得格勒公共图书馆的任务》写于1917年，便可查第26卷的目录；如果不知道这个时间，则可以按该篇的第一个字的笔画数查第二部分篇目索引。

中译本《列宁全集》（1—39卷）据俄文版《列宁全集》第4版翻译出版以后，这个俄文版本又增加到45卷。俄文版还有第5版，共55卷。因此，目前我国的这个中译本（1—39卷），所收列宁著作，并不全面。为了适应需要，前几年又出版了《列宁文稿》1—10卷，但没有一个统一的目录，使用时，只能直查各卷目录。

目前，我国正在自编《列宁全集》，全书共50卷，现已出版绝大部分,待这个版本及其目录问世以后,查找列宁著作,将方便得多。

此外,利用《全国总书目》和《中国出版年鉴》(见前),可查到一些没有编入全集的中译本著作。利用《马列著作编译资料》和《马列著作研究资料》,也可查到一些新发现的列宁作品。利用《苏联大百科全书》的"弗拉基米尔·依里奇·列宁"条目附录,亦可查得有关书目。

另外还有:《列宁著作一览表》(见1920年上海共产主义小组《共产党》第1号);《一个马克思学说的书目》(见1924年《中国青年》第24期);《上海通讯图书馆书目》(第六版)(上海通讯图书馆1925年10月刊印);《列宁著作中译本年表》(见《中国出版史料补编》)等,这样可以了解到解放前出版的列宁著作中译本版本情况。

此外,查列宁著作的中译本,还可以利用学习杂志社于1957年编辑出版的《马克思恩格斯列宁斯大林著作中译文简目》、北京图书馆1959年编印的《马克思恩格斯列宁斯大林著作中译本联合目录》(初稿)和《马克思恩格斯列宁斯大林著作中译本书目版本简介》(1950—1983)。

2.斯大林的著作书目主要有:

《斯大林全集目录(第1—13卷)》,人民出版社1960年编辑出版。《斯大林全集》1—13卷中译版,是中共中央马恩列斯著作编译局据《斯大林全集》俄文版翻译出版的,自1953年开始,至1956年完成,共出13卷。这本书目按卷次反映了收入《斯大林全集(1—13卷)》的单行著作和单篇文章,是斯大林在1901年至1934年1月的作品。但以后写的即没有收入全集的单行本著作和文章、书信查不到,其中,单行本约有60余种在该目录中没有反映。

后来,又出版了《斯大林文选》上、下册,反映了斯大林1934

年 2 月至 1953 年 3 月斯大林逝世前在报刊上发表的部分文章和言论。没有编入上述目录,可直查文选书前目次。至于其他单行本中译本(如《苏联社会主义经济问题》、《马克思主义与语言学问题》等),则要利用《全国总书目》、《中国出版年鉴》、《马列著作编译资料》等以及图书馆的卡片目录查找。要了解斯大林著作的中译本版本可利用《马克思恩格斯列宁斯大林著作中译本书目版本简介》(1950—1983)。

三、毛泽东著作

毛泽东著作的查找,主要是依靠《毛泽东选集》1—4 卷和第 5 卷书前的目录,这些目录,包括毛泽东著作的单行本和单篇文章等。

《毛泽东选集》在解放前后有多个版本,最早的版本是 1944 年晋察冀日报社编辑出版的,接着,又有大连大众书店、苏中出版社、胶东新华书店等分别出版的版本。1986 年又出版了新编的《毛泽东著作选读》、《毛泽东诗词》等。

至于毛泽东著作的单行本则多达 70 余种,其中不少版本是解放前出版的。

另外,还有一些在报刊上发表的单篇文章、谈话、电文等。

查找这些文献,主要应利用:

《毛泽东著作、言论、文电目录》(1917 年—1960 年 8 月),中国人民解放军政治学院训练部图书馆编,1961 年印行。这个目录反映了 1917—1960 年 8 月间,毛泽东同志公开发表的著作、言论、文电、题词和言论辑录的题目,按时间先后为序。同一内容的著作在不同时期发表时用的不同题目,以解放后出版的选集为准,其他题名加〔〕区别,排于后面,这样,可以查到同一著作的不同版本。

《报刊所载毛泽东同志言论、著作、文电编目》(1949 年 10 月—1958 年 12 月),人民出版社,1959 年编辑出版,这本目录分两部分,前为编年目录,后为分类目录。分类目录共五个部分:(一)言论、著作;(二)公告、命令;(三)函电;(四)外国使节呈递国书时的答词;(五)题词。

《学习毛主席著作书目》,北京图书馆编,1958 年该馆印行。这本书目收录毛泽东著作以及有关毛泽东思想的论著和传记等,共 606 种。毛泽东著作包括自 1926 年至解放后各时期的著作版本(各种外文、国内少数民族文字译本等在内)。选集置于最前,其余按年代分五个时期编排。每书之下注明版本和内容提要,以及在北京图书馆的分类号码等。

《人民手册》、《全国总书目》、《全国主要报刊资料索引》,1958 年至 1979 年之间发表的毛泽东同志的著作、谈话、声明、电文等,都可以通过这些工具书来查。1980 年以后发表的,还可以用《全国新书目》、《中国出版年鉴》、《全国总书目》和《全国报刊索引》查检。

四、国外有关书目

国外有关马克思、恩格斯、列宁、斯大林、毛泽东的著作,都编有书目。主要有:

《马克思著作(附恩格斯著作)目录》,此书目收马克思著作达 900 余种,包括著作、书信、未出版的著作和尚未弄清是否为马克思所作的作品,书后为恩格斯的著作与书信目录,另有 1960 年的补编。

《马、恩、列著作书目之书目》,这是一本书目之书目,收有关马、恩、列著作书目共 886 种,利用这些书目可查到马列主义著作在全世界传播的情况和各种著作的最早版本。

此外,还有《马克思恩格斯生前出版和发表的著作目录》(苏联,1974)、《马克思、恩格斯、拉萨尔:社会主义书目》(柏林、1924)等。(参看陆伯华等《国外工具书指南》,1984 年,中国学术出版社）。利用这些书目,都要用马列主义加以分析鉴别。

五、有关经典著作的研究论著

其他人研究马克思、恩格斯、列宁、斯大林、毛泽东的生平、事业、著作、思想的论著很多,以后将逐步有专门目录出版。目前已出版《研究马克思恩格斯著作和生平论著目录》(中共中央马恩列斯著作编译局图书馆编,书目文献出版社1983年出版),该书目收研究专著共532种、研究论文1438篇。其余在近年出版的则要查《全国新书目》和《全国总书目》及《中国出版年鉴》等。

第三节 查近现代图书和报刊的出版

查近现代图书及报刊出版情况,可直翻图书馆的卡片目录。有各种书本式的综合性国家登记书目、专题书目、馆藏目录和年鉴、出版史料等可用。其中,查卡片目录应根据情况灵活运用分类目录、著者目录、书名目录和主题目录;查书目、年鉴等工具书,应先熟悉各类型主要书目和年鉴。

一、近现代出版的图书

查近现代图书有这样三个时期的书目可用:

1. 建国以来出版的图书,可先用《全国新书目》(月刊),这是一种期刊式的目录,每月一本,1950年创刊,当时为周刊,称《每周新书目》,后又补编了《1950年全国新书目》(收1949年10月—1950年底的图书),成了正式的创刊号。1966年7月停刊,1972年5月复刊。图书馆藏有每年的合订本。该书目分类排列,1980年以前分十大类:社会科学、哲学、史地、语文、文艺、自然科学、应用技术、通俗读物、少儿读物、教科书。1980年以后按《中图法》分类。每书著录书名、作者、出版地、出版社、出版时间和开本、定价，部分图书作了提要。但利用时应注意：该书目对非公开出版的图书未作收录；一般在最近3至5个月内出版的图书难能查到；使用以往的每年的合订本还应注意当时的分类方法，并注意参考相关类目。查最近出版的图书应利用出版物征订目录，这类目录有由出版社编印的，有由书店编印的，还有出版社和书店联合编印的。目前公开出版发行的征订目录有《社科新书目》、《科技新书目》、《标准新书目》、《高校联合书目》等。各地出版社编印的、书店编印的征订目录大多是内部发行的，例如有《北京图书信息报》、《辽宁新书目》、《上海新书目》、《广东新书目》、《福建新书目》、《四川新书目》、《重庆联合书目》等等。这些书目的特点是反映新书及时，但很零散，一般只能在图书馆的采编部门和书店才能找到。若要查找多年以前出版的图书，则应利用《全国总书目》、《中国出版年鉴》和出版社编印的回溯性书目以及《中文图书印刷卡片累积联合目录》。

《全国总书目》，版本图书馆编，中华书局出版，自1955年开始，该年出版了《全国总书目》(1949—1954)合订本，以后每年一本，1966年中断，1970年复刊至今。该书目是在《全国新书目》的基础上打破每月界限重新分类编排出版的，反映每年在全国范围(港台出版的未收)公开出版的图书。1980年以来按《中图法》分类，每书著录同《全国新书目》，各类图书集中，查检方便，但出版较慢，目前还只出版到1986年本。

《中国出版年鉴》是1981年创刊的，该年出版了1980年本，以后每年一本，反映上一年度图书出版界的情况。1980年本因是创刊号，对建国以来至1979年国内出版界的大事，统计资料等均有反映，并有《1948—1980年3月出版纪事》，但主要是1979年的大事、出版社、统计资料和主要图书目录、报刊目录。利用该年鉴按年度查找图书的出版情况，只能查到一些主要图书，它反映的出版物并不齐全。

如要了解某出版社自建国以来出版了哪些图书或已知某书为某出版社出版而要查其作者、版本等，可以利用出版社的回溯性书目。目前主要有《中华书局图书目录》(1949—1981)、《三十年总书目(1950—1980)》(湖南人民出版社)、《商务印书馆图书目录》，后者分为两册：1897—1949年为第一册，1949—1980年为第二册。

《中文图书印刷卡片累积联合目录》为北京图书馆中文编目部编，书目文献出版社出版，现已出版1974—1978年本和1979—1980年本，以后将继续出版。每本均按《中图法》分类排列，每书均列出北京图书馆(京)、上海图书馆(沪)、广东省图书馆(粤)、辽宁省图书馆(辽)、甘肃省图书馆(甘)、四川省图书馆(川)六个单位的索书号。

查这一时期的图书，要获得比较系统的结果，有待《中国国家书目》的出版。该书目将由北京图书馆编辑出版(已出1985年试刊本)，它反映全国范围(包括台湾、香港、澳门)出版的图书；公开和内部出版的图书；我国作者在外国出版的图书和海外华侨、外籍华人所著图书；外国出版的中文出版物；以及由国家接受缴送、交换、赠阅和调入、征集、购买的各种文字、各种载体的出版物。现出的1985年试刊本包括正文和索引，共2册，由手工编排，以后将由电子计算机编排。在这部大型国家书目正式出版以前，还可以利用各图书馆的卡片目录及各种专题书目(详后)。

要了解近几十年来外国出版的图书，可以利用：①《国际在版书目》，该书目自1979年起，逐年报道全世界用英文出版的当年在版图书，第1版共收录89个国家8万多种图书，是对《英国在版图书》和《美国在版图书》的补充。②《在版图书》，这是美国《出版年鉴》的索引本，自1966年起每期4卷，自1973年起增出补编。③《英国国家书目》，该书目自1958年起每三五年连续出版累积本,反映自 1950 年以来出版的图书。④《英国在版书目》,该书目自 1974 年起开始出版,每年一版,1981 年版收录 9,199 家出版商的图书共 337,569 种。⑤《德国书目》,该书目为西德出版,其前身是德国图书馆编 1931 年开始出版的《全国德文图书》。二次大战后,民主德国继续出版,联邦德国于 1947 年创《德国图书馆书目》,1953 年改现名《德国书目》。⑥《法文出版物总目》,该书目是由《法国总书目》(1811—1971)和《世界法文出版物总目录》(1935—1971)两书目合并而成的,自 1972 年起连续出版,1977 年起增出《连续出版物月报》等 4 种补编。该书目除反映法国图书馆收到的缴送本以外,还收录瑞士、比利时、加拿大等国在法国发行的图书。⑦《苏联新书》,该书目是苏联新书周刊,自 1956 年创刊,至今。⑧《图书汇报》,该书目于 1907 年创刊,每周连续出版至今,其年度累积本即《苏联图书年鉴》。⑨《日本书籍总目录》,日本书籍出版协会于 1977 年起开始编辑出版,初为两年出版一次,自 1979 年起改为年刊。⑩《全日本出版物总目录》,该书目由国立国会图书馆编,1949 年创刊,初为数月累积本,自 1951 年起改为年刊。⑪《非洲图书出版记录》,该书目自 1975 年以来连续报道非洲本地出版的非洲各文种和法、英文出版物,包括图书和报刊。目前,全世界正式编有国家书目的达 90 多个,均可注意利用,但未译成中文。查近期外国出版的图书,还可以利用中国图书进出口公司编印的《外国新书征订目录》(月刊)、《外国社会科学新书征订目录》(月刊)等和北京图书馆编印的《外文新书通报》(分社会科学和自然科学以及联合国出版物等部分)、中国科学院图书馆编印的《外文新书通报》(分社会科学和自然科学部分)。这两种通报均为月刊,报道上述两馆入藏外文新书的情况,并可查到其索书号。此外,还可以利用各图书馆的外文图书卡片目录以及中国图书进出口公司编辑发行的各种外文图书征订目录。

2. 查辛亥革命时期至建国前夕出版的图书,可以利用《(生活)全国总书目》。该书目由平心编,1935 年生活书店出版,反映了 1911—1935 年间全国出版的图书约 20000 种,凡出版社、书商、学术团体以及其他机关出版的非淫秽和宗教迷信内容的图书均在收录之列。书后附主题、洲别国别、外国著者三种索引。同类书目还有《全国出版物总目录》(开明书店编辑出版,1935 年)、《全国总书目》(开明书店编辑出版,1939 年)、《现代书局图书总目》(现代书局编辑出版,1934 年 5 月)、《民国以来出版新书总目提要》(杨家骆编,1936 年 5 月中国辞典馆印行)等。查抗日战争时期、解放战争时期出版的图书,应利用《抗日时期出版图书书目》(1937—1945)、《抗日战争时期、第三次国内革命战争时期解放区、根据地图书目录》(1937.7—1949.10)。前者由重庆市图书馆于 1957—1959 年编辑出版,共两辑,反映了重庆、上海、汉口、长沙、桂林、昆明于 1937 至 1945 年间出版的图书,标注“C”者为重庆市馆所藏。后者由中国人民大学图书馆编,1961 年印行。反映共 80 所图书馆所藏 1937 至 1949 年间解放区、根据地出版的图书。要查这一时期的进步图书,还可以利用《第二次国内革命战争时期苏区出版物简目》(1930—1934),以及国统区的“禁书目录”。例如,国民党反动政府 1934 年 2 月一次查禁的文艺图书达 149 种,录存于鲁迅《且介亭杂文二集·后记》里。此外,还有《国民党反动政府查禁二百二十八种书刊目录》(1931 年)、《国民党反动派查禁书刊补遗》(1931 年)、《国民党反动派查禁文艺书目补遗》(1929—1936 年)、《国民党反动派查禁六百七十六种社会科学书刊目录》(1936 年)、《国民党反动派查禁九百六十一种书刊目录》(1941 年)等。以上均见载于张静庐辑注的《中国现代出版史料》(中华书局出版)乙、丙、丁三编。另外,日伪于 1938 年编有《北平市政府警察局检扣书籍刊物一览表》,查禁了书刊共 786 种。又 1939 年汉奸组织新民会中央指挥部调查科编印了《禁止图书目录》,其“社会主义之部”和“抗日之部”共查禁图书达 1841

种。这些书目中绝大部分为进步书籍,少量为国民党内讧"反蒋"内容的书刊。(参看唐弢《晦庵书话》1980 年版第 100—111 页)

此外,查这一时期的图书,还可以用丛书目录如《中国近代现代丛书目录》和出版社书目如《商务印书馆图书目录》(1897—1949),以及各种专题书目(详后)。而最为全面系统的是《民国时期总书目》。

《民国时期总书目》(1911—1949),北京图书馆编,书目文献出版社 1986 年开始出版,全书拟分 20 个分册,已出《语言文字》和《外国文学》分册。该书目的编辑前后共费 20 余年,收录自辛亥革命时期至建国前夕全国出版的各种图书,共约 10 万余种。图书包括 1911 年前后连续出版的,但不收少数民族文字的图书、外国驻华使馆印行的图书和线装图书以及期刊。资料来源于北京图书馆、上海图书馆和重庆市图书馆。其 20 个分册,按学科划分为:哲学、宗教、社会、政治、法律、军事、经济、文化教育、语言文字、文学、艺术、史地、理化、医学卫生、农业、工业、总类、儿童读物、中小学教科书。

3. 查近代出版的图书,比较困难一些。这一时期出版的图书尚无完整的书目来反映,目前只能利用下述书目:《续修四库全书总目提要》(详后第五节);《贩书偶记》和《贩书偶记续编》(后两书由孙殿起编)。三书分别为:1972 年台湾发行;1936、1959 年印行和出版;1980 年出版。既收有《四库全书》未收的乾隆前的少量著作和清后期的著作,又收有辛亥革命以后至抗日战争以前的著作。《旨准颁行诏书总目》(太平天国政府);《西学书目表》(梁启超编,载 1896 年 9 月《时务报》,收甲午战争以前 20 多年间中译西方著作共 300 余种,分"学、政、杂"三类,宗教书不录);《日本书目志》(康有为编,1896 年);《东西学书录》(徐惟则编,1899 年,顾燮光 1902 年增订);《新书目提要》(沈逃炜编,1903 年);《书目答问补正》等。《书目答问》为清张之洞于 1876 年编印,1931 年范希曾作了《补正》。张之洞原书称:"此篇所求,其原书为四库时所未有者十之三四,四库虽有其书而校本注本晚出者十之七八。"因此这本目录对于查找清后期的图书有一定的帮助。该书目共收书2200余种,按《四库》法分类编排,每书下有说明,并指出哪个版本好。其"经济之学"一类图书集中排列,反映了作者"中学为体、西学为用"的思想。范希曾的《补正》部分增补了《四库》以后一百多年里新出的许多书籍。它也是查古籍图书的重要书目。《古越藏书楼书目》,这是浙江绍兴徐树兰创办的古越藏书楼1904年编的书目。资产阶级民主主义革命时期的报刊如《苏报》、《民报》、《国粹学报》等的书目专栏,曾介绍一些当时出版的新旧学著作,找到这些报刊即可查阅。另外,《中国近代出版史料》、《中国现代出版史料》、《中国出版史料补编》(均为张静庐辑注),这一套书对于我们了解近代以降百来年间的图书出版情况,很有参考价值。这套书分:《中国近代出版史料》初编、二编,由中华书局1957年出版。刊有《出版大事年表(1862—1918)》(见二编)。《中国现代出版史料》甲编、乙编、丙编、丁编,由中华书局1954—1959年间出版。《中国出版史料补编》由中华书局1957年出版,刊有《出版大事年表(1918—1949)》、《商务印书馆大事纪要(1897—1946)》、《中华书局大事纪要(1912—1949)》。至于《中国近代现代丛书目录》(上海图书馆编)和近年出版的刊物《出版史料》亦可参考。

以上书目资料对查近代出版的图书有一定的帮助,但仍不很方便,因此,有待于将后出版的《中国国家书目(清乾隆—1911年)》。这是一部大型回溯性书目。在此书未出之前,还可以利用一些专题书目(详后)来查。

二、近现代报刊的出版

我国的报刊产生很早,有人认为"很可能汉代已有'邸报'之类的报纸"(《中国古代报纸史料辑述》),只是考虑到"还没有发现足资证明的史料。所以仍把'开元杂报'视为我国最早的报纸"。黄卓明著《中国古代报纸探源》(1983年)认为目前还未发现足资证明报纸起源于西汉的古籍记载,中国古代报纸应始于唐朝廷发布的"报状"。"杂报"、"条报"概称为"报状"或简称"报"。总之"产生于唐代,发展于宋代,中断于元代,复兴于明代,延续到鸦片战争的清代'邸钞'和《京报》,并以《京报》处于从古代报纸到近代报纸的过渡地位。"《中国新闻事业史稿》(李龙牧著)亦执同样的观点。

近代国内出版较早的报纸有1833年—1838年外国传教士在广州创办不久迁新加坡的汉文报《东西洋考每月统纪传》(或名《东西方月刊》)。1839年魏源选译在澳门出版的《广州报》上的材料辑为《澳门月报》是以后译报的发端。而1873年武汉出版的《昭文新报》,1874年王韬在香港创办的《循环日报》,乃是中国人自办的最早的中文报纸。此后报刊逐步增多。例如戊戌变法时期康有为办的《中外纪闻》(北京),《强学报》(上海),梁启超办的《时务报》,以后又有谭嗣同积极为之撰稿的《湘学新报》(湖南),严复办的《国闻报》(天津)等。戊戌以后主要有《中国日报》、《苏报》、《国民日报》等等。1905年孙中山领导的同盟会在日本东京创办了《民报》,并出现了《浙江潮》等。1915年革命刊物《青年杂志》即《新青年》在上海问世,1919年7月毛泽东同志创办的《湘江评论》(长沙)、周恩来同志创办的《天津学生联合会月刊》问世,以后日益增多。目前,全国正在出版的中央和省、市、自治区办的中文报纸总计逾1000家,中文期刊过5000种。

那么怎样查找这些报刊的名称、出版情况、收藏单位以及其篇目情况呢?下面分三个时期介绍一些主要工具书:

1.查解放以来的报刊,有《中国报刊名录》(1984年),新华出版社1985年出版。此书收1984年6月以前我国现有的报纸和杂志(包括创刊和复刊)共3800多种,其中报纸765种,杂志3115

种,县以下的报刊和非公开出版的报刊未收。该名录先按地区分省、市、自治区,然后按报纸类、杂志类排列。每报每刊均著录名称、主办单位或编者姓名、出版者、出版地、代号、电报电话号码、发行对象和范围等项,最后,大多数还介绍了内容概要。同类目录有《中国报刊大全》(邮发部分,1986年版),由胡德仁、胡德荣编辑,《中国报刊报》编辑部和邮电部报刊发行局审校,人民邮电出版社1986年出版。该书收录1986年上半年和部分下半年全国交邮局发行的报纸1032种,杂志2589种,共计3621种。该书是作者在1985年编辑出版的《中国邮发报刊大全》之后,从1986年起,改此名称的。全书分"报纸部分"和"杂志部分"两大部分。均分类排列。"报纸部分"先排中央、省、市、自治区中共机关报,地(市)县中共机关报,早晚报,然后按"人口"、"工人"、"农民"等等排列各种专门报纸;最后排列综合性文摘报,少数民族文字报,国内出版的外文报。"杂志部分"先按《中图法》排列"哲学"、"社会科学总论"、"政治法律"、"经济"、"综合性文摘"、"自然科学总论"等等类目,然后排列少数民族文字期刊和国内出版的外文期刊。每报每刊均有详尽的著录,包括创刊时间、改刊情况、主要栏目等。全书有"分类目录"、"分类索引"、"代号索引"和"报刊名笔画检字"。此外,还有《全国报刊内容汇编》(北京市邮政局、光明日报社编辑出版,1985年)。

查期刊的出版,最好是利用《中国当代期刊总览》,该书由《中国当代期刊总览》编辑组编,黑龙江人民出版社1987年出版。全书共两册,收录期刊5000多种,基本包括了国内正式注册出版的期刊,是目前收中文期刊最多的一部目录。全书按地区排列,每个地区分15个类目:(1)哲学社会科学总论与文科高校学报;(2)政治法律;(3)经济;(4)文化教育体育;(5)语言文学艺术;(6)历史地理;(7)自然科学总论与理科高校学报;(8)自然科学基础科学;(9)医学;(10)农业科学;(11)工业技术;(12)交通运输与环境科学;(13)检索类期刊;(14)少数民族文字期刊;(15)国内出版的外文期刊。每刊著录刊名、办刊宗旨、特点栏目、演变、读者对象、主办单位、主管单位、出版单位、创刊日期、登记证号、国内代号、国外代号、刊期定价、开本、发行方式、印数、负责人、电话、地址等项,十分详备。书前有按地区编排的"目录",书后有"分类索引"和"笔画索引"。该书所收期刊止于1986年。其中已有部分停刊,也有个别新创者未能收入。

要了解新出版的期刊报纸,还可以利用《中国出版年鉴·全国报纸杂志》和《中国新闻年鉴》。要了解内部期刊的出版情况,可利用上海交通大学编1985年印行的《1600种中文内部期刊内容简介》,该书包括文科和自然科学、技术科学的内部期刊。此外,还可以查阅各图书馆的馆藏目录。

至于查港台出版的报刊,则可利用《人文社会科学期刊联合目录》(台湾省"中央图书馆"1975年编印)和《上海市预订1983年外国和港澳台报刊联合目录》(上海图书馆1983年编印)等。

若要查找这一时期外国出版有哪些报刊,可以利用中国图书进出口公司编印的《外国报刊目录》,该书已印行多版,1983年已出至第6版,收录英、法、德、日、俄文等主要国外出版的报刊共24167种,包括社会科学和自然科学技术科学各个方面。社会科学方面分如下类目排列:哲学、社会科学、历史、地理、经济、政治时事、政治学、法律与司法、军事、文化事业、教育、体育、语言、文学、艺术、宗教无神论。每报每刊有中译名、原名、出版者、刊式、内容简介等。该公司还编印有《进口外国报刊目录》、《外籍人员专用报刊征订目录》。

此外,还可以查外国编辑出版的报刊目录,如:《世界期刊指南》(即西德文献工作出版社出版的《技术文献工作与书目手册》的第6卷,1967年第5版)、《世界社会科学期刊目录》(联合国教科文组织编,1976年第4版)、《新连续出版物题录》(美国国会图书馆编辑出版,1953年创刊,反映美国、加拿大近200所图书馆每年入藏的期刊和连续出版物,每年约报道15000种,分月刊和季刊出版,另有1950—1970、1971—1975、1976—1980年的累积本)、《亚非各国社会科学期刊》(苏联国立列宁图书馆1980年编辑出版)、《苏联报刊目录》(苏联图书公司编辑出版,每年一次)、《日本杂志总览》(日本新闻调查会每三年编印一次)等等。但这些目录均未译成中文。目前,查外国在这段时间出版的报刊还可以利用我国一些图书馆的馆藏目录,如北京图书馆报刊资料部编的《西文社会科学现期期刊目录卡片》(1983年书目文献出版社出版)、《中国科学院图书馆编印全院所藏西文期刊总目》(1954年该院图书馆印行)、《中国科学院图书馆馆藏外文期刊目录》(1981年该院图书馆印行)、《天津市图书馆1983年预订外文期刊目录》(1982年该馆油印)等。

至于查这一时期的外国出版的报纸,则有如下目录可用:《世界报纸出版指南》(英国BB公司出版,年刊)、《国家报纸世界目录》(英国巴特沃斯公司1976年出版)、《艾尔报刊指南》(美国于1880年开始出版的年刊)、《缩微复制版的报纸:美国,1948年—1972年》(美国国会图书馆1973年编印)、《缩微复制版的报纸:外国,1948年—1972年》(美国国会图书馆1973年编印)等,后两种已有补充本。这些目录均未译成中文。此外,还可以查各图书馆的馆藏卡片目录或书本式目录。

2.查"五四"至解放前夕出版的报刊,有《五四时期期刊介绍》(中共中央马恩列斯著作编译局研究室编,人民出版社1958—1959年出版,另有1980年本),全书三集。第一集收录21种,如《新青年》、《湘江评论》等,第二集收录70种,如《共产党》、《先驱》等,第三集收录66种,如《旅欧杂志》等。每集均分"期刊内容评介"和"附录"两个部分。"附录"包括发刊词、宣言、目录和分类索引。此外还有《1919—1927年全国杂志简目》(静编,载《中国现代出版史料(甲编)》);《1930 年全国革命报纸调查》(见《中国现代出版史料补编》);《1931—1936 年间上海出版的几种革命报刊简介》(杨瑾玲编,见《中国现代出版史料丁编》);《抗日战争时期上海的革命报刊和进步报刊》(杨瑾玲编),《抗日战争时期中国共产党党报和主要进步报刊简介》(文淇编),《1946 年各解放区出版的报纸》、《1948 年各解放区出版的报纸》(均见载《中国现代出版史料(丁编)》和《补编》)。而最集中的一部目录是《全国中文期刊联合目录》(1833—1949)。

《全国中文期刊联合目录》(1833—1949),全国图书联合目录编辑组编,北京图书馆 1961 年初版,1981 年书目文献出版社出版增订本。增订本补入了初版所未收的中国共产党在各时期出版的党刊、抗日民主根据地和建国前各解放区出版的期刊,以及国民党统治区出版的进步刊物。该书目收自 1833 至 1949 年间出版的中文旧期刊共约 20000 种,并反映了这些期刊在全国 50 所图书馆的收藏情况。正文按刊名笔画数多少排列,每种期刊著录刊名、刊期、编辑者、出版地、出版者、创刊与停刊的起止卷期、创刊与停刊的时间、沿革变化、总藏(指在全国 50 所图书馆的总藏期数)、馆藏代号(在卷期的左边或右边用黑体阿拉伯数字标出)、馆藏卷期、馆藏卷期出版时间等。例如:

读书通讯(半月刊)　上海文化服务社 1—168,1940.5—1948.10 ‖(本刊在重庆创刊,自 110 期 1946 年起迁上海出版。)

总　藏　1—168

1	1—80,84—90,98—104,109—67,1940—48
2	3—12,14—8,20,22—4,30—3,41,48—52,55—60,65,76—7,119,1940—46
6	1—75,100,102,117—9,121—66,1940—48
7	1—52,54—9,65,110—1,113,117—21,123—9,131—45,147—160,162—6

831	14—6, 20—3, 32, 114, 118—9, 126—30, 134—5, 140—6, 148—53, 155—6, 158—9, 162, 165, 168, 1940—48

新时代（月刊）长沙文化书社 1: 1—4, 1923.4—7（本刊是毛泽东同志创办的湖南自修大学的机关刊物）

1:	1—4	1923	8
1:	1—2, 4	1923	63
1:	2, 4	1923	7

新时代（半月刊）上海新时代半月刊社 1: 1—2, 1949.3

1:	1—2	1949	851

利用这本目录可以查到这一时期和近代出版的期刊，并且可以了解收藏情况。但应注意：在利用书前的拼音（或笔画）索引检到刊名首字时，有的标出两个页码，其中标有"H"者为书后的页码。另外，从正文得黑体阿拉伯数字时，要利用书前的《参加单位名称代号和地址表》查出其馆名馆址，才便于借阅。有许多刊物刊名相同，检索时还应注意从编者和刊期的不同来加以区别。这本目录的缺点是没有分类索引，并且也有遗漏。

因此，在该目录上查不到的期刊，可利用某些馆藏目录加以补查，如《武汉地区期刊联合目录》三卷（武汉地区图书馆学会编，1956年印行）、《建国前山东旧期刊目录》（山东大学历史系资料室洛洋编，1983年印行）等。前者反映了武汉地区20所图书馆的旧中文期刊和日文期刊共5962种，其中中文期刊收录止于1956年。后者反映56个省市级图书馆所藏山东地区于清末至解放前出版的期刊共650余种。

要查这一期间的外国期刊，可以利用《全国西文期刊联合目录》（北京图书馆编，1964年第2版，收录168个图书馆所藏西文期刊 20270 种)、《全国俄文期刊联合目录》（北京图书馆 1961 年编印,收录 143 所图书馆所藏俄文期刊 2485 种)、《全国日文期刊联合目录》（辽吉黑地区中心图书馆委员会编,1962 年出版,收录 86 所图书馆所藏日文期刊 6602 种)等。

查找这一时期的报纸可以利用某些馆藏报纸目录,如:《北京图书馆馆藏报纸目录》（北京图书馆报纸期刊编目组编,书目文献出版社 1981 年出版)、《上海图书馆馆藏建国前中文报纸目录》（上海图书馆编,1984 年印行)、《解放前中文报纸联合目录草目》（北京地区部分图书馆藏)（全国图书联合目录编辑组 1967 年编印)、《上海各图书馆藏报调查录》（上海新闻图书馆 1950 年编印)、《中文报纸目录》（上海市报刊图书馆编,1958 年印行)《上海报刊图书馆中文报刊目录(1881—1949))》(1957 年印行,收录报刊 8,037 种)等。

要查这一期间的外国报纸,则要利用各图书馆的外文报纸卡片目录,外国编的目录只有《美国报纸》（美国国会图书馆 1937 年编印)、《日本主要研究机关图书馆所藏中国文新闻杂志总合目录》（市古宙三编,东洋文库近代中国研究委员会 1959 年印行)等。

3. 查近代报刊,有:《中国近代期刊篇目汇录》（上海图书馆编,1979—1982 年出版),收 1857—1918 年的中文期刊共 495 种,全书三卷,按年代排列期刊及各卷期的篇目、作者等项。《辛亥革命时期期刊总目》（上海图书馆编,1961 年)。《清季重要报刊目录》（见《中国近代出版史料初编》)。还可以查《全国中文期刊联合目录(1833—1949))》及《日本主要研究机关图书馆所藏中国文新闻杂志总合目录》以及上述其他有关目录。

上述《中国近代期刊篇目汇录》第一卷排列 1857—1899 年间的期刊及其篇目,第二卷(上、中、下三册)排列 1900—1911 年间的期刊及其篇目,第三卷(上、下两册)排列 1912—1918 年间的期刊及其篇目。每刊注明刊名、创停时间、编辑者、发行者、出版地、卷期及篇次。每篇注明篇名及作者。同时还注明了国内部分图书馆的馆藏代号，通过其"馆藏代号表"可查得馆名馆址，以便借阅。《辛亥革命时期期刊总目》收辛亥革命时期我国留日青年在日本东京出版的 20 种期刊，按创刊年月先后排列是:《国民报》、《游学译编》、《湖北学生界》、《浙江潮》、《江苏》、《醒狮》、《复报》、《洞庭波》、《汉帜》、《云南》、《豫报》、《秦陇报》、《关陇》、《晋乘》、《粤西》、《河南》、《四川》、《国报》、《夏声》、《江西》。每刊注明卷期和起止时间，然后列出篇目。

4. 查专题报刊，有:《晚清文学报刊述略》(阿英著，古典文学出版社出版，1958 年)，收 24 种晚清文学期刊，5 种待访期刊，26 种晚清小报，均有评介，并附《中国画报发展之经过》;《中国现代文学期刊目录(初稿)》(上海文艺出版社出版，1961 年)，收 1902—1949 年的文学期刊 1594 种;《中国现代戏剧电影期刊目录》(初稿)(刘廷华等编，上海文艺出版社出版，1962 年)。此外还有:《国外经济贸易报刊简介》(对外经济贸易部国际贸易研究所编，1982 年印行);《世界历史期刊目录》(美国克里奥出版社 1961 年出版);《宗教期刊指南》(1975)。以上三种均未译成中文。

三、现代内部发行的书刊

现代内部图书和报刊的出版在全部出版物中占有一定的比例。这些文献往往有特定的读者对象和交流范围。这些文献较难查检，然而对于学术研究工作说来，却很有价值，故须集中作一介绍。现就出版部门和机关团体、学术单位等经批准内部出版的"内部参考"、"内部交流"之类的图书以及内部发行的期刊(不包括"非法出版物"和其他未经正式批准的出版物)的查找方法，简介如下。

1. 查图书馆目录。内部出版的书刊，包括报纸，在大型图书馆多有收藏。这些文献有的已经"超时"而转为公开出版了，有的曾经是作为"内部参考资料"出版，而现已部分地失去时效，因此，图书馆的卡片目录都有反映。部分可以查馆藏目录或联合目录（书本式的），包括油印的、铅印的。这种目录本身也是内部印行的。多在图书馆的文献检索部门或工具书阅览室。如若在读者目录（卡片式）里查不到，还可以利用图书馆的公务目录。任何出版物在公务目录里都有反映。

2. 查公开出版的书目。公开出版的书目部分地反映了内部书刊的出版。例如《全国新书目》没有收录的，部分地在《全国总书目》中可能查到。又如《（生活）全国总书目》（平心编，1935年出版）没有收录的，在《民国时期总书目》（1911—1949，9）可能查到。在综合性国家登记书目里查不到的，部分在专题书目里可以查到。专题书目多是为学术研究而编制的，因此提供了比较全面系统的资料，一些内部文献也列入其中了（专题目录详下节）。综合性回溯大型书目《中国国家书目》待出版后，更可利用。

至于内部期刊，可查上海交大编的《1600种中文内部期刊内容简介》（1985年印行）和《中文内部期刊内容简介》（1985—1986），前者收1984年5月以前出版的文理科内部期刊1600种，后者收1984年下半年至1986年的内部期刊约1000种，其中文科期刊约400种。

3. 查高等院校的系（所）资料室的目录或向图书馆咨询部提出咨询。

高校各系资料室以及各研究所资料室的藏书中含有大量的内部出版物，可利用其目录检索。图书馆的参考咨询部或情报室入藏了大批内部资料，并另编有一套目录或索引，可资利用。另外，有的图书馆在过去单设过内部资料阅览室，后来多被撤销，这些文献的查找，可向参考咨询部询问。

此外,高校教材科往往掌握内部交流教材的出版发行情况,亦可查询。

至于内部发表的文章等可查《内部期刊索引》等。

查内部图书,比较集中的一部书目是《(1949—1986)全国内部发行图书总目》,由中国版本图书馆编,中华书局 1988 年出版。该书目收 1949 年 10 月至 1986 年 12 月间全国(不含台湾省)各出版单位内部发行的初版和改版书共 18,301 种。著录同《全国新书目》,只是未作内容提要。

第四节　查专题图书

专题图书包括某方面、某学科、某专业的图书,对于专业学习和学术研究有很大的参考价值。查专题图书首先应考虑查专题图书书目。如若没有查到,再用综合性书目的有关类目加以补充。专题书目有哲学、政治、法律、经济、语言文字、文学、艺术、历史、地理、图书馆学、情报学、档案学等各学科的,有整个文科方面的,还有跨学科的专题如妇女著作、年谱等等。要了解竟有哪些专题书目,可先浏览一下北京大学图书馆学系《中国书目编年》组编写的《中国书目编年》(《津图学刊》1984—1985 年连载),其中1949—1981 年部分按年代排列,1982 年以后的按类排列。或者,参看《文史哲工具书简介》(南京大学图书馆等编,1981 年天津人民出版社出版,1986 年重印)、《文史工具书手册》(朱天俊等编,中国青年出版社 1982 年出版)、《中文工具书使用法》(武汉大学图书馆学系本书编写组编,1982 年商务印书馆出版)的有关部分;还可查阅诸如《古典文学文献及其检索》(潘树广编著,陕西人民出版社 1984 年出版)等专科专题文献检索之类书籍。为了方便起见,现将一些常用的主要专题书目介绍如下。

一、文科重要图书

文科学习专业知识和进行研究工作,必须查阅如下一些书目:

①《大学文科书目概览》,《书林》杂志编辑部编,1985年4月出版,涉及文科教材和理论著作、史著及作品约千余种。该书目分16大类:哲学、文学、语言学、历史学、经济学、法学、社会学、教育学、心理学、图书馆学等。大类下再分小类,大小类都有序言,所著录的图书均经精心选择,并有提要,对学习文科各专业,是一本较有价值的参考书,更是自学者的向导。②《中国文化史要论(人物、图书)》,蔡尚思著,1980年湖南人民出版社出版,第一至六章谈中国文化史上的重要人物和图书,第七章为文化基础书目,这一章所列图书是分学科排列的,每书只注明朝代、作者,这些图书,文科学生和研究工作者都可以涉猎。第八至第十章谈清代学者的学术研究及治学方法。此外,他还开过一个"最能代表中国文化"的图书40种(见载《工人日报》1983年10月4日),其中,又标示出最重要的20种,即:《诗经》、《杜工部诗集》、《宋元戏曲史》、《红楼梦》、《鲁迅杂感选集》、《史记》、《史通》、《徐霞客游记》、《论语》、《墨子》、《孙子》、《庄子》、《韩非子》、《明夷待访录》、《太平天国文选》、《孙中山选集》、《五四运动文选》、《梦溪笔谈》、《本草纲目》。这20种图书,每个文科读者都应读一读,随后可扩大至所列40种以至更多。③《中国古典名著总解说》(上、下册,台湾省1981年出版),可参考使用。④《外国哲学社会科学著作目录》(1949—1955),人民出版社资料室编,1956年出版,收书3994种。《西方名著提要·哲学社会科学部分》、《外国哲学社会科学名著简介》、《国外研究中国问题(书目、索引)》(1977—1978),北京图书馆编,1981年出版。以上供查外国文科方面的重要图书,很方便。此外,《书林》、《文献》、《博览群书》、《世界图书》、《读书》、《学术情报》、《史学情报》、《百科知识》、《国外社会科学文摘》以

及《图书馆杂志》等等也经常介绍一些文科图书。

二、文科各学科专题图书

文科专题研究和专业学习必须查找的专题图书,有下述专题书目:

1. 哲学著作书目:

①查现代出版的哲学著作,可用图书馆的卡片分类目录,还可以利用《全国新书目》(月刊)、《全国总书目》和《中国哲学年鉴》等。

②查中国哲学史著作,可用《七十六年史学书目》或《八十年来史学书目》中的"学术思想史"、"宗教史"栏目,还可用下列书目:《诸子书目》(陈钟凡编,1929年铅印),此书收录周秦至元明各代诸子书144家。每家首列书名、卷数、考订,然后列出版本。《周秦诸子书目》一卷(胡韫玉编,1923年《朴学斋丛刊》本,并见载《国学周刊》第4—9号),《老子考》(王重民编,1927年北平中华图书馆协会铅印),《子略》四卷(宋高似孙编《百川学海》本)、《子叙》一卷(清黄以周《儆季杂著》本)等。

③查中国哲学史史料,有:《中国哲学史史料学初稿》(冯友兰编,1962年),头两章内容为史料学的范围和内容,论目录,其他各章介绍人物、著作;《中国哲学史史料学》(张岱年编,1982年),书后附有《有关中国佛教的思想文献简明目录》;《历代书目举要》;《有关哲学史的丛书举要》;《历代思想家传记资料要目》等;《中国哲学史史料学概要》上、下册(刘建国编,1983年),按时代和人物介绍,后附论文索引(1901—1980);《中国哲学史资料选辑》及其《简编》(中华书局,1963年);《中国美学史资料选编》上、下册,北大哲学系原美学教研室编,1980年;以及《中国近现代哲学资料汇编》等。

④查近现代美学著作,有《美学向导》(北京大学出版社,1982

年),后附《美学专著选目》(1919—1981),包括我国美学著作和翻译外国美学著作共 100 种。此外,还应利用《全国新书目》、《全国总书目》和图书馆卡片目录及有关年鉴等。

⑤查外国哲学著作原文,有美国《哲学书目之书目》(1977)。此书汇集了 1450—1974 世界各国(西方为主)出版的哲学书目,头一部分按哲学家姓名字顺排列,第二部分按主题排列,少部分作了提要。此外还有《哲学书目季刊》(由国际哲学协会于 1937 年创刊,录 40 个国家的哲学图书、期刊论文和学位论文),《哲学书目》(2 卷,荷兰 1934—1945),《在版宗教图书与连续出版物》(美国 1978—1979)、《佛教资料目录》(法国)等,但均未译成中文本。

2. 政治法律著作书目:

查政治、法律方面的专题图书,有下面几方面的书目可用。

①查图书馆的卡片式目录和《全国新书目》、《全国总书目》以及有关年鉴。还可利用《七十六年史学书目》或《八十年来史学书目》的有关部分。

②查书本式馆藏目录以及各种正式出版的书目,如《馆藏中文法学和法律图书目录》上、下两册(浙江图书馆 1976 年 12 月铅印),收录限该馆所藏。该书上册为书目,可查到 30 年以来出版的法学著作,共 1,935 种,按 15 个门类著录。下册为附录。1984 年由西南政法学院图书馆编印的《中文法学与法律图书目录》,更是一部较大的法学、法律图书目录,全书共七册。此外,还有《中国法律史参考书目简介》(国家法律局法律史研究室编,法律出版社 1957 年出版),该书目收书 930 种,分 10 类排列;《中华人民共和国法规目录》(1949—1982);《中俄关系图书联合目录》(北京图书馆编,1974 年印)等。

③外文的,有英国的《国际政治科学文献目录》(属国际社会科学书目丛刊之一,1954 年创办);《日本政治学文献目录》(1976 年创刊);美国的《外交书目》(1933 年创刊);苏联的《国际关系书

目》(1961 年出版,收 1954—1960 年苏联国内有关这方面的出版物);《1917—1972 年国际法书目》等。这些书目均未译成中文。

3. 经济著作书目:

经济著作出版的数量很大,更新快,但有关书目很少,目前只能利用下述几个方面的工具书。

①查现代经济著作,可利用图书馆卡片目录、《经济学著作书目》(1940—1983)(中国社会科学院经济研究所图书馆编,经济科学出版社 1987 年出版)、《全国新书目》、《全国总书目》、《中国经济年鉴》(1981—)、《中国经济科学年鉴》(1984—),尤其是后者,按年度反映了国内出版的经济学著作和期刊论文等。

②查经济史著和经济学史料,可利用《七十六年史学书目》或《八十年来史学书目》。后者反映了 1900—1980 年的史学图书,其中有经济方面的类目。也可以利用《披沙录》(赵遒抟编,北京大学出版社 1980—1983 年出版),这是一部查检经济学著作和其他有关文献的较大的工具书。其中,《披沙录》(一)分上、下集。上集记录我国各时期的经济学者人名,下集是从经、史、子、集、类书、奏疏、诏令、实录、笔记等等中,选择若干部有关经济思想的书籍以及近 50 年来的有关论文,编成的书目、索引。此外,还可以直查正史中的"食货志"部分。

③查外文方面的经济文献,有美国的《国际经济学参考资料与期刊目录》、日本的《经济史文献解题》(1960 年创办)、英国的《国际经济学文献书目》(1955 年创办)等。这些目录均未译成中文。

4. 语言文字学著作书目:

①查图书馆卡片目录和《全国新书目》、《全国总书目》等综合性书目,以及《民国时期总书目·语言文字分册》。

②查《中国语言文学系学生阅读书目》(南开大学中文系编,南开大学出版社 1986 年出版),《语言文字学书目》(第一辑),《语

言文字学书目》(第二辑)，后二种均由中国文字改革委员会图书资料室编，分别于1955、1957年印行。

③查语言文字学史著，还可以利用《七十六年史学书目》或《八十年来史学书目》以及《清人所著说文之部书目初稿草稿》(马叙伦，1926年《图书馆学季刊》第1卷、第1期)；《许学考》26卷附勘误(黎经浩编，1927年)；《系统的文字学参考书目举要》(沈兼士编，1927年《北京大学研究所国学月刊》第1卷第5号)；《近代语文学书目提要并考评》(黎锦熙编，见1929年《文学丛刊》第1期)；《方言考》五卷(或《古方言书目录》)(崔骥编，1932年《图书馆学季刊》第6卷第2期)等。

④国外的语言学专题书目，有美国的《当代语言学研究书目录》(1978年出版，反映1970年以后的图书)，德国的《德国语言与文学书目》(1957年创刊)，荷兰的《语言学文献目录》(1949年创办)等。这些书目均未译成中文。

5.文学著作书目：

①查图书馆卡片目录和《全国新书目》、《全国总书目》等以及有关年鉴。这方面的年鉴很多(参看第三章)。

②查近现代文学方面的书目，有《我国10年来文学艺术书籍选目》(1949—1959)(北京图书馆，1960年)；《建国以来文艺作品专题书目》(1961年印行)反映1949.10—1961.2间的作品3,000种，后附"著者索引"；《中国现代作家著作目录》(山东师范学院中文系，1962年)；《当代文学新人作品及其研究资料目录》(二册)(1962年上海师范学院图书馆油印)；《中国现代文学史资料编目》(1960年复旦大学图书馆印)，介绍自"五四"运动到解放战争时期的文学史料；《中国现代文学作家著作联合目录》(1918—1963.12)；《史料索引》(见《中国新文学大系》第10辑)；《中国现代作家著译书目》及其续编(北京图书馆书目编辑组编，书目文献出版社1982、1986年出版)等等。后者收"五四"时期至1982年

178位现代作家著译图书6000多种。

查现代文学方面的某些作家著述，研究资料等，还有《鲁迅研究资料编目》（沈鹏年编，1958年出版）、《鲁迅研究资料编目索引》（扬州师范学院图书馆编印，1976年）、《鲁迅手迹和藏书目录》（鲁迅博物馆编印，1959年）、《鲁迅著作系年目录》（上海鲁迅纪念馆编，1981年出版）。此外，郭沫若、茅盾等著名文学家亦有同类书目，可注意利用，如《郭沫若著译书》（上海图书馆编，1980年出版）等。

③查中国古典文学作品的书目，有《中国古典文学名著题解》（中国青年出版社1980年出版）；《八百种古典文学名著作介绍》（台湾省1982年出版）；《中国古代文学要籍介绍》（山西大学中文系古典文学研究班编印，1979年）；《中国古代文学资料目录索引》（1949—1979，上、下册）等。此外，小说方面，另有《中国通俗小说书目》（孙楷第编，1957、1958年）、《日本东京所见小说书目》（附大连图书馆所见小说书目，孙楷第著，1958年出版，1981年重印）、《中国文言文小说书目》（1981年）。诗文方面，另有《唐集叙录》（万曼著，1980年出版，此书目对唐人的诗集、文集、诗文合集作了详介）、《清人文集别录》（张舜徽著，1963年出版，1980年重印）等。

④查中国文学史著，有《七十六年史学书目》和《八十年来史学书目》的有关部分。还有《馆藏中国小说史目录》（北京图书馆1973年编印）、《红楼梦书目》（增订本）（一粟编著，1963年出版）、《〈红楼梦〉新编书录》（南京师范学院中文系资料室编印，1975年）、《〈红楼梦〉研究资料目录索引》（南京大学图书馆等1974年编印）、《红楼梦研究资料目录索引》（1976.10—1982.8）（上海师范学院图书馆编，1982年9月印行）、《汉魏六朝乐府诗研究书目提要》（王运熙编，1962年出版）等。

⑤查外国文学作品的，有《外国文学名著题解》（中国青年出

版社编辑部编译,1983 年出版),《外国文学作品提要》(第一、二集)(郑克鲁等编,1980 年出版),《中外名著简介》(徐波等编 1980 年出版),《世界文学名著总解说》(黄舜英译,台北远流出版事业股份有限公司 1981 年出版,上、下册),《1949—1979 翻译出版外国古典文学著作目录》(版本图书馆编,1980 年出版),该书于 1987 年由江苏人民出版社出版了增订本。

⑥国外文学方面专题书目,有英国《新剑桥英国文学书目》五卷、苏联《18—19 世纪俄罗斯文学选集目录》、《苏联文学与文学评论文献目录》(1952 年创办)、日本《现代日本文艺总览》四册(日本《现代文艺总览》限 1912—1945 年)等(均未译成中文)。

6. 艺术著作书目:

①查图书馆卡片目录和《全国新书目》、《全国总书目》以及有关年鉴。并可参看文学方面的书目。

②艺术著作的专题书目有《中国艺术影片编目》(1949—1979)、《电影手册》的有关部分,《北京传统曲艺总录》(傅惜华编,1962 年出版)、《京剧剧目初探》(增订本)(陶君起编,1963 年出版)、《曲海总目提要》(清黄文旸撰、董康辑补,1959 年出版)、《曲海总目提要补编》(北婴著,1959 年出版)、《四部总目录艺术编》(及补遗)(丁福保等编,1957 年出版)、《宋代歌舞剧曲录要》(刘永济辑录,1957 年出版)、《宋代戏文辑佚》(钱南扬)、《录鬼簿》(外四种)(元钟嗣成编,1958 年重印)、《元代杂剧全目》(傅惜华著,1957 年出版)、《明代杂剧全目》(傅惜华著,1958 年出版)、《中国俗曲总目(附补遗)》(刘复等编,1932 年出版)、《弹词宝卷目录》(中国科学院文学研究所图书室编,1959 年印行)、《弹词宝卷书目》(胡士莹编,1957 年出版)、《晚清戏曲小说目》(阿英编,1959 年出版)、《中国古代音乐书目》(初稿,中央音乐学院音乐研究所编,1961 年出版)、《历代中国画学著述目录》(增订本)(虞复编,1962 年出版)、《子弟书总目》(傅惜华编,1954 年出版)、《书画

书录解题》(黄书著,1984 年出版)等。

③外文方面的,有法国《国际电影和电视目录》(1966 年开始出版)、美国《现代艺术文献目录》(自 1973 年编辑出版)、日本《电影总目录》(映画总目录,1983 年出版)、苏联《音乐文献目录》(苏联出版物登记局于 1958 年出版)、日本《音乐文献要旨目录》(国际音乐文献委员会日本分会 1973 年起编辑出版)等。这些书目均未译成中文。

④查艺术史著,可利用《七十六年史学书目》或《八十年来史学书目》等。

7. 历史、地理著作的书目:

①中国历史重要典籍方面,有《中国古代史籍举要》(张舜徽著,湖北人民出版社 1980 年出版);《中国历史要籍介绍》(李宗邺编,上海古籍出版社 1982 年出版)等。还可查《增订晚明史籍考》(谢国桢编,1981 年上海古籍出版社),此书目对每书有考评;《中国历史书籍目录学》(陈秉才、王锦贵著,书目文献出版社 1984 年出版),该书介绍了各种史书的类型、源流和各种重要史书的内容。

②查近现代出版的史学著作,可用《七十六年史学书目》(1900—1975),此书收 1900—1975 年间的史著 9000 余种,除不含中国现代史和地方志外,中国古代史,近代史,世界史,专科史都有涉及,共两编,上编包括史学理论等五大类,下编分经济史、政治史等 75 大类。还可查《八十年来史学书目》(1900—1980 年),该书目是在《七十六年史学书目》的基础上扩大的,增收 1976 至 1980 年的史学著作达 3740 条。

其中,查各历史时期的史著,有《中国古代史参考书录》(1949—1973)(复旦大学图书馆、历史系合编,1973 年)、《中国近代史论著目录》(1949—1979)(1980 年出版)、《中国近代史资料草目(1840—1919)》(天津人民图书馆编,1957 年印行)、《中国现代革命史参考书联合目录》(中国人民大学图书馆编,1963 年印行)等。查断代史著的,有《魏晋南北朝史书目论文索引》(上、中、下)(武汉大学图书馆编,1982 年印行)、《隋唐五代史论著目录》(1985 年出版)、《中国近八十年明史论著目录》(1981 年出版)、《太平天国资料目录》(张秀民、王会庵编,1959 年出版)等。查考古著作的,有《中国考古文献目录》(1949—1966)(中国社会科学院考古研究所图书资料室编,1978 年出版)、《文物考古学文献目录》(1925—1980)(谢瑞琚等编,1981 年出版)、《甲骨探史录》(胡厚宣等著,1982 年出版),《甲骨书录解题》(邵子风撰,1935 年出版)、《五十年甲骨学论著目》(胡厚宣编,1952 年出版)、《金石书目录》(容媛编,容庚校,1963 年出版)、《石庐金石书志》(林钧撰,1923 年出版)、《可居室所藏钱币书目》(《广东金融研究》增刊,1983 年 4 月)、《陕西考古学文献目录》(1900—1979)(楼宇栋编,1980 年印行)等。查边疆地理著作和地图的有《中国边疆图籍录》(邓衍林编,1958 年出版),此书著录我国古今关于边疆问题的专著和地图数千种。保存流传者注明收藏单位(图书馆),佚者只存书目。查中外关系史的有《中俄关系史料联合目录》(1976 年印行)等。

③查人物年谱的,有《历代人物年谱集目》(杭州大学图书馆资料组,1962 年出版)、《中国历代年谱总录》(杨殿珣,1980 年出版)、《近三百年来人物年谱知见录》(来新夏,1983 年出版),此三书可查我国历史人物的年谱,包括各学科的人物,也包括单书年谱和报刊所载年谱。

④查外文史著的,有《国际史学资料目录》(1930 年起出版)、英国《英国史学论著目录》五卷、日本《日本近现代史文献解题》(东京崇高书房 1979 年出版)、《日本史文献年鉴》(东京柏书房于1975 年创刊)等。这些书目均未译成中文。

至于查地方志或其他地方史书的书目很多,均详述于后。

8.图书馆学情报学档案学著作的书目:目前主要有①《图书馆学、情报学、档案学论著目录》(1949—1980),华东师范大学图书馆学系、图书馆合编,上海人民出版社1984年出版。这本目录共收录解放后至1980年间全国(台湾暂缺)出版的专著、论文集、专业刊物报刊资料等。其中论文集和专著共2000多种。②《档案学论著目录》(1911—1983),档案出版社1987年出版。

以上各学科主要图书的出版动态,都可以利用各专科年鉴。

三、文科其他专题书籍及资料汇编

1.查文科其他专题图书,另有一些书目可利用。例如《我国古籍之最》(张文玲著,1983年出版),收各学科、各种类型的文献之最早者,共238种。《历代妇女著作考》(胡文楷,1957年),此书据史书、方志等文献编成,查妇女著作可直检此书。

2.国外的文科专题书目,还有日本《妇女问题文献目录》(1980年创刊)、美国《新闻学注释目录》(1958—1968)、法国《档案管理历史选目》(1979年出版)、英国《国际社会与文化人类学目录》(1958年创刊)、苏联《苏联和外国大学教育书目》(1966年创刊)等。这些书目未译成中文,只能查原版,包括以上各种外文书目,多收藏于北京图书馆等大型图书馆。

3.研究文科某学科,还要查找有关的资料汇编,例如《中国新文学大系》三种(其中1917—1927年部分为鲁迅等编,1927—1937年部分由上海文艺出版社编辑,1976—1982年部分为陈荒煤等编);《中国古代哲学史资料汇编》;《中国近代哲学史资料汇编》;《中国现代哲学史资料汇编》及《续编》;《近代中国史料丛刊(1—100辑)》;《中共党史教学参考资料》(人民出版社1978—1979年出版);《党史资料(丛刊)》(1980年创刊)等等。

第五节 查古代图书

古代图书,过去一度认为指鸦片战争以前的图书,后来图书情报界一致确定为辛亥革命以前的图书,同时包括后人对这些图书经整理而出版的各种本子,如校点本、影印本、校释本、选本、节本、汇编本、丛书本、笺释本、选注本、今译本、辑佚本等等,统称为古籍。后人整理出版的上述本子在装潢外观上多同现代图书。各图书馆对这些古籍分类、编目、入藏是与现代图书混合进行的,而线装古籍及部分影印古籍则另行整理入藏。大多数图书馆对这类古籍仍按四部分类法编目、入藏。

哲学、社会科学研究很多场合下需要利用古籍,并要选择较好的版本。这是学术工作的重要一环。因此,文科读者既要懂一点目录学还要懂一点版本学。研究自然科学史同样要掌握这方面的知识。童恩翼于《目录学和版本学的基本功不可少》(光明日报1984年6月6日第3版)一文中说:"古今典籍若恒河沙数,其间版本流传,版本异同,历代校勘注释,批校传抄,窜改禁毁,书籍存佚,公私收藏,研究动态等等,纷纷繁复如万花筒,我们读书治史,何处问津?这就要借助于目录学"。古籍版本选择直接关系到研究成果的价值。我们最好能选用那些善本和以善本为底本的影印本、重刻重印本。

本节着重介绍查现存古籍、古籍流传、古籍版本以及古籍异名和辨伪问题。

一、现存古籍

现存古籍指现今存世的古籍。查找和借阅这些古籍,可通过图书馆古籍部门的卡片目录和下述书本式目录查找。

《古籍目录》(1949.10—1976.2)。中国版本图书馆编,中华书局1980年出版。该目录收录1949年10月至1976年底全国出版的各种形式的古籍,包括"五四"以前的著作和"五四"以后对古籍加工整理的本子,如选本、译本、校译本、汇编本、重印本等等。全书分九大类排列:综合、学术思想、历史、文化教育、语言文字、文学艺术、农书、医药、其他科技书。如欲了解1949年10月至1976年底出版了哪些史料书籍,可在"历史·史料"类里查,得《太平天国史料丛编简辑》等100来种。1981年,古籍整理出版规划小组编辑出版了《古籍整理编目》(1949—1981),亦可利用。

《四库全书总目提要》,(清)永瑢、纪昀等编,成书于1782年,正式刊于1793年,现有1965年和1983年影印本。该书是清代修《四库全书》的产物。清乾隆皇帝为了实行文化清剿和钳制,动员许多学者费了十年功夫编修了一部规模巨大的丛书,即《四库全书》。四库者,即经、史、子、集,全书者,即凡认为有价值的全部编入。乾隆皇帝就是以修这部大丛书为名,打着"稽古右文"的幌子,行"寓禁于征"的。结果,编入这部丛书的只有3461种,79309卷,其余认为价值不大但也无"违碍"内容的图书则只存其目,而认为有"违碍"内容的图书则被禁毁。或劈版、或全毁、或抽毁、或涂改。被禁毁者大致与收入《四库全书》者相当,这是我国古籍的一大浩劫。正如鲁迅所说:"清人修四库全书而古书亡"。

《四库全书》于乾隆三十六年(1771年)开编,四十六年(1781年)完成,是我国也是世界上最大的一部丛书。编成以后,缮写成七部,分藏于南北七阁,即北京故宫的文渊阁、沈阳的文溯阁、北京圆明园的文源阁、河北承德避暑山庄的文津阁、江苏镇江的文宗阁、扬州的文汇阁、杭州的文澜阁。其中有三部残缺,四部完整,近年又有影印本、胶卷本问世。《四库全书》于1781年编成以后,又有过一些补编和抽换,故《总目》也有些变化,到乾隆五十八年(1793年)才由武英殿刊行,题名《四库全书总目》,即《四库全书总目提要》。

《四库全书总目提要》，共著录图书 10254 种，172860 卷，其中，收入《四库全书》者 3461 种，79309 卷，只列存目者 6793 种，93551 卷。是查找现存古籍的一部重要书目。该书目分经、史、子、集四大部编排，每部之下有《总叙》一篇，是该部的概述和议论。例如《经部·总叙》说："经禀圣裁，垂型万世……"。部下分类，经部下分 10 类，史部下分 15 类，子部下分 14 类，集部下分 5 类。类下又有小叙，某些类下又分子目。共 44 类，67 个子目。每类先列收入《四库全书》的图书，后列未收入《四库全书》而只留存目的图书，并以"存目"标示。每书著录书名、卷数、作者，存目部分并注明来源（如"内府本"、"进献本"、"采进本"等）；每书均作提要。这些提要是由众多学者所撰，代表了清代中期学术界对古书的评价，很有参考征引的价值。这部目录的影印本附有四角号码书名索引和人名（作者）索引，检索时既可从分类入手，也可从这两种索引入手，不会四角号码者，可利用所附"笔画检字"。

清乾隆四十七年（1782 年），纪昀因《总目》卷帙浩繁难检，又删节提要，去其存目，编成《四库全书简明目录》。1784 年，由四库馆臣赵怀玉刊行于杭州。今有 1957 年古典文学出版社重印本等。查现存古籍亦可利用这个目录。鲁迅在《开给许世瑛的书单》里说：《四库全书简明目录》"其实是现有的较好的书籍之批评，但须注意其批评是'钦定'的"（见鲁迅《集外集拾遗》）。

利用《四库全书总目提要》查找现存古籍，仍有不足之处。一是查得的数量不够，不仅清代后期所著图书不能查到，而且清乾隆以前的图书也有遗漏。二是内容上存在错误。因此，利用《四库全书总目提要》时应注意利用余嘉锡撰《四库提要辨正》，该书有 1958 年科学出版社本和 1980 年中华书局重印本。作者经多年努力，对《四库全书》中的 490 种古籍作了研究，指出了提要中的谬误，并有所补充。另外，胡玉缙、王欣夫辑有《四库全书总目提要补正》60 卷、《补遗》1 卷、《未收书目补正》2 卷,1964 年中华书局出版,这也是值得利用的。该书辑录了各家(如藏书家、读书笔记、日记等)对提要的补正意见,并提出自己的看法。其中《未收书目补正》2 卷是对清阮元的《四库未收目提要》(未收书 174 种)的补正。总共补正图书 2300 多种。仍按《四库全书总目提要》分类排次,1964 年本书后附有书名索引,便于检索。

　　查现存古籍还要利用《续修四库全书总目提要》。这部书目提要由王云五主持,台湾省商务印书馆 1972 年发行。该书原为日本"东方文化事务委员会"主持,聘请我国一些著名学者所撰写。自 1925 年开始,该"委员会"陆续征集了《四库全书》以外的古籍提要 31800 多篇,并汇集油印。所收中也含有民国年间的著作和清代以后的方志。这些著作部分藏于国内,部分现存海外。台湾商务印书馆从日本京都大学人文科学研究所得到这部油印本经过选择,印行了《续修四库全书总目提要》,共收录古籍提要 10070 篇。其中,反映经部书 2384 部,史部书 4443 部,子部书 2115 部,集部书 1128 部,体例仍仿《四库全书总目提要》。全书精装为 13 册,末册为四角号码书名索引。另据载,中国科学院正在对油印稿进行整理,将付中华书局出版。

　　查现存古籍还可利用《书目答问补正》,该书原为清张之洞撰,1876 年刊行。名《书目答问》,本是为生童所开列的一部导读书目。共收录古籍 2200 来种,而《四库全书》未收者十之三四,《四库全书》虽收而校本晚出者十之七八。1931 年范希曾编印《书目答问补正》,收录古籍 1200 余种,部分为原书所漏,部分为光绪以后的校注、影印等本子。1963 年和 1981 年中华书局将上述两书合印,仍名《书目答问补正》。故对查找古籍有帮助。此外,还可利用《贩书偶记》及其《续编》、《郑堂读书记》(周中孚撰,1959 年商务印书馆出版)、《敦煌古籍叙录》(王重民著,1958 年上海商务印书馆出版)、《藏园群书经眼录》(傅增湘著,1983 年中华书局出版)、《江苏省立国学图书馆图书总目》(柳诒征等原编,王焕镳等补编,1933 至 1936 年江苏省立国学图书馆印行)等。同时,还应注意利用古籍丛书目录如《中国丛书综录》等(详后)以及《中国古籍善本书目》(详后)。

二、古籍流传

查古籍的流传情况,可以首先利用各种正史"艺文志"。第一,《汉书·艺文志》(汉,班固据刘向、刘歆的《七略》所编)。此志可供查西汉所存图书,包括先秦图书。西汉一度建藏书之策,开献书之路,置写书之官,征集了大量图书。第一次是汉武帝时征集图书,建立了国家藏书机构,第二次是汉成帝时征集图书,派专人采访于全国,然后连同旧藏由刘向等整理校正,刘向死后由他儿子刘歆继任其职。结果编成了我国第一部图书分类目录《七略》。故《七略》反映了西汉人所见到的各类图书,分有辑略、六艺略、诸子略、诗赋略、兵书略、术数略、方技略。班固据此删补,辑略被分散于各大小类之后,成了六个"略",增进了刘向、扬雄、杜林等人的著作,原各书的叙录改由班固自注。凡注明"出"、"省"、"入"若干篇者均为班固所省益。全目收书共 38 种 596 家,13269 卷,其中"入"三家 50 篇,"省"兵 10 家。各大小类有序,概述源流,各书有简注,以明流传得失。

第二,《隋书·经籍志》(唐,魏征、长孙无忌等撰)。此志是据柳䜩的《隋大业正御书目》并参考阮孝绪《七录》分类体系编成的。隋代有遗书共 14466 部,89666 卷。《经籍志》是以此与《隋大业正御书目》相核,去其重复著录部分,编辑而成。共收录存书 3127部,36708 卷;佚书 1064 部,12759 卷。分经、史、子、集四部四十类,后附佛、道录。有总序、大序、小序。

此外,还有《宋史·艺文志》、《明史·艺文志》、《清史稿·艺文志》、《二十五史补编·艺文志》、《十史艺文经籍志》、《艺文志二十种综合引得》、《历代经籍志》、《中国历代艺文志》、《文献通考·经籍考》等等。

其中,《十史艺文经籍志》(商务印书馆1955—1959年陆续出版)包括《汉书·艺文志》、《隋书·经籍志》、《唐书经籍艺文合志》、《宋史艺文志·补·附编》、《补辽、金、元史艺文志》、《明史艺文志·补编·附编》和待出的《清史稿艺文志及补编》。《艺文志二十种综合引得》(哈佛燕京学社引得处编,1933年印行,有1960年中华书局影印本)是将15种艺文志和5种书目的40000余种古书按书名、作者名编成的索引。这20种书目是《汉书艺文志》一卷(汉班固编,《八史经籍志》本)、《后汉书艺文志》四卷(清姚振宗编,《适园丛书》本)、《三国志艺文志》四卷(同前)、《补晋书艺文志》六卷(清文廷式编,长沙铅印本)、《隋书经籍志》(唐魏征、长孙无忌等编,《八史经籍志》本)、《旧唐书经籍志》二卷(后晋刘昫等编,同前)、《新唐书艺文志》四卷(宋欧阳修编,同前)、《补五代史艺文志》一卷(清顾櫰三编,《广雅丛书》本)、《宋史艺文志》八卷(元托克托等编,《八史经籍志》本)、《宋史艺文志补》一卷(清卢文弨编,同前)、《补辽金元艺文志》一卷(同前)、《补三史艺文志》一卷(清金门诏编,同前)、《补元史艺文志》四卷(清钱大昕编,同前)、《明史艺文志》四卷(清张廷玉等编,同前)、《禁书总目》一卷(抱经堂印本)、《全毁书目》一卷(同前)、《抽毁书目》一卷(同前)、《违碍书目》一卷(同前)、《征访明季遗书目》一卷(清刘世珩编,铅印本)、《清史稿艺文志》四卷(朱师辙等编,《清史稿》单行木)。凡知书名或作者名,均可用这本引得检索,检得的结果为上述书目的简称、卷次、页码和面次,如"顺宗实录:唐2/12b;宋2/3b",表示《顺宗实录》一书著录于《新唐书艺文志》第2卷第12页的第二面,又著录于《宋史艺文志》第2卷第3页第二面。如果注"a"则为某页的第一面。

另外,后人对二十史还做了不少补志工作,并大都见于《二十

五史补编》(开明书店辑印)中。艺文经籍补志总计有32种,是查考古籍流传的重要书目:

汉书艺文志考证十卷	(宋)王应麟
汉书艺文志拾补六卷	(清)姚振宗
汉书艺文志条例八卷首一卷	(清)姚振宗
汉书艺文志举例一卷	(民国)孙德谦
前汉书艺文志注一卷	(清)刘光蕢
补续汉书艺文志一卷	(清)钱大昭
补后汉书艺文志四卷	(清)侯康
补后汉书艺文志十卷	(清)顾櫰三
后汉书艺文志四卷	(清)姚振宗
补晋书艺文志四卷补遗一卷附	(民国)丁国钧撰
录一卷刊误一卷	丁辰注并撰刊误
补晋书艺文志六卷	(清)文廷式
补晋书艺文志四卷	(清)秦荣光
补晋书经籍志四卷	(民国)吴士鉴
补晋书艺文志四卷	(民国)黄逢元
补宋书艺文志一卷	聂崇歧
补南齐书艺文志四卷	(民国)陈述
隋书经籍志补二卷	(民国)张鹏一
隋书经籍志考证十三卷	(清)章宗源
隋书经籍志考证五十二卷首一卷	(清)姚振宗
补南北史艺文志三卷	(民国)徐崇
补五代史艺文志一卷	(清)顾櫰三
宋史艺文志补一卷	(清)黄虞稷等
西夏艺文志一卷	(清)王仁俊
辽史艺文志一卷	(民国)缪荃孙
辽史艺文志补证一卷	(清)王仁俊

132

补辽史艺文志一卷	（民国）黄任恒
补元史艺文志四卷	（清）钱大昕
补辽金元史艺文志一卷	（清）倪灿等
补三史艺文志一卷	（清）金门诏

《历代经籍志》由杨家骆编，1936 年印行，一名《书目志》，只出了下册。《中国历代艺文志》为大光书店 1936 年出版。除上述书目，还有谢国桢编近几年出版的《增订晚明经籍考》、《清代禁毁书目（补遗）·清代禁书知见录》（清，姚觐元撰，孙殿起辑，商务印书馆 1957 年出版）、《四库采进书目》、（吴慰祖校订，商务印书馆 1960 年出版）、《中国历代经籍典》（台湾近年出版）以及《书目类编》（台湾 1978 年出版）等。

通过上述书目，我们不仅可以了解古籍流传变迁的历史，而且可以以此作为研究历代文化兴衰的一个侧面；也可以为研究专科专题学术史提供材料，从中了解本学科的古籍存亡情况；更可为辑佚提供基础和为古书辨伪提供依据，因为判断一书的真伪，往往首先要查前代史志书目是否有所记载。

查古书流传情况，还可以利用外国的有关目录。目前，国外所藏我国古籍很多，其中有一些是国内已佚图书，或难查检的图书，通过国外所编书目，可以获得一些很有价值的资料。现据冯蒸著《近三十年国外"中国学"工具书简介》一书，择录几种如下：

《加拿大英属哥伦比亚大学宋元明及旧钞善本书目》，王伊同编，加拿大英属哥伦比亚大学图书馆 1981 年印行。此书目现在北京图书馆有藏，编者从该校所藏 4 万余种宋元及明旧钞书中精选了百余种宋元旧椠编成。

《K. A. 斯卡契科夫收藏的中国手抄本书籍和地图目录》（1974 年），此书目现在北京图书馆有藏。反映了我国 18 至 19 世纪出版的书籍及写本，地图，共 333 件。其中"新疆的积累"一章所描写的书"最有价值"。

《佚存书目》（日）服部宇元吉编，东京文求堂书店1933年印行。此书目在北京图书馆有藏。反映了我国古代图书只在日本还有收藏的绝版本和原版书，书后附录有古佚残本书目录，对于研究我国古籍流传有着较大的参考价值。

《近百年来中国文文献现存书目》（日）小竹文夫编，东方学会昭和三十二年（1957）印行，誊写本为838页，现北京图书馆有藏。此书目反映了日本几个藏书单位所藏我国1851—1954年刊印的书籍和杂志。对于了解1911年以前的古籍和现代图书的出版情况很有帮助。

此外，还有《汉文书籍录》，日本国立图书馆编，1987年出版。该书编纂费时10年，是在东京图书馆的汉文藏书基础上，加上收集到的23943本书目编辑而成的，最为齐全。其中含中国大批古籍。目前，该书目分别在北京图书馆、上海图书馆、北京大学图书馆各藏一部。

三、古籍版本

查古籍版本，主要利用版本目录，包括善本书目和善本提要。

首先可以查《邵亭知见传本书目》（清莫友芝撰，莫绳孙编，1923年上海扫叶山房石印本）。该书目收有《四库》及《四库》以外的古籍。同时，可查《（增订）四库简明目录标注》（清邵懿辰撰，邵章续录，1959年中华书局本和1979年上海古籍出版社新一版），该书主要对《四库全书简明目录》所收古籍作了标注，同时又增补了一些此书未收的古籍。每一古籍都有各种版本的详细介绍。其中"附录"为诸家批注，"续录"为邵章所续。1929年浙江省立图书馆刊印了杨立诚编的《四库目略》，也是供查古籍版本的书目，它是改编《（增订）四库简明目录》、《邵亭知见传本书目》及《四库全书简明目录》的产物。统按四部排列，每书后有内容提要和版本记述。

其次,可利用《书目答问补正》、《贩书偶记》及其《续编》、《郡斋读书志》(南宋,晁公武编,1936 年影印本)、《直斋书录解题》(南宋,陈振孙撰,有《万有文库》本)、《汲古阁书跋》(明,毛晋撰、潘景郑辑补,1958 年上海古典文学出版社本)、《读书敏求记》(清,钱曾撰)、《也是园书目》、《述古堂书目》(同前。1958 年上海古典文学出版社将三书合印为一本,名为《虞山钱遵王藏书目录汇编》)、《皕宋楼藏书志》(清,陆心源撰,有清光绪年间归安陆氏十万卷楼刊本)、《荛圃藏书题识》(清,黄丕烈撰,缪荃孙等辑,1919 年江阴缪氏刊本)、《铁琴铜剑楼藏书题跋集录》(瞿士良辑,1958 年上海古籍出版社出版)、《艺风堂藏书记》(清,缪荃孙撰,有清光绪年间江阴缪氏刊本)、《思适斋集》(清,顾广圻撰,有清道光年间上海徐氏刻本)、《楹书隅录》(清,杨绍和编,有 1912 年武进董康补刻本)、《善本书室藏书志》(清,丁丙撰,有清光绪年间钱塘丁氏刊本)、《藏园群书经眼录》(傅增湘撰,有 1983 年中华书局本)、《涉园序跋集录》(张元济撰,顾廷龙编,1957 年上海古典文学出版社本)、《著砚楼书跋》(潘景郑撰,1957 年上海古典文学出版社本)、《涵芬楼烬余书录》(1951 年商务印书馆出版),这一批书目比较零散,不便使用。比较好用的是《中国善本书提要》、《中国古籍善本书目》、《中国丛书综录》和各大图书馆馆藏善本书目。

《中国善本书提要》,王重民撰,1983 年上海古籍出版社出版。全书收录善本古籍书名 4200 余条,包括宋、元、明的刻本,清代精刻本和"案书"等,均为作者在国内外一些著名大图书馆亲手著录。全书按经、史、子、集四部排列,每书著录书名、卷数、册数、作者、收藏单位、朝代和版本、版框等项,最后作提要,以评论版本为主。书后有补遗 100 种。书前有分类目录,后附书名、作者、刻者、刻工及书铺多种索引。

《中国古籍善本书目》,中国古籍善本书目编委会编,1986 年开始由上海古籍出版社出版,已出《经部》。该书目反映了全国各图书馆、博物馆等所藏古籍善本 60000 余种，共 13 万余部。全书将分经、史、子、集、丛五部排列，并分批出版，共涉收藏单位 782 个。《经部》共收录古籍 5240 种，分 11 类编排。书后附收藏单位名录。这将是一部最大的古籍善本书目，待全书出齐，查古籍善本极为方便。

各大图书馆的馆藏善本书目不少，在《中国古籍善本书目》出齐以前，这些书目可以利用。主要有：《北京图书馆善本书目》（北京图书馆善本部编，1959 年中华书局出版），该书目收录 1937 年以后入藏的善本书共 11348 种；《国立北平图书馆善本书目》（赵万里编，北平图书馆 1933 年刊本），该书目反映 1933 年以前入藏的宋元明三代善本 3796 种；《国立北平图书馆善本书目乙编》（赵孝孟编，北平图书馆 1935 年印行），该书目收录 1935 年时的清代善本 2666 种；《国立北平图书馆善本书目乙编续目》（赵孝孟编，北平图书馆 1937 年印行），该书收录古籍善本共 1241 种；《北京大学图书馆藏善本书目》（北京大学图书馆 1958 年编印），该书共收录善本 7800 种；《北京大学图书馆藏李氏书目》（北京大学图书馆 1956 年编印），该书收录江西藏书家李盛铎所藏清以前善本及部分日本旧刻本、活字本、普通本共 9087 种。善本有"□"标示；《上海图书馆善本书目》（上海图书馆 1957 年编印），该书收录 1956 年 9 月以前入藏的古籍善本 2476 种。

此外，还可以利用上述外国所藏我国古籍善本书目。

四、古籍书名异同和辨伪

查解古籍书名的异同，有《古书同名异称举要》，张雪庵编，1980 年山东人民出版社出版。该书共收录古籍书名 5600 多种，涉及单书和丛书，分同名异书、同书异名两大部分排列；《同书异名通检》，杜信孚编，1962 年初版，1980 年江苏人民出版社出版了增订本；《同名异书通检》，杜信孚等编，1982 年江苏人民出版社出版。该书与前一书配套,前书收同书异名共计 6000 余条(增订本),先列出禁书书名、卷数、作者、版本,最后指出异名。后书收录同名异书 3500 余条,先列出某一书名,然后在书名后指出不同的卷数、作者、版本等异书情况。

查考古书的真伪问题,主要有:《古今伪书考》,清姚际恒编,1955 年中华书局《古籍考辨丛书》第一集本,该书为作者根据《汉书·艺文志》、《隋书·经籍志》、《郡斋读书志》、《直斋书录解题》、《诸子辨》(明,宋濂)、《四部正讹》(明,胡应麟)等书目所一一作出的考证。《伪书通考》,张心澂编撰,1957 年上海商务印书馆出版,该书是将宋濂《诸子辨》、胡应麟《四部正讹》和姚际恒《古今伪书考》汇编为一书的。考辨古籍达 1104 种;1984 年台湾学生书局又出版了《续伪书通考》(郑良树编著),可参考。此外,还有《占书真伪及其年代》,梁启超著,1955 年中华书局出版。梁启超在其《中国近三百年学术史》(北京市中国书店 1985 年影印本)中亦论及辨伪问题,并附有书目资料,可同时参考。

第六节　查古今丛书和地方文献

丛书指多种单独著作汇集成一丛,然后冠以一个总书名的整套著作,包括多人的著作汇编的丛书和一人的多种著作汇集一处的丛书,以及全集等。按其内容而分,有综合性丛书和专题性丛书。也有按读者对象和按出版机构来分的,还有按某个时代、某个地域来分的。丛书旧称"丛刻"、"丛钞"、"丛刊"、"丛编"、"汇刻"、"汇存"、"汇稿"、"汇钞",或称"集"、"志林"等等。

我国丛书起源于南宋。嘉泰二年(1202 年),俞鼎孙、俞经兄弟编的《儒学警悟》是我国最早的丛书,只是当时未经刊刻。70 多年后,左圭辑刊了收书 100 多种的丛书,名《百川学海》,成了第一部刊刻丛书。明清以降，丛书愈编愈多，近几年有丛书热的趋势，许多出版社出版了反映新学科、新思潮的和为青少年、大学生编的丛书。

丛书对不同读者的需要提供了学习和研究的方便，对图书馆入藏文献保证某一方面的整体性，而且还为后代保存了大量的文化典籍，一些著作失传了，然而可能在某丛书中找到，古籍丛书有举要、搜异、辑佚、影旧等收书特点，因此可利用古籍丛书来查考古籍的存佚和流传情况。正如清代学者张之洞说的"丛书最便学者，为其在一部之中，可赅群籍。搜残存佚，为功尤巨。"(《书目答问》)

地方志，简称"方志"，是我国历代专记地方历史情况的史志。地方志源远流长，《周礼》有外史掌"四方之志"，小史掌"邦国之志"的记载。我国现存最早的地方志是《尚书·禹贡》，为春秋战国时的史官所作。它记述了全国区域，即冀、兖、青、徐、扬、荆、豫、梁、雍九州及各州山川、土壤、物产、贡赋等等。以后方志不断发展，到明清两季修志甚多。方志在古代名称很多，有地志、地记、图经、图志、图记、录、乘、书、略、志等等之不同，其类别又有一统志或区域志、省志、府志、州志、县志、都邑志、乡镇志、专志等等之不同。其体例一般有图、地理、建制、赋役、学校、典礼、兵防、艺文、职官、选举、物产、风俗、人物、文苑、列女、流寓、方外、杂志等等方面。地方志在内容上包罗万象，广涉一地之政治、经济、地理、文化、教育、科学、物产、风土人情等等。其资料来源又十分广泛，除采自正史、政府文献，一般书籍外，还往往旁及道释，稗官野史，"若父老以口耳相传，不见于文字者，亦间见层出"(陆游语)，故有"宝库"之誉。有人称之为"以地方为范围，以历史为体裁的百科全书"(《中国地方志详论·总论》，吉林省图书馆学会1981年编印)。地方志可用于修史，编志；地方历史与现状比较研究；地方物产调查和经济开发；还可用于地方科技、教育、民俗、方言、建筑、人物传记、历史地理等各方面的研究,甚至可用于旅游事业。

一、古籍丛书

古籍丛书是指以古代著作为子书的丛书,它与以现代著作为子书的现代丛书相区别。古籍丛书并非只是古人所编丛书,近现代人以古籍为子书所编的丛书,如解放前编辑出版的《四部备要》、《丛书集成初编》等也是古籍丛书。利用古籍丛书目录,可以查到各种古籍丛书,从而可以找到许多古代著作。查找古籍丛书的最重要的书目是《中国丛书综录》。

《中国丛书综录》,上海图书馆编,1959 年至 1962 年中华书局出版,1982 年再版,并有《中国丛书综录补正》(阳海清编撰,蒋孝达校订,江苏广陵古籍刻印社 1984 年出版),1986 年中华书局又出版了 1982 年的缩印本,这个本子更正了初版的若干错误。该书反映了全国几十个图书馆古籍丛书入藏情况,共收录丛书 2797种,子书名 70000 余条,去其重复,为 38891 种。有人认为接近我国古籍半数。全书共分三册,排列方法各不相同。

第一册《总目》,即 2797 种丛书的总目录。分汇编和类编两大部分。汇编又分杂纂类、辑佚类、郡邑类、氏族类、独撰类。类编按经、史、子、集四部排列,部下再分类。每一种丛书均用较大的字体标出,著录编者、版本,然后列出全部子书名及其卷数,例如:

紫薇花馆集   紫薇花馆经说

  (清)王廷鼎   月令动植小笺一卷

    清光绪十七年(1891)刊本   尚书职官考略一卷

紫薇花馆小学编   读左瑹录一卷

    说文佚字辑说四卷   退字述存一卷

    字义镜新一卷   ……………

这一册的后面附有《全国主要图书馆收藏情况表》,反映 28个重点图书馆对 2797 种丛书的入藏情况,其中标○者为全藏,标

×者只有残本,未作标记者即无藏,如表4－1

序号	书　　名	辑　注　者	版　　本	所藏图书馆					
				北京	科学	北大	北师	清华	⋮
1067	紫薇花馆集	（清）王廷鼎撰	清光绪十七年刊本	○			○	○	
1068	桔荫轩全集	（清）陈锦撰	清光绪中山阴陈氏桔荫轩刊本						
1069	…………	…………	…………			○		○	

为了迅速找到某一丛书在正文的页码和在该收藏表的位置,这一册的后面还附有按四角号码编排的《丛书书名索引》,利用该索引检得的第一个号码为正文页码,第二个号码为序号。例如

2190₃ 紫

44 ～薇花馆杂篆(紫薇花馆集)547,1067

　　～薇花馆集　　　　　　　547,1067

第二册《子目》,即38891种子书的目录,它打破了丛书的界限,全部重新按经、史、子、集分类排列。每一子书均著录书名、卷数、作者、版本,并注明所收到的丛书书名。例如:

月令章句一卷　　　　　　‖月令动植小笺一卷

（汉）蔡邕撰（清）王谟辑　‖　　（清）王廷鼎撰

汉魏遗书钞·经翼第二册　‖紫薇花馆集·紫薇花馆经说

第三册《索引》,即第二册《子目》的索引,分《子目书名索引》和《子目著者索引》两部分,均按四角号码编排(另有笔画检字),

其中,《子目书名索引》部分如:

7722₀	月			80	月镜	375 左

7722₀ 月

00　月亭诗钞　　1455 左　　　　80　月镜　　　　375 左

　　月屡琴语　　1630 右　　　　　　月令章句　　38 右

………………………　　　　　　　月令动植小笺　90 左

　　　　　　　　　　　　　　………………………

《子目著者索引》部分如：

1010₄　王　　　　　　　　　　明堂月令论　　　88 右

　04　王谟(清)　　　　　　　　12　王廷鼎(清)

　　月令章句(辑)　88 右

这里所标"88 右"为第二册的页码和栏数。

利用《中国丛书综录》应注意参看《中国丛书综录补正》,该书主要补收了 1958 年以后重印、复印、影印及校点排印的丛书新版本、原有丛书的异名,以及某些丛书遗漏的子书名,同时订正了一些错、漏字。

查古籍丛书还可以利用:《丛书子目书名索引》(施廷镛编,清华大学 1936 年印行),该书共收丛书 1275 种,子目 4000 条(包括重条);《丛书子目索引(增订本)》(金步瀛编,1935 年上海开明书店出版),该书收丛书 400 余种,《丛书总目续编》(庄荣芳编,1974年台北德浩书局出版),收台湾出版的丛书 683 种,包括新编 246种、重印 423 种,拟出 14 种(与《中国丛书综录·总目》一样编排,并注收藏情况);《中国丛书目录及子目索引汇编》(施廷镛主编,严仲仪、倪友春分编,1982 年南京大学印行),该书和上一书是配合《中国丛书综录》使用应首先注意利用的。该书收录了《中国丛书综录》未收的丛书共 977 种,其中含《西学自强丛书》、《西学辑存六种》等西学丛书和台湾编辑出版的丛书。全书分丛书目录与子目索引两部分,书后附《丛书书名索引》和《子目书名索引》。

查古籍丛书的子书名,还可以利用某些大型丛书的目录单行本,例如:《丛书集成初编目录》(商务印书馆编,1982 年中华书局重印本)、《四部备要书目提要》(中华书局 1936 年编印)、《四部丛刊书录》(孙毓修编,1922年商务印书馆出版)等。

二、近现代丛书

查近现代丛书及其所收入的子书,主要有《中国近代现代丛书目录》(上海图书馆编,1979年印行)。该书收录上海图书馆所藏1902—1949年间出版的中文丛书5549种(不包含线装古籍丛书),含子书名30940种。其中有些丛书非一次性出版,而往往是先定丛书名,然后陆续出版,结果有的丛书仅出了一种子书就终止了。该书目分《中国近代现代丛书目录·总目》和《中国近代现代丛书目录·索引》两部分,前一部分为一册,于1979年印行,后附《丛书出版系年表》;后一部分为上下两册,于1982年印行,即上册为《子目书名索引》、下册为《子目著者索引》,后附《中国著者名、字、号、笔名录》和《外国著者中文译名异名表》。

查找近现代丛书还要利用《全国总书目》、《全国新书目》、《中国出版年鉴》和某些出版社编印累积出版目录,如《商务印书馆图书目录》(1981年商务印书馆编印)的"1897—1949"一册有"丛书目录"部分,收录丛书260种,"1949—1980"一册可查得新编和重印丛书。中华书局于1981年也出版了一本目录,名《中华书局图书目录》(1949—1981),其中也可查得该社出版的许多丛书。建国以来出版的丛书,目前尚无集中的目录,利用上述书目查检不太方便。

三、地方志和其他地方文献

查地方志和其他地方文献的书目多是图书馆的馆藏目录或联合目录,书本式的如下:

1. 查现存方志的书目有:《中国地方志综录》增订本(朱士嘉编,1958年商务印书馆出版),该书收全国41个主要图书馆(重点28个)所藏方志7413种。《中国地方志联合目录》(中国科学院北京天文台编,中华书局 1985 年 1 月出版),收方志 8200 多种,是目前收方志最多的一种书目,反映了实藏情况。我国现存的地方志有人估计约为 12000 多种,此目反映 8000 多种,国民党政府劫运至台湾的有 3487 种稀见方志,美国国会图书馆掠去 4000 多种,其中 80 种为稀见方志。以上二书目均著录了方志书名、卷数、修撰者、版本以及收藏单位。后者反映的收藏单位达 190 多个。每个单位均以其简称标出,如"湖南"表示湖南图书馆,"甘肃"表示甘肃省图书馆。

目前,收藏方志最多的单位是北京、上海、天津、南京、湖北各省市大型公共图书馆及部分科研和高校图书馆。例如:故宫博物院图书馆 2000 多种;北京图书馆 6000 多种;中国科学院图书馆 4000 多种;上海图书馆 5400 多种;天津图书馆 3686 种;湖北省图书馆 1000 多种。

查找现存方志,可以利用这些图书馆的馆藏方志目录及各地出版的方志考录、地方文献目录。另外,吉林省地方志编委会和吉林省图书馆学会正在组织编写《中国方志大全》,这是一部大型方志提要目录,反映了全国的一统志、省志、府志、州志、县志、乡镇志、山志、水志、寺志、院志、桥志等等一切现存方志。

2. 查古代方志流传存佚情况,有:《中国古方志考》,张国淦撰,1962 年中华书局出版,一厚册。收秦汉至元代公私所藏各书记载的一切古方志书名、作者等项,凡有见载者不论存佚一律著录。每书有考证,这些考证包括作者从《太平寰宇记》、《舆地纪胜》、《大元一统志》、《永乐大典》等书中辑录出来的古方志佚文,以及作者自己的其他研究所得。今存者有序跋,已佚者注明引文出处。该书是作者几十年努力的结晶,对古方志地理的研究有较大的参考价值。《汉唐地理书钞》(清,王谟)、《麓山精舍丛书》(清,陈运溶),此二书从古代类书等书中搜集了许多资料,辑录了古方志的佚文。后者是有关湖南方志和风土人情的书,资料均注

143

有出处。

此外,还可以利用各种地方考录、考略、考稿、概述等等。如《天一阁藏明代地方志考录》(骆兆平编著,1982 年出版)、《东北地方志考略》(郝瑶甫编著,1984 年出版)、《浙江方志考》(洪焕椿编著,1984 年出版)、《上海地方资料考录》(上海师范学院图书馆1963 年编印)、《辽宁地方志考录》等。比较好用的是吉林省地方志编委会和吉林省图书馆学会于1985 年开始印行的《中国地方志大考评丛书》,全书 30 多种子书,首冠《中国地方志总论》、《中国地方志分论》,然后按省、市、自治区各为一种,现已出版的有《北京地方志概述》(冯秉文主编,1985 年印行)、《天津地方志考略》(魏东波编著,1985 年印行)、《黑龙江方志简述》(方衍主编,1985年印行)、《山东地方志纵横谈》(王桂云、鲁海编著,1985 年印行)、《湖南方志论》(朱建亮、李龙如编著,1986 年印行)等 20 多部,估计于 1990 年初将全部出齐。这套丛书的各省、市、自治区分册所考录的方志均为作者们所亲见和研究所得,每志著录了书名、卷数、朝代、作者、版本,并评介了其中之善本,佚志注明了资料来源,每地还作了地理沿革的考究,均以 1982 年的行政区划为标准。该丛书对于各地修纂新志和查找志书,均有一定的参考价值。

3. 查国外所藏我国方志。我国方志流传国外很多,其中有为国内所佚或大陆无藏,有些则为较好的版本。查找这些方志可利用下述书目:

《(增订)日本现存明代方志目录》,(日)山根幸夫主编,细野诘二协编,东京东洋文库明代研究所 1971 年印行。此书目在北京中国科学院图书馆有藏,反映了国会图书馆等 11 个收藏单位所藏我国明代方志。

此外,还有《美国国会图书馆藏中国方志目录》(1942 年印行,现北京图书馆有藏)、《欧洲图书馆藏中国方志目录》(1957 年印行,现中国科学院图书馆有藏)、《中国方志目录》(1976 年印行,现北京图书馆有藏）等。后者为英文、日文、中文 111 种方志目录的汇编，甚为丰富。并有三种文字对照。（均参看冯燕《近三十年国外"中国学"工具书简介》一书。）

4. 查其他地方文献。查地方志以外的地方文献，有如下书目可用：《天津地方史料联合目录》（1982 年）、《天津史料草目》（1957 年）、《东北地方文献及有关东北资料书目》、《伪满时期日文东北资料书目》、《伪满时期日文东北地方资料目录》、《西北地方文献书目》（初稿）（1977 年）、《西北地方报刊目录》（初稿）（1978 年）、《西北地方文献索引》（1978 年）、《安徽文献书目》、《甘肃地方文献书目》（初稿）（1977 年）、《陕西地方文献书目》（初稿）（1977 年）、《陕西地方文献索引》（1977 年）、《宁夏地方文献书目》（1977 年）、《宁夏地方文献索引》（1978 年）、《青海地方文献书目》（1977 年）、《青海地方文献索引》（1978 年）、《新疆地方文献书目》（初稿）（1977 年）、《新疆地方文献索引》（1978 年）、《湖南省地方文献资料目录》、《云南史料目录概说》、《广东文献参考书目》以及《馆藏〈台湾文献丛刊〉书目提要》（中国科学院图书馆 1979 年编印）等。

近几年，各地为大修方志之需，正在继续编印馆藏方志及其他地方文献目录，可随时注意其出版情况。

与此同时，还应注意利用一部综合性的边疆地理著作和地图的目录《中国边疆图籍录》（见前）。

第五章　查报刊图书的篇目及内容

报刊是反映情报最快的文献形式。其中的论文资料含有大量的研究成果，信息比书本要新颖得多，因此，查阅报刊论文是开展文科学术研究不可忽略的重要一环。另外，散见在各书中的某些篇章节目和主题资料、语句资料、有关人名、地名资料等等，也是研究时必须极力搜集的，为此，我们应充分掌握和利用索引和文摘。

第一节　索引的作用与种类

索引，在本质上是对报刊、图书中的篇章节目以及图书中的主题、字、词等具体情报资料的揭示，并按一定方法加以编排的检索工具。索引，又叫"通检"，例如《尚书通检》、《战国策通检》等；又有据英文"index"译作"引得"，意为"指点"，例如《食货志十五种综合引得》、《杜诗引得》等。这大多是解放前所编索引的名称。也有少数篇名目录，亦可视为索引。索引对文献的揭示比书目深入、具体。这是科学研究发展对文献检索要求深化的产物，是在书目工作的基础上创造出来的重要检索工具。我国索引的渊源可以上溯至古代的类书和宋代的《群书备检》。《宋史·艺文志》著录有《群书备检》一书，很可能是一部篇名索引，只是原书已佚，不能论定。古代的类书则同时起到了索引的作用，从现存的唐代以来的类书来看都具有检索的价值。但类书的主要作用不在这一方面，因而它还并不是索引。明代万历三年(1575年)刊刻张士佩的《洪武正韵玉键》是《洪武正韵》所收各字的分类索引，明末傅山的《两汉书姓名韵》是我国最早的姓名索引。清代章学诚提出了编制索引的重要意义，他说："窃以典籍浩繁，闻见有限，在博雅者不能悉究无遗，况其下乎？"若编有索引，"互相错综，即可得其至是。此则渊博之儒，穷毕生年力而不可究殚者，今即中才校勘可坐收几席之间"。……(《校雠通义》)。并且自编了《历代纪元韵编》这一年号索引。在其影响下，古籍索引逐步增多。

一、索引是检索情报的重要工具

提起情报，常有人与军事秘密划等号。其实，情报不只存在于政治、军事领域，各学科、各行业都有情报，都需要情报。所谓情报，即我们在判断、决策时所需要的新信息，如"技术情报"，亦即"技术信息"。知识、情报都是信息，情报不过是对于决策者、研究者说来有用和较新的那一部分信息。

情报的传播，有图书情报系统、电台、电视系统等。其中一个很重要的系统是图书情报系统，其传播媒介是图书、报纸、杂志。因此，书、刊、报里含有大量的情报，又以报、刊所含情报最丰富、最新颖。大量的新消息、新观点、新知识、新材料、新方法等等，首先出现在报纸和杂志上。人们从报纸和杂志这两个窗口可以看到日新月异的世界、含苞待放的思想、崭露头角的人物、细密详尽的数据和更迭不已的事件等等，令人眼花缭乱。

为了系统地找到自己需要的情报，不能只靠订阅几种报刊来解决，也不是靠查书目所能完成的，主要应利用索引。报刊上登载的各种各样的文章，包括论文、报道、小品文、文艺作品等等，索引都收录了。一些书籍，主要是大部头著作，全集、重要古书中的篇目，章节等等，索引都收录了。还有一些大部头著作、全集中的人名、地名、事件和其他事物名称,以及其中的语词或有关某个主题(专题)的片段资料的出处,索引也都收录了。只要读者需要,利用索引一查,的确"可坐收几席之间"。文科读者和理工科读者,及一切需要情报的读者,都少不了要查索引,而用得最多的也是索引,所以说,索引是检索情报的重要工具。

二、索引的类型

索引的类型,有就揭示文献的对象划分的,包括书籍索引和报刊索引,其中书籍索引又分为专书索引和群书索引,报刊索引又分为单报单刊索引和群报群刊索引;有就揭示书、报、刊的内容范围划分的,包括综合性索引和专题索引,二者又分有随报随刊发行的和回溯编印的;如果就其揭示情报资料深度层次来划分,则有如下三个类型:

1. 篇名索引(或篇目索引)。这种索引标引的对象,是书籍、报纸、杂志上的文章(包括论文、报道、文艺作品、小品文、资料或其他文章)和书籍中的篇章(包括文集中的篇目和专著中的章节)。著录篇章名称(即题目或章节名)、作者姓名和具体出处,并按一定的方式加以编排。又有报刊篇名索引和书籍篇名索引之别。

报刊篇名索引即报刊索引,因为报刊索引只有篇名索引,目前还没有揭示得更深的索引。其中,单报单刊索引有《人民日报索引》、《红旗杂志索引》等,群报群刊索引有《全国报刊索引》和《中国史学论文索引》等。

书籍篇名索引一部分是揭示群书的篇名及其出处的,如《元人文集篇目分类索引》、《清代文集篇目分类索引》等。这类索引揭示许多单行著作中的篇名。另一部分是揭示专集中的篇名及其具体出处的,如《全上古三代秦汉三国六朝文篇名目录及作者索引》、《全汉三国晋南北朝诗作者引得》等。这类索引只揭示某一部分(多为汇编或全集)中的篇名及其具体出处。

2.主题索引。主题索引是把出版物内论及某一方面某一专题的内容以其主题词的形式标引出来的索引。它深入到了书中的片断资料,揭示图书的内容比篇目索引又深入一步,它可以直接提供书中的具体专题资料。例如要查《马克思恩格斯全集》中论及"资本主义"、"否定之否定"等内容的资料,就可以查《马克思恩格斯全集主题索引》(中国人民大学图书馆编,1956年出版)。

主题索引有时把图书中所涉书籍的书名、人名、地名和引文、引书也收录进去了,也有单独成书的人名、地名索引等。

人名索引是把书中涉及的人名用字顺编排方式编制的索引。如《二十五史人名索引》以及附于书后的人名索引等,另包括著者索引。

地名索引是把书中的地名编成索引置于书后,以便查检,也有单独成书的。

引文索引是指点某一段引文的出处的。一般附于书后。

引书索引是指点某一著作引用了哪些图书,如《尔雅注疏引书引得》,有的附于书前,有的附于书后。

3.语词索引(或字句索引)。语词索引对图书的揭示可以说又深入了一步,它将图书中的内容以字、词、句为著录和检索单位汇集和编排起来。指明在书中的什么地方。这种索引一般附在书后。有的单独成书。例如《十三经索引》、《杜诗引得》、《尚书通检》等。

索引除以上几种类型外,还有其他一些类型。例如图书中所涉报刊的报刊索引、书评索引等。至于科技文献方面还有专利号索引、分子式索引等。

书刊的各种不同索引都是根据读者的需要从全面或从某一个方面编制出来的。文科读者要学会使用书目和索引,编制书目和索引。

三、索引的载体形式

索引的载体形式可分卡片式的、书刊式的和书末式的。

1. 卡片式索引。这是图书馆为读者就某一书籍或某一专题编制的索引。一般为篇目索引，可以及时反映某一方面的最新文献情报。它是用目录卡片制成的，导卡反映类目或主题，目录卡片反映篇名、作者、时间、出处等。

2. 书刊式索引。这是如前所述的单独成书的和按期刊连续出版的索引。这种索引是读者使用最多的索引，是重要的工具书。

3. 书末式索引。这是很多工具书和大型著作末尾（包括刊末）都编有的索引。它附于书后（极少数在书前），对读者使用该书刊很便利。书末索引规模小者往往不被读者注意，其实是很值得参考的。刊末索引一般编在该刊每年的最后一期的末尾，是一种年度索引，即年度累积篇目。许多读者不了解这一点，利用得较少，其实对于查一年的文章很有用。

最后，还有一点应当指出的是，有少数索引是与书目混编在一起，名称多为"综录"、"目录索引"或"编目"。

四、索引的编排体例

索引的编排有分类排列、主题排列和字顺排列三种方式。

1. 篇名索引多按分类排列。有的题目标明为篇目分类索引，如《清代文集篇目分类索引》等，有的在题目上并不能看出，如《全国报刊索引》、《中国史学论文索引》等。这类索引在具体排列篇名的次序时，是根据每篇文章的内容所属类目分别集中，然后再按发表时间先后或其他方法来确定的。使用这类索引，应熟悉它们的类目，或先翻检书前的类目简表（或分类目录）。有些索引的类目多次变动，如《全国报刊索引》（原名《全国主要报刊资料索引》），在"文革"前就变动过一次类目，1973 年复刊时和 1980 年又分别变动过一次,这是使用时要注意的。

2.主题索引都按主题排列。主题索引有的在题目上有明确的标示,如《马克思恩格斯全集主题索引》等,有的则很难看出,如《列宁全集索引》等。这类索引是将涉及面十分广泛的全集或其他大部头著作中的一篇篇一段段的具体出处(某卷、某页)分别标引于各个主题词之下。例如《列宁全集》中有几十个具体页码标引在"自然经济"这个主题词之下。主题又有大题、小题、参见题之别。各个主题词按字顺排列。读者只要像查词典一样找到某一主题词,即可查得一批有该主题的资料。

3.字句索引和少数篇名索引是按字顺排列。有的在书名上有明确的标示,如《马克思恩格斯全集篇名字顺索引》等,而绝大部分没有标明,例如《十三经索引》、《尚书通检》、《荀子引得》等。这类索引以字、词、句子为检索单位,并标明出处,又有正序和逆序排列的。但后者较少,目前只有《中国旧诗佳句韵编》等。按字顺排列的索引,使用时要先了解其具体排列方法,如笔画法、四角号码法、汉语拼音字母音序法、中国字庋撷法等。

应当注意的是,一部分索引是两种编排法相结合的,还有一些索引是按多种字顺方法查检的,如解放前编的一批"引得"就是这样;另外,还有一些索引附有辅助索引。这些情况,只要掌握工具书共同的各种排检方法,并且稍翻"凡例"即知。

第二节 查报刊百科资料

凡报刊所载各种体裁的文章,包括论文、新闻报道、杂文、小品文、文学作品、书信,以及一些小资料等,均可通过报刊索引查得。但需掌握其发表的大致时间、大概内容或题目、作者。凡要为写作学术论文而搜集某一方面的资料,尤其是现有的有关论文资料,通过报刊索引查检较方便。但查检前要能确定所需资料的类属。这是报刊索引的两个主要作用。前者多从综合性索引查找，后者多从专题索引查找。本节着重介绍综合性索引。

一、建国以来邮发报刊资料

建国以来的报刊资料价值较大，可供利用的索引也较多。

1. 利用综合性报刊索引。《全国报刊索引》（月刊，分哲社版和科技版）上海图书馆编辑出版。1955 年创刊，其前身是 1950 年出版的《1950 年全国重要期刊资料索引》和同年山东省图书馆编印的《全国主要期刊重要资料索引》，1955 年改名《全国主要报刊资料索引》，1966 年停刊，1973 年 10 月复刊，改现名。目前，该刊反映全国公开发行的报刊（含少量内部报刊）达 4000 多种，自 1980 年起分为《哲社版》和《科技版》。这是我国连续出版时间最长、规模最大、读者面最广的一部综合性报刊索引。随着科学文化的发展，文章数量增多，该索引的篇幅也在不断扩大。全书仿《中国图书馆图书分类法》分为 21 大类排列。大类下设小类，有的小类下再分子目。例如"I 文学"之下有：

"I$_4$ 中国文学"、"I$_8$ 世界文学"、"I$_9$ 文学理论"等。其中，"I$_4$ 中国文学"之下，又分"方针政策与成就"、"文学研究概况"、"鲁迅研究"、"文学作品"等等。每篇文章著录篇名、作者、报纸或刊物名称、刊物的年、卷、期、页或报纸的年、月、日及其版次。每半年还附有《本刊引用报刊一览表》。

这本索引是一部群报群刊索引，各图书馆多有其年度合订本。凡建国以来大部分公开发表报刊的文章都能用它查得出处。但也有遗漏，故还可以利用单报单刊索引检索。其中，报纸方面主要有《人民日报索引》（人民日报社编印）、《光明日报索引》（光明日报社编印）、《解放军报索引》（解放军报社编印）、《文汇报索引》（文汇报社编印）等。这些索引均为每月一本，跟踪反映每月报纸的文章篇名、作者和出处。《人民日报索引》自 1951 年起每月一本。《人民日报》创办于 1948 年 6 月 15 日,由当年出版的原《(晋冀鲁豫)人民日报》和《晋察冀日报》合并而成,故《人民日报索引》另有单行本三册:即 1948 年半年本、1949 年本、1950 年本。另外,《(1949—1958 年)人民日报社论索引》亦可参考。

报纸索引还有一些,如某些省、市、自治区的党报编有索引。

单刊索引主要有:《红旗杂志索引》(1958—1978 年)、《新华月报总目录》(1949—1960 年)等。前者由北京大学图书馆编,1979 年印行,反映了《红旗杂志》自 1958 年创刊至 1978 年发表的 3200 多篇文章;后者由新华月报社编,1963 年出版。《新华月报》创刊于 1949 年 11 月 15 日,刊式有过月刊、半月刊,现为月刊,该索引反映了自 1949 至 1960 年各期的文章,分为上、下编,按类排列。1979 年起《新华月报》分出《文献版》和《文摘版》,至今。

反映多种期刊资料的索引,有《全国高等院校社会科学学报总目录》、《五十二种文史资料篇目分类索引》等。前者由吉林大学社会科学学报编辑部编,自 1981 年逐年出版,1981 年出版了 1980 年分册,1982 年出版 1981 年分册,1983 年出版 1982 年分册,反映了两百多家文科学报的文章,分类排列。后来又补出了 1906 年—1949 年本、1977 年—1979 年本。后者由复旦大学历史系资料室编,1982 年 5 月复旦大学出版社内部印行。这本索引反映了 1982 年以前全国政协、各省、市、自治区、民盟北京市委、天津市委文史资料研究委员会所编的 52 种《文史资料选辑》的全部篇目,即每种选辑的创刊号至 1981 年的全部文章,一律收入,按内容分为六大部分:政治、军事、经济、文化、社会、人物及附录,每部分再分小类和细目,例如查《美孚石油公司在湖南的经济侵略》这篇文章的发表出处,可以在"经济"部分的"工商"类的"4. 化学、石油、水泥、陶瓷、玻璃"栏里查,得此文原载《湖南文史资料》第 9 辑第 180 页。

此外,还可以利用一些综合性文科论文索引,如《中国社会科学文献题录》、《国外社会科学论文索引》、《中国近二十年文史哲论文分类索引》,以及《高等学校文科学报文摘》、《社会科学文摘》等(均详后)。

2. 利用复印报刊资料索引。《复印报刊资料索引》,中国人民大学书报资料社编,自 1979 年逐年编辑出版。该索引反映《复印报刊资料》(1986 年起改名为《复印报刊资料选汇》)中已复印和未复印的全国主要报刊上的文章,这些文章除极少数一般报导或小资料等,绝大多数为学术论文。该索引著录篇名、作者和在《复印报刊资料》上的出处或原报刊的出处,后者为未复印的文章。已复印的文章是由该社精心筛选出来的,具有较大的参考价值,其中含有大量的新观点、新材料、新动向。该索引自拟 90 多个专题,分类排列,例如文艺方面:

J_1	文艺理论	J_4	外国文学研究
J_2	中国古代近代文学研究	J_{51}	戏剧研究
J_3	中国现代当代文学研究	J_{52}	戏曲研究
J_{31}	鲁迅研究	……	……

各类下所排文章篇名,凡标有 * 号者为未复印的文章,要阅读时须据其出处查原报原刊,其余的可直接查《复印报刊资料》或《复印报刊资料选汇》。

3. 利用文摘和期刊的每年末期索引。文摘有反映文科各学科内容的综合性文摘,如《新华文摘》、《高等学校文科学报文摘》(季刊)、《社会科学文摘》、《国外社会科学文摘》、《现代外国哲学社会科学文摘》、《国外社会科学快报》、《读者文摘》、《青年文摘》、《文摘报》等。前三者可以检索到许多重要文章及其主要内容。

各种期刊在每年的最末一期往往编有供检全年论文资料的索引,亦可注意利用。

4. 利用外国的文科综合性索引。美国有《社会科学文献索引》(1974 年创刊)、《人文科学文献索引》、《纽约时报索引》。英国有《英国人文科学索引》(1963 年创刊)、《期刊与其他出版物中有关中国的论文篇目索引》(1920—1955)。西德有《国际科学期刊论文索引》(1965 年创刊)。日本有《杂志记事索引》(1948 年创刊,该索引分人文、社会科学编和科学技术编,前编有 1965 年—1977 年的积累索引本,以后分主题出版)。苏联有《期刊论文索引》(周刊)。法国有《1944 年后政治、经济、社会问题期刊论文索引》,该索引于 1968 年出版了前 17 卷,1969 和 1977 年分别出了补编,共 8 卷。这些索引均未译成中文。

查国外的论文,还可利用中国社会科学院情报研究所 1979 年创办的《国外社会科学论文索引》(双月刊)。它反映国外多种语言的文科期刊约 700 余种,每期收论文 2000 余条,分学科排列(其中俄、日文独排,其余英、德、法、西班牙、塞尔维亚文混排),每条先著录作者姓名,后著录文章篇名、所载期刊名、出版年、卷、页、文种,最后注明汉译题目。

二、建国以前的报刊资料

1. 利用期刊索引。查建国以前的报刊资料,比较难一些。目前尚无大型回溯性的综合索引,可先利用如下期刊索引:①《中国近代期刊篇目汇录》(见前章)。②《最近杂志要目索引》,上海《人文月刊》社编辑,作为《人文月刊》的附刊出版,1930 年 2 月创刊,每年出 12 期。最初收录杂志 100 余种,后来增加到 500 余种,到 1935 年又增加一部分日报上的资料,1937 年第 8 期停刊,1947 年 4 月复刊,1949 年 5 月停刊。资料分类排列。③《十九种影印革命期刊索引》,人民日报图书馆编,人民日报出版社 1959 年出版。十九种影印期刊是我党的早期刊物,即《新青年(月刊)》、《每周评论》、《共产党》、《先驱》、《向导》、《新青年(季刊)》、《前锋》、《中国工人》、《新青年》、《政治周报》、《农民运动》、《布尔塞维克》、《共产青年》、《中国工人》、《实话》、《群众》、《八路军军政杂志》、《中国青年》、《中国工人》。1954 年前后，这 19 种革命期刊影印后，人民日报图书馆编了这本索引，除其中广告、一般启事外，其余文章、资料一律收录，按内容分类编排（按《中小型图书馆图书分类表草案》分类）。④《期刊索引》，南京中山文化教育馆编印，1933 年 11 月创刊，每年两卷，1937 年 8 月停刊，反映 300 种期刊的资料。⑤《中文杂志索引》（1935）、《东方杂志总目》（1904—1948）。⑥《国学论文索引》1—4 编（王重民、刘修业编），5 编（北京图书馆参考研究组编）（1929—）。此外，还有《国闻周报总目》（1924.9—1937.12）、《新中华总目》（1933.1—1949.5）、《中国杂志目次索引》（1937—1941）等。

2. 利用报纸索引。报纸索引主要有《新华日报索引》（1938.1—1947.2）、《新中华报索引》（1939.2—1941.5）、《解放日报索引》（1941.5—1947.3）、《（晋冀鲁豫）人民日报索引》（1946.5—1948.6）以及《日报索引》（南京中山文化教育馆编，1934—1937 年印）等。

三、内部报刊学术论文

目前，内部发表或会议交流的学术论文，从上述报刊索引或文摘中难于查到，有些只在学术会议上宣读一遍的论文更难查到，还有一些学位论文、毕业论文也难于查到。然而，这些学术文章对研究来说，又往往有重要的参考价值。例如，本科生做毕业论文，不妨参考一下前几届的毕业论文。查找上述文章的途径主要如下：

1. 利用内部期刊索引。我国目前现有的内部期刊约有近 2000 种。其中，小部分为文科内部期刊。这些内部期刊有的原为内部发行，后来转为正式出版公开发行。查找内部期刊上的文章有①《内部资料索引》。该索引由上海社会科学院图书馆编，1981 年试刊，月刊，内部发行。至 1985 年 7 月止，共反映 500 来种内部哲学社会科学期刊的论文,每期收录约 2000 条,参照《中图法》分类排列、著录了文章篇名、作者、出处(刊名、年期号、页码起讫)。该索引原只收录期刊论文,后增收了非连续出版物上的论文。对于有关重大现实问题和理论问题,另编有专题索引冠于卷首。②《社会科学文摘》,由河南省社会科学院编辑出版,1983 年名为《学术资料文摘版》,1984 年改名为《学术文摘》,1985 年 7 月改此名,出至第 12 期停刊。主要选收内部文科文献。③《五十二种文史资料分类篇目索引》,该索引反映了一些内部期刊文章。另外,还有《文史资料选辑篇目分类索引》(复旦大学历史系资料室编印,1973 年)等。

2. 利用内部学术论文集。各种学会或学术会议往往出版有供内部交流的论文集。这些论文集上的论文部分地转为公开发表了,大多数没有公开发表。需要参考时,可直接检出这些文集。另外,学位论文、毕业论文、大学生优秀论文也有由高等院校内部编印成文集的。这些论文集收藏于图书馆或资料室,可供利用。

3. 利用档案部门。毕业论文、学位论文等原稿,凡没有发表的,大都由高校的档案部门保存。需要参考时,可直接到这些部门查阅。

4. 利用专题论文索引。各学科大都编有专题论文索引。为了给专题研究提供全面系统的参考资料,专题论文索引收录较齐全,故可利用之。

第三节　查报刊专题论文资料

学术研究除了需要原始文献,掌握第一手材料之外,还要查找参考文献,包括图书和论文,论文资料尤其新颖,更具时效性。在查找专题论文时,最好先查专题论文索引,然后再查综合性论文资料索引。

一、马列经典著作及其作家研究论文

查找研究马列经典著作及其作家生平、思想的论文,有下列索引:①《马克思、恩格斯、列宁、斯大林著作学习与研究论文索引》,陕西师范大学政教系资料室、图书馆合编,1983 年 12 月印行。②《马克思恩格斯列宁斯大林毛泽东生平、事业、著作与思想研究论文资料索引》(1949—1983.6),福建师范大学图书情报资料科等合编,1983 年 12 月印行。以上两种索引收论文资料丰富,后一种收论文资料共计 10000 条。均注明题目、作者、所载报、刊出处。③《马克思主义文艺论著研究论文索引》,中国人民大学语言文学系资料室编,1980 年印行。④《毛泽东诗词研究资料索引》,山东师范大学中文系主编,福建人民出版社 1983 年 4 月出版。此外,还有连载于《马克思主义研究书讯》1983 年第 6、7、8 期上的《全国纪念马克思逝世一百周年文章索引》、载于《马克思主义研究书讯》1983 年第 7 期上的《全国纪念马克思逝世一百周年译文索引》,连载于《毛泽东思想研究》上的《国内报刊关于毛泽东思想研究目录索引》等。

二、文科重要论文资料

文科重要论文是我们应首先注意检取的。这方面的索引主要有《中国社会科学文献题录》、《复印报刊资料索引》、《国外社会科学论文索引》、《内部资料索引》、《全国高等院校社会科学学报总目录》以及《高等学校文科学报文摘》、《国外社会科学文摘》等。

《中国社会科学文献题录》,中国社会科学院文献情报中心《中国社会科学文献题录》编辑部主编,1986 年以前有月刊、双月刊、季刊三种,出版了八个分册:《马克思主义·哲学》、《社会科学总论》(人口学、社会学等)、《政治·法律》、《经济》、《文化·科学

·教育》(图书馆学、情报学等)、《文学,艺术》、《历史·考古》、《语言》。每分册按《中图法》分类。1986 年起不分册,定为双月刊出版。参加该题录选题与编辑的还有 29 个省、市、自治区社会科学院情报所或图书馆。该书以反映全国公开或内部的社会科学报刊所载较有参考价值的文献情报为宗旨,对于文科各学科读者均有检索意义。

至于《复印报刊资料索引》和《国外社会科学论文索引》所收论文篇名,也是经过精心筛选的。另外,《中国近二十年文史哲论文分类索引》亦可参考,此书为台湾出版,有 1970 年新版,1976 年第二版,反映了台湾省各图书馆所藏 1949—1968 年中文期刊和各种文集中的文史哲论文。

三、文科各学科专题论文资料

这是专题研究必须参考的资料,查找时有如下各学科的专题索引:

1. 哲学论文方面。①反映哲学各个领域的,有《全国主要报刊哲学资料索引》(1949—1979),山东大学哲学系资料室编,1981 年印行,共分七大类排列,无论哲学原理、哲学史、逻辑学、美学、心理学、伦理学以及宗教研究方面的论文均可查得,解放后至 1979 年报刊所载其他有关资料亦有收录。如要查解放前哲学领域的论文,可用《解放前全国主要报刊有关哲学类论文索引》(1901—1949),四川大学哲学系资料室编,1977 年印行。此索引分八个大类:哲学论文目录(1903—1949);中国哲学史论文目录(1901—1949);外国哲学史论文目录(1909—1949);心理学论文目录(1901—1949);逻辑学论文目录(1915—1949);伦理学论文目录(1902—1949);美学论文目录(1918—1947);关于宗教问题的哲学论文目录(1901—1948)。查解放以来的哲学论文,还可用《解放以来全国主要报刊哲学论文索引》(上、中、下),该书由上海复旦大学哲学系资料室编印,收录 1949 年 10 月至 1980 年 12 月的哲学论文。分十个专题排列。此外,还可查连载于《国内哲学动态》每期之后的《全国报刊部分哲学论文索引》等。

②美学方面,有《美学向导》(北京大学出版社 1982 年出版)后附的三种索引:《我国现代美学论文要目》(1918—1949.9)、《我国当代美学论文要目》(1949—1981.6)、《美学译文要目》(1949—1981.6)。《全国报刊美学论文索引》,孙力平编,江西大学中文系资料室 1983 年印行。

③心理学方面,有《心理学学术论文索引》(1、2 册),陕西师范大学教育系编,1983 年出版,收录 1983 年上半年以前的心理学书目和论文资料。《国内心理学资料索引》,南京大学图书馆编,1984 年出版。

④伦理学方面,有《伦理学资料索引》,辽宁大学哲学系资料室编,1981 年出版。《人道主义和异化问题图书资料索引》,红旗杂志社图书馆编,1983 年 12 月出版。

⑤逻辑学方面,有《逻辑学资料索引》,辽宁大学哲学系资料室编,1980 年 12 月印行。

⑥中国哲学史方面,有《中国哲学史论文索引》(第一册,1900—1949),方克立等编,中华书局 1986 年出版。以后将出第二、三册。《1950—1979 年台港研究宋元明清学术思想史论文(部分)》、《1950—1979 年台港研究近代学术思想史论文(部分)》,分别由任三颐等编,载于《中国哲学》第 5、6 辑上,《台港研究中国哲学史思想史论文(部分)》载于《中国哲学》第 10 期上。另外,《中国哲学研究》连载有《中国哲学史论文资料索引》。还有《孔子研究论文索引》(初稿),章乃强编,1984 年出版,反映 1900—1980 年的有关论文共约 4000 篇。《孟子研究资料索引》(初稿),曲阜师范学院图书馆编,1983 年 9 月印行,收录 1900—1983 年初的论文篇目 225 条。《中国哲学史史料概要》附有《中国哲学史论文资料

索引》（上）1901—1949、（下）1949—1981 两部分。此外还可查《中国史学论文索引》第一、二编的有关部分。

⑦外国哲学史方面，有《外国哲学史论文索引》，复旦大学、四川大学哲学系资料室合编，商务印书馆 1985 年出版。收录 1949. 10—1983 年国内报刊所载研究外国哲学史的论文篇目，按时间或地域排列。

⑧自然辩证法方面，有《自然辩证法参考资料索引》，东北师范大学自然辩证法研究室编，1981 年出版。

⑨国外出版的哲学论文索引，有美国的《国际哲学期刊论文索引》（1967 年创刊），反映近 300 种世界主要哲学期刊论文篇目；美国《宗教期刊文献索引》（1953 年至今，每两年出版一卷），反映西方主要国家的期刊（150 余种）的宗教文献。这些索引未译成中文。

2. 政治法律论文方面。

①中国政治方面，有《社会主义精神文明资料索引》（第一辑）（兰州大学图书馆 1983 年编印），《民族研究论文资料索引》（中国社会科学院民族研究所图书室编印，1980—1981），《华侨史论文资料索引》（1895—1980），（中山大学东南亚历史研究所、图书馆合编，1981）等。另外，可查《中国史学论文索引》第一、二编有关部分。

②国际政治方面，有《国外社会科学参考资料》1978 年第 3 期刊载的《科学共产主义问题资料索引》（柯工编）；《战后国际共产主义运动史中文书目和论文资料索引》，中国社会科学院马列所、西北师范学院马列室合编，1985 年出版，反映 1949—1984 年发表的论文篇目；《国际共产主义运动史报刊文稿目录索引》（1976—1982），北京大学国际政治系共运史教研室编，1983 年出版。

③法律方面，有《法学资料索引》（1950—1984）一、二、三辑，兰州大学图书馆编，1982 至 1985 年内部印行；《法学研究馆藏报

刊资料索引》,新疆大学图书馆编,1981年内部出版,《青少年犯罪问题图书报刊目录索引》,浙江省法学会图书资料室等编,1984年内部出版。

④国外出版的,有美国《1886—1974年政治科学期刊论文索引》(1977至1978年陆续出版)、美国《法律期刊文献索引》(1908年创刊)、英国《外国法律期刊文献索引》(1960年创刊)等,但未译成中文。美国还出版有《政治科学情报源》(1975年第二版)一书。

3. 经济论文方面。

①《全国主要报刊经济资料索引(1977—1980)》,山东大学经济系资料室编,1983年12月出版。全书分为15类,反映1977—1980年的论文。编者将陆续补编建国后17年和1981年以后的经济文献索引。此外,《经济参考资料》1981—1985年以增刊形式出版有《社会主义经济理论报刊文章目录索引》,其中,1981和1983年出版了两册,1985年出版了第三册。这三册分别录1949—1979年、1980—1982年、1982—1984年间的论文篇目;《经济学文摘》各期后连载有《全国报刊部分经济学文章目录索引》。

②《中国古代社会经济史论文目录索引》(1900—1981),北京师范学院编,1982年印行;《披沙录》所附索引,如《披沙录》(一)附有《解放前后各杂志中有关经济思想的论文索引》,反映了近五十年的论文,共597篇;《中国史学论文索引》第一、二编的有关部分。

③《国外经济文献索引》(西、日、俄文),中国社会科学院世界经济资料中心编,自1979年起,每半年出版一本;连载于《国外经济文献摘要》上的《近期国外部分报刊经济论文索引》。这是查国外经济文献的重要中文索引。未译成中文的索引有美国《经济学论文索引》(1961年创刊)、《商业期刊论文索引》(1958年创刊)。美国还有《怎样查找经济学文献》一书,1972年出版。

4. 语言文字学论文方面。

①反映语言学各方面,有《中国语言学论文索引》(1900—1963)甲、乙编,1965、1978 年科学出版社出版。甲编收 1900—1949 年间的论文,乙编收 1950—1963 年间的论文。《中国语言学论文索引》乙编(增订本),1983 年商务印书馆出版,收 1950—1980 年的论文。《语文教学篇自索引》(1950—1980),中国语文编辑部编,1981 年上海教育出版社出版。此外,《中国语文》杂志部分期号载有《国内期刊语言学论文篇目索引》。

②反映方言研究方面,有《汉语方言报刊资料目录索引》,复旦大学中文系资料室编,1959 年出版。分概况、方言调查、各地方言、古方言、文艺作品中方言研究及其他等五个部分。

③反映辞书学方面,有《辞书研究》1980 年第 3—4 期连载的《词典学论文索引》,收 1900—1979 年间的论文,潘树广、李大钟另有《补编》。《辞书研究》每年末期有年度累积索引,可资查阅。

外国语言学研究方面,可参看上一章外国语言学专题书目部分。

5. 文学艺术论文方面。

①文艺理论方面,有《文艺理论资料目录索引》(山东师范学院 1961 年);《文艺典型问题研究资料索引》(1949—1980),上海戏剧学院图书馆资料组编,1981 年印行;《现代散文研究论文目录索引》(建国后部分)(1983 年);《当代文学新人作品及其研究资料目录》(1949.10—1960);《中外小说写作技法文献索引》(1914—1982);《文学论文索引》(正、续、三编)(1936 年),收 1905—1935 年间 220 种报刊所载论文 4000 篇;《(1937—1949)主要文学期刊目录索引》(1962 年);《文学遗产索引》(1954.3—1966.6)等。

②中国古代文艺方面,有《中国古典文学研究论文索引》增订本(1949—1966.6)、《中国古典文学研究论文索引》(1966.7—

1979.12)、《中国古典文学研究论文索引》(1949—1980)、《中国古代文学资料目录索引》(1949—1979),以上几种索引收录建国以后的资料都很丰富,第三种尤为齐备,该书由中山大学中文系资料室编,广西人民出版社1984年出版。此外,还有收录建国以前论文的《中国古典文学研究论文索引》(1905—1979)。其他专门方面有《〈文心雕龙〉研究分类索引》(1910—1982.6)、《陶渊明黄庭坚研究资料索引》(1913—1984)、《唐诗研究专著、论文目录索引》(1949—1981)、《〈水浒〉研究论著目录索引》(1903—1981)、《蒲松龄和〈聊斋志异〉研究论文索引》(1929—1982)、《明清小说论丛》第三辑刊载的《近年来明末清初小说及小说理论研究论文篇目索引初稿》(1975—1984)、《〈红楼梦〉研究论文资料索引》(1974—1982)、《〈红楼梦〉研究资料目录索引》(1976.10—1982.11)、《红楼梦研究集刊》第1、2、3、5、8辑连载的《报刊文章篇目索引》和第6辑所载的《台港报刊〈红楼梦〉论文篇目索引》(1950—1980)等。另外,还可利用《中国史学论文索引》的有关部分查找。

③中国现代文艺方面,有《中国现代文学作家作品评论资料索引》(1962年出版)、《中国现代作家研究资料索引》(1949—1960.5)、《中国现代作家研究资料编目》(1980年印行,收至1978年底的资料)、《中国现代当代文学研究论文索引》(1949—1982)、《鲁迅研究资料索引》(1919—1966.5)上、下册、《鲁迅研究资料索引》(1975—1983)、《鲁迅研究资料篇目索引》(1949.10—1974.12)、《郭沫若译著及研究资料》(1979年印行)、《茅盾同志逝世以来悼念和评价文章篇目索引》(见《文教资料简报》1981年第5、11期)等。同类索引还有有关"左联"、柔石、郁达夫、蒋光慈等方面的,应随时注意查检。

④外国文艺方面,有《外国文学论文索引》(收"五四"时期至1978年以前的论文篇目)、《我国报刊登载的外国文学作品和评论文章目录索引》(1978—1980.6)、《外国文学研究资料索引

164

（1982）》等。

⑤国外出版的，有苏联的《苏联文学与评论文献目录》（1952年创办）、美国的《现代艺术文献目录》（1973年编）等，未译成中文。

6.历史地理论文方面。

①反映史学各方面的，有《中国史学论文索引》（北京大学历史系等编，1957年出版，收1900—1937年的论文）、《中国史学论文索引》第二编（中国科学院历史所编，收1937—1949年的论文），此二书包括通史、文化科技史各方面的论文篇目；《史学论文索引》（1978—1981）上、下册（北京师范大学历史系编，1983年出版）；此外，有《中国古代史论文资料索引》（1949—1974）上、中、下三册，1975年印行，《中国古代史论文索引》（1949—1979），1985年出版；《中国近代史论文资料索引》（1960—1973）、《中国近代史论文资料索引》（1949.9—1976.9）、《中国历史地理论著索引》（1900—1982）、《学术论文集（史学部分）篇目分类索引》（1949.10—1966.2）；《中国现代史论文书目索引》（1949.10—1984.12）、《中国共产党史学习参考资料索引》（反映1949.10—1961.12间的资料）、《中国革命史参考资料索引》（第一册，反映1949—1954年的资料）、《第二次国内革命战争资料索引》（1949—1975）（北京俄语学院中国革命史教研组、资料室编，1975）、《抗日战争时期资料索引》、《第三次国内革命战争时期资料索引》（同上），后三书反映当时报刊有关资料篇目，一一注明出处。

②断代史论文索引，有《国内报刊楚史论文题录汇编》（1977—1983.6）；《史记研究资料和论文索引》（1957年出版）；《战国秦汉史论文索引》（1900—1980）；《魏晋南北朝史书目论文索引》（1919—1981）上、中、下三册；《辽史研究论文专著索引》（清末—1980）；《清史论文索引》（1903—1981）等。

③专史论文方面，有《中国封建社会农民革命战争研究资料

索引》(1949—1978)、《太平天国、捻军、义和团论文目录》(1912—1965)、《孙中山著作及研究书目资料索引》(1979 印行)、《历史人物报刊评介资料索引》(1978.1—1981.12)等等。

④世界史方面,有《世界现代史报刊论文资料索引》(1982 年印行);《美国史论文资料索引》(1949—1982),1983 年出版;《日本史论文资料索引》(1949—1980)等。

⑤国外出版的史学论文索引,有《国际史学资料目录》(1930年开始出版)等。

7. 图书馆学、情报学、档案学论文方面。

图书馆学、情报学、档案学方面,有①《图书馆学论文索引》(1949.10—1980.12),南京图书馆编,书目文献出版社 1982 年出版;《图书馆学论文索引》第一辑(清末—1949.9),李钟履编,1957年出版;《图书馆学论文索引》第二辑(1949.10—1957),南京图书馆编 1959 年出版。②《图书馆学情报学档案学论著目录》(1949—1980),所收论文自建国至 1980 年间者共 11500 条。《图书情报档案学索引》(第一辑),兰州大学图书馆编,1983 年印行。反映 1950—1981 年的论文篇目 10,000 条。③《图书馆学文摘》(季刊),山西图书馆学会主办,1983 年创刊,这是我国第一本图书馆学文摘。④《档案学论文资料索引》,收 1949—1983 年的论文资料。

国外有美国《图书馆与情报科学文摘》(1950 年开始出版)等。

以上各学科主要论文的查找,还可以利用专科年鉴和《全国报刊索引》、《复印报刊资料索引》。

第四节　查书籍篇目及其内容

书籍索引是指以古今重要图书的篇名、章节、主题资料、人名、地名、字句、引用书刊等等为标引对象的索引。这些重要图书包括马列经典著作、古代经书、二十四史、诸子书、地方志、历代诗文集，以及近世名家如鲁迅、郭沫若、茅盾的著作等。

一、马列经典著作篇目及其主题资料

1. 马克思、恩格斯著作方面：

查马克思、恩格斯著作的篇目，有《马克思恩格斯全集目录》（1—39卷）、《马克思恩格斯全集篇名字顺索引》、《马克思恩格斯全集说明汇编》等。《马克思恩格斯全集目录》（1—39卷）分卷次目录和篇目索引两个部分。《马克思恩格斯全集篇名字顺索引》有上海师范大学图书馆1973年编印和福建省图书馆1974年编印的两种。两书皆因当时《马克思恩格斯全集》中文本的第25、28、30、33、36卷尚未出版，而未收录这几卷的篇目。《马克思恩格斯全集说明汇编》，为中共中央马克思恩格斯列宁斯大林著作编译局编，1977年三联书店出版。该书是据《马克思恩格斯全集》（1—39卷）俄文版各卷说明翻译而汇编起来的。使用时应注意鉴别其观点。

查马克思恩格斯著作中的主题资料，主要有《马克思恩格斯全集主题索引》和《马克思恩格斯全集名目索引》。前者由中国人民大学图书馆编，1958年中国人民大学出版。全书有主题词10876个。其中大题1827个，按主题词的笔画多少排列，每个大题下再分若干小题。每一主题词下注明该主题资料的具体出处（包括中文本的书名编号和页次）。后者由中共中央马恩列斯著

作编译局编译,1986 年人民出版社出版。该书收《马克思恩格斯全集》第 1—39 卷中有关哲学、政治经济学、科学社会主义以及历史、军事、人名、著作、期刊等等名目数万条,其中主条 2100 个。全书按 1978 年俄文《马克思恩格斯全集》第二版索引(1—39 卷)编译,所有主条改按汉语拼音音序排列,主条之后附有原文名目,并列中文本全集中的卷、页。每主条下又分有二级以至三级名目,并分别用横线隔开,各名目下均注卷、页。

查人名的有《马克思恩格斯全集人名索引》(1—39 卷),中共中央马恩列斯著作编译局编,人民出版社 1979 年出版。此外,《马克思恩格斯全集》1—39 卷(中文本)各卷后,都附有人名索引。上述这本索引就是将这些人名索引汇编而成。这本索引收录的人名条目共 9000 余条,分两部分排列:(一)马克思恩格斯提到的人名索引;(二)马克思恩格斯提到的文学作品和神话中的人物索引。人名一律按汉语拼音字母音序排列,后附人名译名对照表和检字表,查找很方便。每个人名之下,作了简介,基本是按《马克思恩格斯全集》俄文版翻译的,只是对同一个人在各卷后的人名索引的简介,作了适当的调整、合并。查引用文献,可用《马克思恩格斯全集》各卷后所附著作、报刊、名目等索引。

查《资本论》这一巨著中的内容,可利用《资本论索引》(日本长谷部雄等编,陈可焜译,1958 年三联书店出版)。该书分《事项索引》、《按年代顺序的事项索引》、《文献索引》、《人名索引》四个部分。

2. 列宁、斯大林著作方面:

查篇目可用《列宁全集目录(1—39 卷)》(1959 年)、《列宁全集索引(1—35 卷)》(下)、《列宁选集四卷目录》(1960 年)、《斯大林全集目录(1—13 卷)》、《斯大林全集篇目索引》(1—13 卷)等。

查主题资料,主要有《列宁全集索引》和《列宁全集索引(1—35 卷)》(上)。前者为中国人民大学图书馆编译,1956 年中国人民大学出版。这部索引篇幅较大,分《目录索引》和《主题索引》两部分。目录索引部分有:列宁全集编号目录索引,列宁全集字顺目录索引。这里的"编号目录索引"是将全集中的全部篇名、章节分别编为1—2508号。这个顺序是按俄文版《列宁全集》第4版翻译排列的,著录了篇章原名、著作年代、中文本书名、版本、页次、俄文版全集卷次和页数等,是为主题索引部分准备的。字顺索引是将全集中的篇名、章节名按首字笔画多少排列的。第二部分(主题索引部分)前有列宁全集主题索引目录,即将所有主题词按首字笔画数排列一个目录。正文主题索引,分有大题、小题、见题和参见题。大题为纲,小题从属大题。有些为见题,只起转见作用并无具体资料出处。大题共1401个,小题为3405个,见题700个,1015个标题下附有参见题。所有这些主题是从一篇文章章节中抽出的关键性名词概念或标题,例如自然科学、自然经济、力学、物理、封建制、图书馆等等。后者《列宁全集索引(1—35卷)》(上),为中共中央马恩列斯著作编译局译,1963年人民出版社初版,1985年再版。该索引全书分上、下两册,上册是主题索引,也分大、小题,大题按汉语拼音音序排列,小题从属大题,每一主题词下均注该主题的资料在《列宁全集》中文本中的卷、页。书后附有《关键词首字索引》和《关键词条目索引》。下册是多种索引的汇编,包括列宁著作索引,列宁的笔名、列宁引用和提到的马、恩、列、斯著作索引,人名索引,期刊索引,地名索引,列宁使用和提到的文学著作和文学评论著作、谚语、俗语、成语索引,以及《列宁全集》分卷篇目索引。这本索引较上一本好用。此外,还有上海师范大学图书馆于1977年编印的《列宁全集专题分类索引》,该书以18个大题归纳《列宁全集》中文本中的篇章节目内容,大题之下另有小题。查《列宁全集》中的人名,可利用《列宁选集人名索引》和《列宁全集》中文本各卷书末所附索引。

查斯大林著作中的主题资料,有《斯大林著作专题分类索引》，上海师范大学图书馆 1975 年编印。该书共分 10 个大题，大题下有小题，将《斯大林全集》1—13 卷和《斯大林文选》中的篇章节目内容出处分别注于各有关专题之下。

3. 毛泽东著作方面：

查篇目，可用《毛泽东选集篇名索引》（陕西省图书馆编，1975年）和《毛泽东选集》各卷目录。查主题资料，可用《毛泽东选集（1—4 卷）索引》，编著佚名，1961 年内部印行。分五大部分：（一）中共党史，（二）党的建设，（三）哲学，（四）政治经济学，（五）历史。最后有附录。每大部分下分若干个大标题。排列了两种版本的论述资料页码出处，即竖排本（第二版）和横排本的出处。例如：要查毛泽东同志关于根据地解放区的经济建设的论述资料，可以查第一部分的第 12 个大标题"农村革命根据地和根据地的建设"下的"5. 根据地、解放区的经济建设"，这是一个见题，这里指引查 182 页"五、根据地、解放区的经济建设"；也可以直查"政治经济学部分"。在这里，又有 16 个小标题，资料出处共达 200 多个。例如：

"④1169.1—1170.15④1116.1—1117.26"

左边为第四卷竖排本的页码、行数；右边有第四卷横排本的页码、行数。可对照使用。此外，还有《毛泽东选集专题论述索引》（抚顺市图书馆改编，1977 年印行）、《毛主席语录索引》。查历史事件和人物资料，有《毛泽东选集历史事件和历史人物简介》（中国社会科学院历史所，1978 年）、《毛泽东选集注释索引》（1972年）等。

二、历代诗文集篇目

古人诗文集很多，有所谓总集和别集，总集是许多作家的诗文汇编而成的集子，例如《文选》、《全唐文》等，别集是个人的集子，例如《刘禹锡集》、《王船山诗文集》等。这些诗文集的篇名，可以通过下述主要索引来找。

1. 查古代文集篇目:①《全上古三代秦汉三国六朝文篇名目录及作者索引》,中华书局1965年编辑出版,作为《全上古三代秦汉三国六朝文》(1958年)的一个附册。此文集为清严可均编。这部总集反映了从上古到隋朝,流传至今的文章,共746卷,又分15集:《全上古三代文》、《全秦文》、《全汉文》、《全后汉文》、《全三国文》、《全晋文》、《全宋文》、《全齐文》、《全梁文》、《全陈文》、《全后魏文》、《全北齐文》、《全后周文》、《全隋文》、《先唐文》。所收文章的作者共3497人,其中3400人附有小传。②《文选篇目及著者索引》(《文选》附),中华书局1977年版,1981年再版,供查《文选》这部总集的篇名和著者。《全上古三代秦汉三国六朝文作者引得》(1932年哈佛燕京学社印行),但这个索引提供的是光绪19年王毓藻粤刊本的页码。③《全唐诗文作者引得合编》,林斯德编,山东大学图书馆1931年印行。清代嘉庆年间董诰等编的《全唐文》1000卷,收录3042个作者的文章,共8400多篇,每个作者又有小传。清代康熙年间彭定求等编的《全唐诗》,收录了唐朝及五代2200个作者的诗48900多首,每个作者也有小传。但两书都有遗漏。后人有补编。查以上两书的作者及其在两书中的篇名,可利用这本引得合编,按作者姓名笔画先后查索。《全唐文篇名目录及作者索引》,马绪传编,中华书局1985年出版。可供查唐五代文章篇名及作者在《全唐文》、《唐文拾遗》、《唐文续拾》(中华书局1985年统以《全唐文》书名出版)中的出处用。④《文苑英华》(中华书局1966、1983年版)后附的《文苑英华作者姓名索引》。《文苑英华》仿南朝肖梁太子《文选》体例,收南朝梁至五代作品,分38类,涉2200来个作者及其近20000篇作品。⑤《元人文集篇目分类索引》(陆峻岭编,1979年中华书局出版)。⑥《清代文集篇目分类索引》(王重民、杨殿珣等编,1965年中华书局出版)。⑦此外,还有《唐宋八大家文钞》、《宋文鉴》、《元文类》、《明文衡》、《清文汇》等文章总集,可查其书前目录。

《清代文集篇目分类索引》与《元人文集篇目分类索引》大体相同。《清代文集篇目分类索引》共分三大部分:学术文、传记文、杂文。"学术文"部分下按经类、史地类、诸子类、文集类排列。经类又分易经、书经、诗经、周礼、仪礼、礼记、礼总义、春秋三传,孝经、书类、乐律类、经总义、小学类;史地类又分正史类、编年类、纪事本末类、别史类、杂史类、诏令奏议类、传记类、史钞类、载记类、时令类、地理类、职官类、政书类、目录类、金石类、史评类;诸子类下又分儒家类、兵家类、法家类、农家类、医家类、天文算法类、艺术类、谱録类、杂家类、类书类、小说家类、释家类、道家类、论诸子文、杂论;文集类又分楚辞类、别集类、总集类、诗文评类、词曲类、八股文。"传记文"部分碑传甲(释道、合传)、碑传乙(杂录)、赠序(释道、杂录)、寿序(释道、杂录)、哀祭(杂录)、赞颂(释道、杂录)、杂类(杂录、杂传、杂文)。每一传主均有笔画索引。"杂文"部分分书启(下按作者排列)、碑记(1.城垣衙署,2.学校,3.宫室园亭,4.祠墓,5.庙宇,6.会社,7.义庄义田义仓,8.杂类)、赋、杂文。各类所排文章均注篇名、所在文集名及其作者姓名、所在文集卷、页次,例如:

读史记	彭绍升	二林居集	2/5a
与贾云臣论史记书	朱筠	笥诃文集	8/1a
		湖海文集	42/1a,

全书所收文集达440种,其中总集12种、别集428种,均列目于书前,并附提要。

2. 查古代诗集篇目:①《诗经索引》(陈宏天、吕岚编,1984年书目文献出版社出版)。《楚辞索引》(日)竹治贞夫编,日本中文出版社1972年出版。②《全汉三国晋南北朝诗作者引得》(蔡金重编,哈佛燕京学社1941年印行)。这部诗总集由丁福保编,解放前出版,有1959年中华书局排印本。该排印本为54卷,包括《全

172

汉诗》、《全三国诗》、《全晋诗》、《全宋诗》、《全齐诗》、《全梁诗》、《全陈诗》、《全北魏诗》、《全北齐诗》、《全北周诗》、《全隋诗》。全面反映了自汉至隋的诗歌。该引得就是查这部诗歌总集的。但要注意,它提供的出处是民国五年(公元 1916 年)丁福保校印本《全汉三国六朝诗》的页码,查找时,要按作者查(本名或异名)。如果只有 1959 年本在手,可以据朝代查书前目录,找到作者,也很方便。《乐府诗集作者篇名索引》(附于中华书局 1979 年版《乐府诗集》后),《汉诗大观索引》,(日)佐久节编,日本井田书店 1936 年出版,1943 年再版,共八册。有凤出版社 1974 年本,共五册,前几册为《古诗源》、《李太白集》、《宋诗别裁集》等 15 种诗总集,后二册为索引。按诗句检索。③《全唐诗作者索引》(张忱石编,中华书局 1983 年出版)、《全唐诗文作者引得合编》(见前)、《唐诗三百首索引》(台北成文出版社 1977 年出版)。④《历代赋汇著者篇名索引》(日本早稻田大学中国文学会 1979 年出版)。⑤《全宋词作者索引》(见《全宋词》附)、《全金元词作者索引》(见《全金元词》附)、《全元散曲作家姓名别号作品出版索引》(见《全元散曲附》)等。⑥《宋诗钞》、《元诗选》、《全清诗》等总集书前有目录,或编有索引附后。⑦诗别集索引,有如《杜诗引得》(燕大引得特刊14)、《李白诗歌索引》(日本同朋社 1977 年第二次印刷)等。

3. 近世文人著作篇目、主题资料:

《鲁迅著译篇目索引》(人民日报图书馆编,1972 年该社出版),反映《鲁迅全集》和《鲁迅译文集》的篇名出处。还有《鲁迅著译书信索引(补正)》;《十卷集鲁迅全集注释索引》(鲁迅大辞典编纂组编,1980 年四川人民出版社出版);《鲁迅杂文、人名、事件索引》(北京大学图书馆学系编 1978 年征求意见稿);《鲁迅著作索引五种》。以后,其他文人的著作索引,将会逐步编辑出版。

三、人物纪传、轶闻、别名和笔名

正史中的人物,有的有纪传资料,有的虽然没有立传,但在其他方面涉及到,诗文集上有文人的遗闻轶事,这往往为史书所未备;另外,有的人物有别名、斋号等。查找这些资料也靠有关索引。

1.查正史人物,主要有《二十四史纪传人名索引》(张忱石、吴树平编,1980 年)。二十四史是:《史记》、《汉书》、《后汉书》、《三国志》、《晋书》、《宋书》、《南齐书》、《梁书》、《陈书》、《魏书》、《北齐书》、《周书》、《隋书》、《南史》、《北史》、《旧唐书》、《新唐书》、《旧五代史》、《新五代史》、《宋史》、《辽史》、《金史》、《元史》、《明史》。《二十五史人名索引》(《二十五史》刊行委员会编,1956 年出版),二十五史比二十四史多一部史即《新元史》。《二十四史传目引得》(梁启雄编,1936 年出版)。以上三书对于检索正史中的人物很方便。其中,《二十四史纪传人名索引》能提供在 24 部正史中立传的人物的具体出处,标引出人名、史书名、中华书局出版的平装本的册数、卷数、页数。例如:

李耳　　　　史记 7/63/2139

但该索引也只能提供立传人物的出处。《二十四史传目引得》的作用与该书基本相同。如要同时查到《新元史》中的人物传记出处,应利用《二十五史人名索引》,该书将 25 部正史中的全部立有传记的人物按姓名首字的四角号码排次。但应注意提供的是开明书店版《二十五史》的出处。包括书名简称、卷数、页码、栏数,例如:

杜甫　唐　190 下　3586.2　　　新唐　201　4099.4

查正史人物还有一些专书索引,如《史记人名索引》(钟华编,1982 年第二次印刷改署吴树平,1977 年中华书局出版)、《两汉不列传人名韵编》(庄鼎彝编,1935 年上海商务印书馆出版)、《汉书人名索引》(魏连科编,1979 年中华书局出版)、《后汉书人名索引》(李裕民编,1979年中华书局出版)、《三国志人名录》(王祖彝编,1956年商务印书馆出版)、《三国志人名索引》(高秀芳、杨济安编,1980年中华书局出版)、《晋书人名索引》(张忱石编,1977年中华书局出版)、《隋书人名索引》(邓经元编,1979年中华书局出版)、《新旧五代史人名索引》(张万起编,1980年上海古籍出版社出版)、《辽史人名索引》(曾贻芬、崔文印编,1982年中华书局出版)、《金史人名索引》(崔文印编,1980年中华书局出版)、《元史人名索引》(姚景安编,1982年中华书局出版),等等。

2.查正史及正史以外的其他著作中的人物出处,有《唐五代人物传记资料综合索引》(傅璇琮、张忱石、许逸民编,1982年中华书局出版)、《四十七种宋代传记综合引得》(引得编纂处校订,1939年哈佛燕京学社出版,有1959年中华书局新印本)、《宋人传记索引》(日本东洋文库宋史提要编纂协力委员会编,1968年东京东洋文库出版)、《宋代传记资料索引》(增订版)(1977—1980年台湾鼎文书局出版)、《宋元方志传记索引》(朱士嘉编,1936年中华书局出版)、《辽金元传记三十种综合引得》(引得编纂处校订,1940年哈佛燕京学社出版,有1959年中华书局新印本)、《辽金元人传记索引》(日本梅原郁、衣川强编,1972年京都大学人文科学研究所出版)、《元人传记资料索引》(王德毅等编,1979—1982年台湾省新文丰出版公司发行)、《八十九种明代传记综合引得》(田继宗编,引得处校订,1935年哈佛燕京学社出版,有1959年中华书局新版)、《明人传记资料索引》(台湾省"中央图书馆"编印,1978年第二版)、《三十三种清代传记综合引得》(杜联喆、房兆楹编,1932年哈佛燕京学社出版,有1959年中华书局新印本)、《清代碑传文通检》(陈乃乾编,1959年中华书局出版)、《宋元明清四朝学案索引》(陈铁凡等编,台北文艺印书馆1974年出版),等等。

这类索引往往可以查得同一人物在很多书中的传记资料,是研究人物传记必须查阅的。如《唐五代人物传记资料综合索引》

收录唐五代人物达 3 万来个,采录书籍达 83 种。这些书均列目于前,并注明编号、编纂者姓名。全书人物分"字号索引"和"姓名索引"检索。"字号索引"以人物的字号、别号、绰号、谥号等为标目,以供查检本名。"姓名索引"以本名和常用称谓为标目,字号、别号等附后,每一人物之下所在书籍的编号、简称、册数、卷数、页数和线装书的面次(a 为上一面,b 为下一面)。

查人物资料,还可以利用一些诗文总集中的小传,为了找到某一文人的小传,可以查检《唐诗纪事著者引得》、《宋诗纪事著者引得》、《元诗纪事著者引得》,此三书均为引得处编辑,1934 年哈佛燕京学社出版。此外,还可以利用《全唐文纪事》"总目录"部分等。

3. 查人物的室名、别号等异名,可利用:《室名别号索引》(增订本),陈乃乾编,丁宁等补编,1982 年中华书局第二版。该书收先秦至清末人物的室名、别号共 34000 多条(原本只收 17000 多条),分原书部分和增补部分,按首字笔画排列,标出两部分页码,可供从室名、别号查检本名。《古今人物别名索引》,陈德芸编,1937 年广州岭南大学图书馆出版,有 1982 年上海书店、长春市古籍书店影印本。该书收先秦至近现代人的别名、字号、原名、谥号、爵里称谓、斋舍自署、帝王庙号、笔名等共 70200 条。条目一律按笔形横、直、点、撇、曲、捺、趯次序排列,书后附有笔画检字。从异名查本名,还可以利用《中国人名大辞典》后附的《异名表》。此外,还有《唐人行第录》(岑仲勉编,1978 年上海古籍出版社新一版)、《中国历代书画篆刻家字号索引》(商承祚、黄华编,1960 年北京人民美术出版社出版)、《辛亥革命时期重要报刊作者笔名录》(张静庐、李松年合编,1962 年中华书局出版)、《戊戌变法前后报刊作者字号笔名录》(张静庐等编,1965 年中华书局出版)、《现代中国作家笔名录》(袁涌进编,1936 年中华图书馆协会印行)、《作家笔名索引》(蒋星煜编,1944 年重庆燎原出版社出版)、

《现代文坛笔名录》（曾健戎、刘耀华编，《抗战文艺研究》1983 年1—4 期、1984 年 1—3 期连载）、《五四以来历史人物笔名别名录》（张静如等编，1986 年陕西人民出版社出版）、《中共党史人物别名录（字号、笔名、化名）》（陈玉堂编，1985 年红旗出版社出版）、《中国现代文学作家本名笔名索引》（周锦编，1980 年台北成文出版社出版）和《现代中国人物笔名录》（北京图书馆参考研究部编，即将出版）等等。

《现代文坛笔名录》已正式出版，收作家和文艺工作者等现代文坛人物 4000 人的笔名共 10000 多条。全书分两个部分，头一部分供从笔名查本名，后一部分供从本名查笔名。《中国现代文学作家本名笔名索引》收录现代文学作家约 1200 人，本名和笔名混排。其中台湾作家收录较多。将要出版的《现代中国人物笔名录》，拟收 20 世纪初至 70 年代末学术界及部分政界人物约 4000多人的 12000 余个笔名。《中共党史人物别名录（字号、笔名、化名）》收录 192 人的字号、笔名和化名，并有人物简介。其中兼有与党史有关的共产国际代表及若干反面人物。每一字号、笔名、化名之下先简介了产生的历史原因，有的举了例子，然后注明了出处。对于研究党史，很有参考价值。

此外，查近世著名人物的笔名别名，还可以利用一些专人笔名别名索引，如《鲁迅笔名索解》（李允经著，1980 年四川人民出版社出版）、《瞿秋白笔名、别名集录》（丁景唐编，见载于《学术月刊》1957 年 8、9 月号和 1958 年上海人民出版社出版的《瞿秋白著译系年目录》）、《郭沫若名、号、别名、笔名辑录》（艾扬辑，载《中国现代文艺资料丛刊》1979 年第 4 辑）、《郭沫若笔名和别名》（彭放著，载《社会科学战线》1979 年第 4 期）、《茅盾笔名（别名）笺注》（孙中田编，载《吉林师大学报》1979 年第 4 期和 1980 年百花文艺出版社出版的《论茅盾的生活与创作》）、《巴金笔名考析》（张晓云等编，载《新文学史料》1981 年第 1 期）等等。

4.查古人的谥号、史讳、籍贯、生卒等,可以利用《历代名臣谥法汇考》(清刘长华编,1917年《崇川刘丛书》本)、《清谥法考》(雷延寿编,1924年铅印本),此二书可供查古代人物的谥号。所谓谥号是后人给已死的帝王、大臣、后妃等的某种特殊称号,自周代至清末(只有秦代一度废除)沿袭不断。包括褒、怜、贬三类谥号。《史讳举例》(陈垣撰,1962年中华书局出版),这是供查古代人物避讳情况的。避讳是人物的姓名、官名、字号,以至地名、书名、年号在文字上对同代帝王或尊者之名的回避,或改字、或空字、或缺笔,使之不同,这就给后人研究历史增加了一层麻烦。利用《史讳举例》可查到80多例。《增校清朝进士题名碑录附引得》(房兆楹、杜联喆编,1941年哈佛燕京学社出版)、《明清进士题名碑录索引》(朱保炯、谢沛霖编,1980年上海古籍出版社出版),此二书可供查明清考得进士的人物的科年、甲第、名次以及籍贯用。《历代人物年里碑传综表》(姜亮夫编,陶秋英校,1959年上海中华书局出版),可查上古至"五四"时期(1919年)共12000人的字号、籍贯、岁数、生年、卒年等。查历史人物的生卒年,还可以利用《历代名人生卒年表》(梁廷灿编,1930年上海商务印书馆出版)、《中国历史人物生卒年表》(吴海林、李延佩编,1981年黑龙江人民出版社出版)、《疑年录汇编》(张惟骧编,1925年小双寂庵刊本)、《释氏疑年录》(陈垣撰,1939年刊本和1964年中华书局本)等。

四、地名

1.查今地名的主要有:《中国地名录——中华人民共和国地图集地名索引》(地图出版社,1983年)、《汉语拼音〈中华人民共和国地图〉地名索引》(1974年)。均标引经度、纬度。

2.查历史地名的主要有:《甲骨卜辞地名通检》(日本、乌邦男编),载于1958、1959年《甲骨学》第6、7号;《元和郡县图志地名索引》(附于中华书局1983年版《元和郡县图志》后);《唐代的长

安与洛阳·索引》(日本 1977 年重印本);《大唐西域记考异索引》
(日本 1972 年重印);《太平寰宇记索引》(王恢编,台北文海出版
社 1975 年出版);《元丰九域志索引》(日本 1976 年出版);《资治
通鉴胡注地名索引》(日本 1967 年出版);《读史方舆纪要索引》
(日本 1974 年出版);《嘉庆重修一统志索引》(见商务印书馆
1934 年版《四部丛刊续编》本《嘉庆重修一统志》附);《历代地理
志韵编今释》(清,李兆洛撰,《四部备要》本)、《中国郡县雅名索
引》(日本 1959 年出版)。

至于外国地名,可利用《常用外国地名参考资料》(汉俄英对照),
地图出版社 1959 年印。此书可查得地名在地图上的经度、纬度。

五、古书字句的出处和综合性资料

查古书字句出处的索引很多,使用时应根据所要查的字句的
已知条件来选用。

已知字句的文献来源范围或作者,可利用如下索引:《诗经索
引》,陈宏天、吕岚合编,1984 年书目文献出版社出版。收录原诗
305 首和全部字句条目。各字按四角号码编排,并列出含该字的
句子,指明在原诗中的出处,如"4071 七"下有:

〇月流火 154/1,2,3　　　　　〇月在野 154/5

这里,斜线前为篇次号码,后为章次号码,据此可查原诗部分。
同类的还有《毛诗引得》(引得处编辑,1934 年哈佛燕京学社出
版)。《十三经索引》,叶绍钧编,1934 年初版,1957 年中华书局出
版,1983 年修订再版。该索引按字句提供 13 部经书中的每个句
子的出处。13 部经书是:《周易》、《尚书》、《诗经》、《周礼》、《仪
礼》、《礼记》、《春秋左传》、《公羊传》、《谷梁传》、《论语》、《孝
经》、《尔雅》、《孟子》。每一个句子是指诵读时每一停顿形成的每
一短句。如"有朋自远方来,不亦说乎",为两句。全书按句首字
的笔画多少排列,每句之下指明所载书书名简称、篇名简称和节

数。如：

不知其人可乎　　　　孟万下 8

这里表示该句出自《孟子》中的《万章》下篇第 8 节。此外，还有《尚书通检》（顾颉刚主编，1936 年哈佛燕京学社出版，1982 年书目文献出版社重印）、《周易引得》、《春秋经传引得》、《论语引得》、《尔雅引得》、《孝经引得》、《孟子引得》、《礼记引得》等（均系引得处编辑，1934 年前后哈佛燕京学社出版），这些索引都可以查检 13 部经书中的字句出处。要查先秦其他著作和后来的某些名诗名著中的句子，可选用《庄子引得》、《荀子引得》、《墨子引得》、《说苑引得》、《白虎引得》、《水经注引得》、《杜诗引得》（均系引得处编辑，1934 年前后哈佛燕京学社出版）、《花间集索引》（日本青山宏编，1974 年东洋文化研究所出版）、《方言笺注通检》（周祖谟校笺，吴晓玲通检，1956 年科学出版社出版）、《韩非子索引》（周钟灵、施孝适、许惟贤主编，1982 年中华书局出版）、《文选索引》（日本斯波六郎主编，1959 年京都大学人文科学研究所出版）、《李白诗歌索引》（日本花房英树编，1957 年京都大学人文科学研究所出版，同朋社 1977 年重印）、《李贺诗引得》（唐文等编，1984 年齐鲁书社出版）等。1943 至 1950 年间法国在中国办的"巴黎大学北平汉学研究所"所编一批通检如《论衡通检》等亦可利用。

已知句子为古诗佳句或一般诗句，可利用：《中国旧诗佳句韵编》（王芸孙编，1984 年岳麓书社出版）。该书共收佳句 10000 句以上，涉及七八百种诗集，全书按句尾的韵排列，分花、开、安、前、江、遥、科、波、飞、知、西、人、耶、中、由、姑共 16 韵部，每韵之下再按四声排列佳句，并注明出处。如"花韵"下有"无树不开花"等。书后附有"韵脚笔画索引"。《唐宋名诗索引》，孙公望编，1985 年湖南人民出版社出版。该书共收录唐宋名诗 853 首，涉及作者 224 人，名句共 130 句，条目共 9733 条。全书分四个部分：1、首句索引，2、诗题索引，3、主题词、关键词索引，4、作者索引。《万首唐人绝句索引》，武秀珍、阎莉等编，1984年书目文献出版社出版。该书收唐人绝句共10500多首，诗句共42000多条，按句首字的笔画数多少排列，标引出明赵宧光、黄习远等编定，刘卓英点校的《万首唐人绝句》1983年书目文献出版社新印本的出处。如果只知为古诗，而不知作者、书名、朝代，则可以查一部大型索引，即《汉诗大观索引》。该书为日本佐久节编，1943年井田书店出版，共八册，1974年东京有凤社出版，分为五册。该书正文为三册，分上、中、下三卷，上卷收《古诗源》、《古诗赏析》、《陶渊明集》、《玉台新咏》、《唐诗选》、《三体诗》、《李太白诗集》共七种诗集，中卷收《杜少陵诗集》、《王右丞诗集》、《韩昌黎诗集》、《白乐天诗集》共四种诗集，下卷收《苏东坡诗集》、《黄山谷诗集》、《陆放翁诗集》、《宋诗别裁集》共四种诗集。索引两册，全部按诗句首字的笔画排列，头一册排首字为一至九画的诗句，后一册排首字为十画以上的诗句。我国古代诗词极为丰富，利用此书还只能查得一部分，另一部分，则可以利用《佩文韵府》、《骈字类编》等类书来查，详见后面有关章节。

查古书综合性资料，有史书的综合性索引，有政书、类书索引，还有一些内容广泛的专著索引。例如《史记及注释综合引得》、《汉书及补注综合引得》、《后汉书及注释综合引得》、《三国志及裴注综合引得》（均系哈佛燕京学社于建国前编印）、《国语索引》（日本1967年再版）、《战国策通检》、《契丹国志通检》、《大金国志通检》、《吕氏春秋通检》、《山海经通检》、《风俗通义通检》、《春秋繁露通检》、《淮南子通检》、《潜夫论通检》、《辍耕录通检》等（上述通检均为巴黎大学北平汉学研究所于40年代编印）、《蒙古秘史索引》（美国1972年出版）、《清史索引》（《清史》附）、《中国随笔索引》（反映唐至民国初年100余种杂著的综合性关键词语，作为标引，日本1954年出版）、《古今图书集成分类索引》（日本1933年）、《古今图书集成类目索引》（复旦大学图书馆1982年印）、《太平御览索引》（钱亚新编，1934 年）、《玉海项目索引》（日本，1957 年）、《食货志十五种综合引得》（引得处编，1938 年哈佛燕京学社出版）、《十通索引》（商务印书馆编，1937 年随《十通》出版）等等。

　　利用以上索引，只要注意从主题或关键词入手，即可查得所需资料。其中大部分是按关键词标引出处的，例如利用《食货志十五种综合引得》查湖南的茶叶方面的史料，可先查得"湖南"，然后找到"茶叶"，即有多条。利用上述引得和通检，还可以查到一些语句的出处，也必须注意从关键词入手。

第六章　查古书佚文

查找和辑录古书佚文,既要利用多种类型工具书,又要利用普通图书,凡含有佚文的一切文献,舍一不可。本章就辑佚的意义、历史、方法诸方面作一概述。

第一节　辑佚的意义和发展

辑佚自古有之,以清为盛。学者们为什么要辑佚,辑佚的发展历史怎样,今天还要不要继续辑佚?

一、辑佚的意义

什么叫辑佚? 辑佚就是把散失了的图书文献千方百计地从现存的书海和其它资料中找到并辑出,以尽可能恢复其原貌的工作。所谓"佚",就是指散失的文献。

不过,古书散失有不同的情况:(1)有亡毁。即某书被焚毁了或腐烂了,而没有留下任何副本,也没有被征引或编入什么丛书,这种书可以说是永远找不到,连只言片语亦不可见了。或只留下了一个书名,或书名也未留下;(2)有亡失。即某书已有目无书了,这种书虽然一时在国家图书馆或其他图书馆等公共流通渠道不能直接查得了,但并没有从世界上绝灭,原书一定在某处还存在着,终能找到;(3)有湮沉。即某书的原本虽然再也找不到了,但是其内容并未被消灭,或留下了全书内容、或留下了若干篇章、或留下了只言片语于其他文献之中,只要耐心从书海中细细搜讨,便能使全书或若干篇章内容刊布于世,重见原貌。

辑佚乃是就后两种情况尤其是第三种情况而言的。然而,何书属第一种情况,何书属第二、三种情况,很难断言。因此,一切散失了的图书文献,都是辑佚的对象。

辑佚有着重要的意义。这与历史上图书的屡遭散亡和今天学术研究的需要相关联。

我国图书始于甲骨图书和简牍图书,自此以后,图书便有聚有散。在现代公共图书馆事业兴起之前,图书散佚甚为严重。甲骨图书长期埋于地下,直到公元 1899 年才始见于世,出土以后又散见于全世界。《三坟》、《五典》、《八索》、《九丘》只见于《春秋左传》,晋《乘》、楚《梼杌》只见于《孟子》。可见,先秦已有佚书。孔子在整理图书的过程中,寻访过夏礼、殷礼方面的图书而未得。春秋战国时期,为了某种政治上的需要,就有"燔书"之举。自秦至宋,书有十厄,元代以后又不知几厄了。

图书之厄的主要原因是兵火盗掠,除了历代战火焚毁了不少图书外,近代帝国主义入侵后亦盗掠不少。至于图书的散失还有如下几个原因:图书载体不耐用,造成自然毁亡;图书制作技术在印刷术发明以前尚很落后,因而不能大量生产,孤本易于失落;图书馆事业不发达,管理制度不健全,致使图书损毁散佚;统治阶级不重视图书特别是科技方面的图书,或因人废言,致使部分图书散佚。至于图书殉葬,致使在地下腐烂,也是原因之一。由于这些因素,图书散失之多,无法统计。虽从历代史志目录可作核计,然而史志未著录者莫可知晓,例如清代焚毁图书,相当一部分连目录也没有留下,使后人无从了解。这是祖国文化一大损失。

马克思主义认为,研究必须充分占有材料。今人研究历史的主要依据就是图书文献,佚书往往能起到意想不到的重要作用。因此,辑佚的主要作用在于:(一)通过辑佚,能使我们了解古代图书的发展情况,从而可以从这方面看出祖国文化发展的某些概貌。(二)通过辑佚,可以使部分图书重新单行刊出;可以使部分残本图书得到补全。例如《魏书》中的《礼志》、《乐志》、《刑罚志》长期各脱落一页,现通过类书政书辑出补齐了;可以使部分图书的部分篇章段落以至只言片语得以搜集,从而可见原著一斑。(三)通过辑佚,可以为学术研究提供许多"新"的文献资料。清儒很重辑佚,然而当时也有个别的学者视此为学问之末流。这种轻蔑的态度显然是不对的。当然,若"……治史者,现成之《后汉书》、《三国志》不读,而专讲些什么谢承、华峤、臧荣绪、何法盛;治诸子者,现成几部子书不读,而专讲些什么佚文和什么伪妄的《鬻子》、《燕丹子》",那确是"本末倒置"(参看梁启超著《中国近三百年学术史》)。我们讲利用佚文,是在现存文献的基础之上的利用,辑佚也是为了充实研究资料。故其意义是不可抹杀和显而易见的。至于辑佚工作本身,亦自有一套规律和方法,并不易做。

二、辑佚的历史和成绩

辑佚始于何时？今多认为始于宋代。

辑佚与采访搜集遗佚书是分不开的。后者源于前者。采访搜集遗佚书是由于学术研究需要才产生的。这大概可以上溯至春秋战国时期。孔子周游过列国,采访过遗佚书。以后,历代均有搜集遗佚书籍之举。汉唐求遗书于天下,其规模均很可观。采访遗佚书,必先查现有书目、文献记载和库存图书,然后方知图书的存佚情况,据此才能广泛征集求和从现存文献中辑录出来。姚名达曾说:"搜求遗书,必有目录以资循觅。汉'成帝时,以书颇散亡,使谒者陈农求遗书于天下'〔《汉志》〕,倘使秘府原无目录,何如以知其'书颇散亡'？倘使不备缺书目录,则陈农求得之书何以知其

185

为秘府所缺？故以意推之，此时殆已有此种特殊目录矣。”（见姚名达著《中国目录学史》）这是颇有道理的。秘府所缺，即秘府所佚，开列缺书目录，即编制佚书目录。自唐以来的这种佚书目录（或“缺书目录”）还有保存。这既是求遗书的第一步工作，也是辑佚的第一环节。求遗书与辑佚同是根据前代目录搜集整理图书遗产的工作。所不同的，一是从民间或外国求得原著，一是从现存文献中求得全书或章节或残篇片言。部分佚书从社会上无法求得时，于是产生并发展了辑佚工作，并显示了辑佚工作的重要。

真正辑出佚书来是在宋代。宋代郑樵提出了搜求和辑录遗佚书的理论和方法，而王应麟辑出有《三家诗考》、《周易郑氏注》各一卷（附于《玉海》之后）。明代后期，孙瑴专辑纬书佚文，并将辑出者编为一书，叫《古微书》。

清代辑佚成绩巨大，并当成了一门专业工作。雍乾之交，同在翰林院的李穆堂、全谢山从《永乐大典》辑出了部分佚书，发表后甚为学术界所欢迎，并使《永乐大典》的辑佚价值渐显于世。乾隆三十八年（1772 年）朱筠奏请开四库馆，以辑大典中佚书。于是，这时期从《永乐大典》中辑出佚书竟达 375 种，4926 卷之多，其中，经部书 66 种，史部书 41 种，子部书 103 种，集部书 175 种。以后又有所增，共达 590 多种。所辑书卷帙最大者有李焘《续资治通鉴长编》，达 520 卷；薛居正《五代史》，达 150 卷；郝经《续后汉书》，达 90 卷。其余 60 ~ 70 卷、20 ~ 30 卷者，共约几十种。所辑书最有价值的是范晔《后汉书》所缺失的《东观汉记》，是后汉史研究的重要参考资料。《永乐大典》所收录者为明人所见书，明以前的佚书，清儒先后辑出甚多，今又有辑出者。

清代著名的辑佚专家有章宗源、严可均、马国翰等人。

章宗源，乾隆时人，著名史学家章学诚之同族曾孙。他一生从事辑佚为主，可惜所辑佚书大多都散失了，现在只留下了一些记载。如孙浦如《章宗源传》说：“章君好学，积十余年，采获经史群籍传注,辑录唐宋以来亡佚古书盈数笈。……"阮元《茆辑十种古逸书序》载:"章孝廉(按:即宗源)力其业,不数年成书盈尺,惜孝廉病卒,书不知零落何处。"王重民先生曾考证说:"先生的著作,以辑佚书为大宗。据孙星衍的话,稿本多至十几箱子","……先生所辑佚书,生前已散寄四方,……寄与章学诚者疑即今《隋书经籍志考证》,存于孙浦如者,即为孙氏所校刻。"(王重民《清代两个大辑佚书家评传》,见作者《中国目录学史论丛》)

严可均,嘉庆时人,辑有《全上古三代秦汉三国六朝文》,达746卷。这一鸿篇巨制,自上古至隋代之文章,无论长篇只语,悉数收录,费时20余年而成。作者在《自序》里说:"唐之文,盛矣哉!唐以前,要当有总集。斯事体大,是不才之责也。"于是辑成此书,"起上古,迄隋世,……作者三千四百九十七人,分代编次为十五集,合七百四十六卷。"此书当时未能刊刻,至光绪年间才由王毓藻从方功惠家访得此书手稿,出巨资刻成。

马国翰,道光时人,"家贫好学,自为秀才时,每见异书,手自抄录。及成进士,为县令,廉俸所入,悉购图书,所积至五万七千余卷。簿书之暇,殚心搜讨,不遗余力,晚归村下,犹复矻矻孜孜,纂辑无虚日,其津逮后学之心,可谓勤矣。"(《续历城县志·马国翰传》)其所辑佚书编有《玉函山房辑佚书》,达760卷。当时严可均《全上古三代秦汉三国六朝文》尚未付梓,故马国翰辑此书又费了极大的精力。匡源在《玉函山房辑佚书·序》里说:"先生怜今世学者不见古籍,及编校唐以前诸儒撰述,其名氏篇第列于史志及他书可考者,广引博证,自群经注疏音义旁及史传类书,片辞只字,罔弗搜辑,今经史诸子三编……,六百卷。"所辑佚书共632种。作者死后,版归章邱李氏,已有散佚。后经丁稚瑛、文质夫搜罗补刊,而有目无书者尚有40余种。

清代辑佚家还有王谟、黄奭之、洪颐煊、孔广森、袁钧、任大椿、陈鳣等人。他们分别做出了不少成绩。近现代,辑佚者稀少,只有鲁迅辑有《古小说钩沉》，朱祖廷辑有《北魏佚书考》，以及有人辑过《史记》注佚文，有人继续从《永乐大典》里辑过文学作品，等等。

三、当代辑佚的任务

当今社会处于信息时代，每天出版的文献不计其数，科学家们有望洋兴叹之感。处在这个时代，是否要继续辑佚？为了使祖国文献完整和从中提取信息，毋庸置疑，辑佚仍有继续的必要。

在古典文献里，含有大量的能为今天所用的信息，因此对古典文献的整理工作亦是很重要的工作。其中，除影旧、校注、今译之外，还应当包括辑佚。虽然前人已做了很多工作，但并未结束；这也并不需要大批人手终生专事，但也不能无人过问，任其空缺。

当今辑佚，第一，是开出一个自上古至辛亥革命的佚书目录，这个目录不仅能给辑佚者提供一个线索，而且其本身就将是中国文化史研究的一个成果，各科学者均可据以了解各科在古代存在过哪些文献。第二，是据此目录到民间、到国外访求遗书。唐宋以降，我国古籍散佚严重，其中部分流传国外或为帝国主义所盗掠，在国外的图书馆或汉学家那里完全可能有部分收藏；至于国内图书馆或民间也有部分佚书有待访求。第三，要从现有文献中辑出一切佚文，无论整书、残篇、只言片语，尽当辑出。同时，对现有辑佚成果应进行整理、补充。

第二节　查找佚文的原理和方法

在具体查找佚文之前，先让我们弄清其原理和方法。

一、查找佚文的原理

文献既已散失，其所以能或多或少地找到和从文献中辑录出

来,其基本原理是:

第一,文献被生产出来,便总有其作者和部分社会读者所认同的社会价值,因而不同的文献往往会受到不同读者的阅读和喜爱。即使是内容有害的图书,对于后人研究社会历史,提取社会背景等方面的信息,也是有用的。故国家公共图书馆里未能保存的某些图书,往往会部分地保存在其他地方,或在民间,或在国外。这为访求遗书和辑佚都提供了可能性。

第二,从物质形式上说,文献被生产出来流通于社会总是独立成件的。对于大量的文献,管理者总会有所记录,即有目录,这类目录又往往见载于史志。既然如此,访求遗书和查找佚文就有了线索和根据。

第三,文献被生产出来都是为了供人利用的。从事学术研究必然征引图书资料,有的学者广采博撷,引述极富,或整篇整段,或一言一语,并且为了供读者稽核,往往注明出处,有的注明书名,有的注明作者,有的出处很具体,作者、书名及篇名都注,这种方法古今一贯,给辑佚提供了文献基础。

第四,为了研究和学习,或为了给人们引述历代文献提供条件,在一次文献之外,产生了二次、三次文献,即出现了各种各样的工具书、资料书。这类书籍自唐宋以后越编越多,其中收录的文献资料十分丰富,加之自古有编丛书、修方志的传统等等,这就必然保存了大量的文献资料,更为辑佚提供了资料来源。

宋代著名的史学家及目录学家郑樵就采访搜集遗书提出过一套原理和方法,很值得参考,现录于下:

一曰即类以求。凡星历之书,求之灵台郎;乐律之书,求之太常乐工;灵台所无,然后访民间之知星历者;太常所无,然后访民间之知音律者……。

二曰旁类以求。凡性命道德之书,可求之道家;小学文字之书,可求之释家……。

三曰因地以求。《孟少主实录》,蜀中必有;《王审知传》,闽中必有……。

四曰因家以求。《钱氏庆系图》,可求于忠懿王之家;黄君俞《尚书关言》虽亡,君俞之家在兴化……。

五曰求之公。礼义之书,祠祀之书,断狱之书,版图之书,今官府有不经兵火处其书必有存者。此谓求之公。

六曰求之私。书不存于秘府,而在民间者甚多。如漳州吴氏所得之书,多人间所无者。兼藏书之家,例有两目录,所以示人者,未尝载异书,若非尽诚尽礼,彼肯出其秘乎? 此谓求之私。

七曰因人以求。乡人李氏曾守和州,其家或有沈氏之书,前年所进褚方回《清慎帖》,则沈家旧物也……。

八曰因代以求。胡旦作《演圣通论》,余靖作《三史刊误》。此等书卷帙虽多,然流行于一时,实近代之所作。书之难求者,其为久远而不可迹也。出于近代人之手,何不可求之有? 此谓之因代以求。

以上用于访求遗佚书是颇有参考价值的。郑氏又说:"书有亡者,有虽亡而不亡者。文言略例虽亡,而《周易》具在;汉魏吴晋鼓曲虽亡,而乐府具在;《三礼目录》虽亡,可取诸三礼;《开元礼目录》虽亡,可取诸《开元礼》;《名医训录》虽亡,陶隐居已收入《本草》;李氏《本草》虽亡,唐慎微已收入《证类》。……凡此之类,名亡而实不亡者也。"(均见《通志》)

以上虽有失之偏颇之处,但多有参考价值,尤其是讲到可于同类书中辑出亡书,为以后的辑佚工作提供了理论基础。

二、查已辑出的佚文

查佚文,先要查已经辑录出来的佚文,在研究过程中,即可利用。例如,要研究"易"学,就要查查是否有已被辑出的《易》书及其注释、研究专著佚文。要研究北魏史,就要查查北魏有哪些佚文。要研究古代小说，就要查查有哪些已辑出的小说佚文。以作为现存完整文献的补充。就是动手辑录佚文，也要利用现已辑出的佚文，以避免重复劳动。

已辑出的佚文绝大多数编成了"辑佚书"、"遗书"、"书钞"、"钩沉"之类，这些多是古籍丛书，可通过古籍丛书目录查得。其中有综合性的，也有专科专题性的。主要有如下几十种：

《经典集林》，（清）洪颐煊辑，有民国15年（1926年）陈氏慎初堂据清嘉庆间经堂丛书影印本；《萧山王氏十万卷楼辑佚七种》，（清）王绍兰辑，有清萧山王氏知足不知足馆钞本；《汉魏遗书钞》，（清）王谟辑，清嘉庆三年（1798年）金溪王氏刊本；《二酉堂丛书》（又名《张氏丛书》），（清）张澍辑，有清道光元年（1821年）武威张氏二酉堂刊本；《十种古逸书》（清）茆半林辑，有清道光十四年（1834年）梅瑞轩刊本；《玉函山房辑佚书》，（清）马国翰辑，有清光绪九年（1883年）长沙娜嬛馆刊本、光绪十年（1884年）楚南书局刊本等。此书最大，分经、史、子三编，每编再分子目。《玉函山房辑佚书续编》，（清）王仁俊辑，稿本；《玉函山房辑佚书补编》，（清）王仁俊辑，稿本；《经籍佚文》，（清）王仁俊辑，稿本；《汉学堂丛书》，（清）黄奭辑，有清光绪间甘泉黄氏刊本和光绪间印本；《黄氏逸书考》（原名《汉学堂丛书》），（清）黄奭原辑，王鉴修、朱长圻补辑并作考释，有民国14年（1925年）、民国23年（1934年）王氏、朱氏刊印本；《辑佚刊丛》，陶栋辑，民国37年（1948年）上海中华书局排印本；《古微书》，（明）孙瑴辑，有清光绪21年（1895年）上海鸿文书局石印本等三种；《小学钩沉》，（清）任大椿辑，王念孙校，有清光绪间湖北崇文书局刊本等三种；《小学钩沉续编》，（清）顾震福辑，有清光绪十八年（1892年）山阳顾氏刊本；《小学蒐辑》，龙璋辑，有民国攸县龙氏排印本；《（重订）汉唐地理书钞》，（清）王谟辑，有清嘉庆间金谿王氏刊本和50年代刊本；《麓山精舍丛书》，（清）陈运溶辑，有清光绪二十六年（1937年）湘

191

西陈氏校刊本;《全上古三代秦汉三国六朝文》,(清)严可均辑,有清光绪间刊本等;《古小说钩沉》,鲁迅辑,有 1951 年人民文学出版社排印本等;《北魏佚书考》,朱祖延编,1985 年中州古籍出版社出版。欲利用这些书,可先查古今书目,然后再看看其具体内容如何。鉴定辑佚书的优劣,第一,应看是否注明文献出处,注者优;第二,同书数引,能举其最先引者优;第三,佚文辑录最多者优;第四,所辑佚文真实可靠者优;第五,所辑佚文之排列合乎原书面貌者优。选用辑佚书,不可不察。

此外,在文史杂志或年鉴常常刊载一些佚文或佚文发现的报导,例如《中国历史学年鉴》(1984 年)报导了《江西发现欧阳修家谱》等多则消息。

三、查未辑出的佚文

究竟还有哪些尚未辑出的佚文? 这是一个只有通过辑佚实践才能回答的问题。今天的辑佚任务就是要陆续查出这些佚文,特别是辛亥革命(1911 年)以前的佚文。查找时应当利用现存的一切古籍。

(一)、查各种古籍目录。

要了解佚书的情况,重要途径就是通过书目的稽核,即用历代史志书目、古代私藏书目与现存古籍书目进行核对。在这方面,前人已做过不少工作。如《隋书·经籍志》中有《魏缺书目录》一卷;在《宋史·艺文志》里有《唐四库搜访图书目》一卷;《通志》中有《嘉祐访遗书诏并目》一卷,《求书目录》一卷;《直斋书录解题》中有《秘书省四库缺目》;南宋郑樵还有《求书缺记》七卷、《求书外记》十卷;《补元史艺文志》中有危素撰的《史馆购书目录》;清初有黄虞稷、周在浚的《征刻唐宋秘本书目》;清中期修《四库全书》以后,有郑文焯撰的《国朝未刊书目》,朱记荣撰的《国朝未刊遗书志略》,刘世珩撰的《征访明季遗书目》,刘声木撰的《直介堂征访书目》。解放前,杨守敬编有《日本访书志》十七卷,后王重民作了辑补。王重民还编有《敦煌古籍叙录》和《敦煌遗书总目索引》。日本服部宇元吉编有《佚存书目》,此书目在北京图书馆有藏。今天还可以再编这类书目。编撰时,还要利用历代史志书目和禁书目录,以及公私藏书目录。这些现存的古书之目录在前面讲查古籍流传情况时已有叙述(见第四章第五节)。此外,还要利用国外的公私藏书家的目录。

(二)、利用去古未远的类书、政书。

类书、政书都是重要的工具书,二者都收录有古籍资料,尤其是类书的辑佚价值大。古今学者多从类书中辑录了大量佚文。类书是按类别或韵部汇集古书中各种资料的资料性工具书(详下章)。政书是有关古代典章制度的史料性工具书。二者都征引过大量的古籍和史料,起到了保存文献的作用。

类书分综合性类书和专题性类书。辑佚主要应利用综合性类书,尤其是《北堂书钞》、《艺文类聚》、《初学记》、《白孔六帖》、《太平御览》、《山堂考索》、《唐类函》、《永乐大典》、《古今图书集成》等。专题性类书亦可利用。主要是《文苑英华》(宋、李昉等编,有1966年中华书局影印本等,该书与南朝梁昭明太子的《文选》相衔接)、《太平广记》、《册府元龟》、《玉海》、《子史精华》、《事物纪原》、《三才图会》等(均详第七章)。

利用类书辑佚,应注意选用离原书时代不太远的类书。例如辑唐五代以前的佚书,至少应利用唐五代编的或宋代编的类书,因为只有当时古籍尚存,才可能编入类书,才能辑出。若时隔久远,要辑之书可能早已亡佚,即后来的类书不一定收入该书,故往往难于辑出或不可靠。

在古代政书中也含有大量可供辑录的占书佚文。政书的资料多来自史书,包括正史、杂传、杂记和实录等,也有部分来自其他文献,例如《文献通考》这部最大的政书就征引了大量史籍和经部、子部著作,包括《礼记》、《孝经》、《京房易传》、《明堂论》和《洛阳记》等书。政书主要有《通典》、《通志》、《文献通考》等十通,以及各种断代性政书如《西汉会要》、《明会要》、《唐会要》等(均详第八章)。《魏书》长期脱落数页,其中部分赖《通典》补全。

(三)、利用史书和子书。

在史部书和子部书中常常引录了大量的古书佚文。当然,这也要注意选用离原书不远或同代的子、史书。清朝人辑佚,很注意利用汉人的子、史书。例如《史记》、《汉书》、《春秋繁露》、《论衡》等。朱祖廷在《北魏佚书考》里,则利用过:《史记》(司马迁著,裴胭等三家注,中华书局标点本),《汉书》(班固著,颜师古注,中华书局标点本),《后汉书》(范晔著,李贤注,中华书局刊本),《魏书》(魏收著,中华书局刊本),《宋书》(沈约著,中华书局标点本),《南齐书》(肖子显著,中华书局标点本),《北齐书》(李百药著,中华书局标点本),《北史》(李延寿著,中华书局标点本),《隋书》(魏征、长孙无忌等著,中华书局标点本),《旧唐书》(刘昫等著,中华书局标点本),《新唐书》(欧阳修、宋祁等著,中华书局标点本),《资治通鉴》(司马光著,胡三省音注,中华书局标点本),《史通》(刘知几著,《四部丛刊》本),《齐民要术》(贾思勰著,《四部丛刊》本),《农书》(王祯著,《万有文库》本),《农政全书》(徐光启,中华书局排印本),《禽经》(旧题师旷撰,商务印书馆影印《元明善本丛书十种》本),《酉阳杂俎》(段成式著,《四部丛刊》本),《封氏闻见记》(封演著,《学海类原》本),《世说新语》(刘义庆著,《四部备要》本)等等。其中《史记》、《汉书》等,当然只是使用其注释中的引文。

(四)、利用经史子集诸书的义疏和注解。

经部义疏主要有《十三经注疏本》。史部注解,除上述《史记》、《汉书》注以外,还有《三国志注》、《国语补音》、《史通笺记》之类。集部书注,有李善《文选注》等等。

194

（五）、利用古代各种字典词典等工具书。

在古代字典、词典之类工具书里引述了大量古书资料，其中大部分成了佚文，可以从中辑出。其中辑佚价值较大的有陆德明的《经典释文》；唐元度的《九经字样》；郭忠恕的《佩觿》；释行均的《龙龛手鉴》；顾野王的《玉篇》；陈彭年的《广韵》；丁度的《集韵》；玄应的《一切经音义》、慧琳的《一切经音义》；希麟的《续一切经音义》、慧苑的《华严经音义》等。

（六）、利用地方志。

我国自周秦有修史编志的传统，《周礼》有"掌四方之志"的史官，称为"外史"。这里的"四方之志"即四方邦国的史记，亦即地方志。唐宋以降，方志日增，到了清代，如异军突起，数量激增。现在，清代志书绝大多数保存完好，清代以前的保存下来的也还有800多种，10000多卷。至于清代的，则多达4600多种，76000多卷。辛亥革命以后又有360多种。

在方志中保存不少佚文，这是因为方志往往要为当地的历史文献作记载，要为当地的名人立传，在立传时又往往收其诗文名篇。故方志有辑佚价值。例如《争鸣》1987年第3期发表了曾巩佚诗两首，并指出是从《（光绪）杭州府志》中辑录出来的。

（七）、利用古书序跋。

在古书序跋里往往要提到同类文献或有关历史文献，有时还要引述古籍资料，故亦具辑佚价值。例如某些方志序言曾提到许多旧志书名及其作者、朝代，为辑佚提供了线索。又如唐代目录学家毋煚在其《古今书录·自序》（已佚）里有一段论述目录作用的名言，说："将使书千帙于掌眸，披万函于年祀。览录而知旨，观目而悉词，经坟之精术尽探，贤哲之睿思咸识，不见古人之面，而知古人之心，以传后来，不期愈已。"《古今书录·自序》连同原书虽早已亡佚，但上述文字却在《旧唐书·经籍志》刘昫序里保存下来了。

总之,辑佚要利用一切文献及其各个部分,凡完整的、残篇的或只言片语的佚文,都应设法辑录出来。至于搜集遗书,则要到民间征访,去国外考查。

第七章 查古今专题汇编资料

查古今专题资料,是进行专题研究的重要一环。本章介绍如何直接查到有关专题的原文汇编资料,包括记论片断、诗词文句、历史图像、统计数据及部分完整篇章等。

第一节 查古代专题资料

查古代专题资料,除了应利用近人编的专题汇编之外,主要应利用古代编的各种综合性及专题性类书。

一、类书的性质和作用

什么叫类书? 类书是按类别或韵部汇集古书中的史实典故、名物制度、丽词骈句、诗赋文章的资料性工具书。用类书专家张涤华先生的话来说,是"荟萃成言,衰次故实,兼收众籍,不主一家,而区以部类,条分件系,利寻检,资采掇,以待应时取给者。"这里,同样讲了类书的收录范围、编排方法和性质、作用。

曾有人认为类书是我国古代的百科全书,其实,类书是我国工具书的特产,与百科全书貌似而实异。貌似,是因为二者规模巨大(均是综合性的),百科俱备,内容极其丰富。外国称百科全书为工具书之王,这是因为将我国的类书也算作百科全书的缘故。如

《不列颠百科全书》将我国的《太平御览》等许多类书列为百科全书。称《永乐大典》"是世界上最大的百科全书。"如加以细察,类书与百科全书毕竟不同。第一,编纂目的不同。百科全书注重当代,为给读者提供正确的代表时代先进水平的科学知识;类书则着眼往古,为读者提供古籍中有关各种事物的诗文资料。第二,编纂方法不同。百科全书是由作者们先收集资料然后撰写条目而编成的。各条目都有鲜明的观点;类书则是由编者们从古书中按类或按韵直接摘录资料汇编而成的,基本不加入自己的观点。第三,性质和作用不同。百科全书的科学性、教育性很强,可供人们查检科学发展的时代水平、有关事物的正确观点及其部分参考文献;类书的汇编性、资料性很强,可供人们查检有关各种事物的古书中的诗文资料,可称古代资料汇编。因此,利用类书查找和收集古代专题资料,很有价值。还可用于辑佚和检索。

二、类书的源流

类书与分类编排内容的工具书相关,三国以前有一部词典是分类编次的,即《尔雅》。这部书共分 19 类,分别解释天文地理、虫鱼草木各种事物。这种书并非类书,但其编写方法无疑影响了类书的产生。

我国第一部类书是(三国·魏)刘劭等人编的《皇览》,此书已佚。魏文帝曹丕爱好文学,他下令编纂的这部书,收录了古籍中大量的诗文资料。魏晋南北朝时期,写文章讲究骈俪排偶、用典使事,为补记诵之不足,于是文人多喜抄撮古书资料,从而促进了类书的发展。这一时期的类书有梁高祖命徐勉等修纂的《华林遍略》700 卷(已佚),北齐后主命祖珽等编的《修文殿御览》360 卷(已佚,有辑佚本),梁朱澹远编的《语对》《语丽》等。隋代有虞绰等奉敕编的《长洲玉镜》(已佚)等。

到了唐宋,编类书之风大盛。隋末唐初,虞世南编出了《北堂书钞》。此外,唐代官修类书很多,有欧阳询等编的《艺文类聚》,高士廉等编的《文思博要》,张宗昌等编的《三教珠英》,徐坚等编的《初学记》等。文人私修的还有《平台秘略》(王勃),《韵海镜源》(颜真卿),《白氏六帖》(白居易),《学海》(温庭筠)等以及民间用的《兔园策府》(已佚)等。宋代的类书更多,著名的有《太平御览》、《册府元龟》、《太平广记》、《文苑英华》,史称宋初四大类书。其余还有《事文类聚》(祝穆)、《白孔六帖》(孔传续编)、《记纂渊海》(潘自牧)、《翰墨大全》(刘应李)、《山堂考索》(章如愚)、《古今合璧事类备要》(谢维新、虞载)、《锦绣万花谷》(无名氏)、《玉海》(王应麟)、《文选双字类要》(苏易简)、《事林广记》(陈元靓)、《全芳备祖》(陈景沂)、《小学绀珠》(王应麟)、《事物纪原》(高承)、《岁时广记》(陈元靓)等。元代有《韵府群玉》(阴时夫)、《经世大典》(赵世延)等。

明清之际,类书编纂达到顶峰。明代最著名的有《永乐大典》(残)。其余,有《类隽》(郑若庸)、《经济类编》(冯琦等)、《群书备数》(张九韶)、《唐类函》(俞安期)、《文选锦字》(凌迪知)、《山堂肆考》(彭大翼)、《天中记》(陈耀文)、《潜确居类书》(陈仁锡)、《七修类稿》(郎瑛)、《喻林》(徐元泰)、《三才图会》(王圻)、《图书编》(章潢)等。清代最著名的有《古今图书集成》、《渊鉴类函》、《佩文韵府》、《骈字类编》、《子史精华》。此外,有《事类赋统编》(黄葆真)、《格致镜原》(陈元龙)、《事物原会》(汪汲)、《壹是纪始》(魏崧)、《月令粹编》(秦嘉谟)等。

历史上出现过的类书总计约六七百种,现在尚存两百多种,利用《中国丛书综录》、《中国善本书提要》等可查到。其中,常用类书在近年多有影印再版。

三、利用专题类书

类书有综合性的和专题性的两大类型。查古代专题资料,可以先看看是否有专题类书,然后再考虑利用综合性类书。

（一）查历代君臣事迹、掌故资料,主要可用《册府元龟》、《皇朝类苑》、《玉海》、《群书类编故事》等。

《册府元龟》1000 卷,(北宋)王钦若、杨亿等奉敕编,有 1960 年和 1985 年中华书局影印本。所谓册府,是指帝王书册收藏之所,元龟即大龟,因古代用大龟板占卜国家大事,故此书名意在借鉴。该书收录了上古至唐五代君臣事迹方面的史料,取材多自正史,间及诏令、奏议、实录。全书分帝王、闰位、僭伪、列国君、储宫、宗室、外戚、宰辅、将帅、台省、邦计、宪官、谏诤、词臣、国史、掌礼、学校、刑法、卿监、环卫、铨造、贡举、奉使、内臣、牧守、长令、宫臣、幕府、陪臣、总录、外臣共 31 部。部下分门类,共 240 类,1104 门。部、类下先有序,后排资料。所有资料均按朝代先后依次列出,十分丰富。可以说,这是一部有关帝王将相的专题汇编。而其类目详备,每类又都自成系统,选取自便,可惜资料不注出处,引用时应注意核对原文,核对时可据时间查 17 史。该书检索可从分类入手,亦可利用影印本后附的"类目索引"。影印本全书共 12 大册,最后一册为"总录、外臣、索引"。陈鸿飞《册府元龟引得》和日本宇都宫清吉等《册府元龟奉使部外臣部索引》(1938 年日本京都东方文化研究所出版)、日本内山正博《册府元龟所载唐代传记索引》(1968 年《宫崎大学教育部纪要〔社会科学〕》24),均可利用。

《皇朝类苑》78 卷,宋代江少虞编。此书又名《事实类苑》、《宋朝类要》和《皇宋事实类苑》,专收各种记述中有关宋代事迹的史料。

《玉海》200 卷,(宋)王应麟编,有清光绪九年刊本。这也是一部类事类书,收录了经、史、子、集各种图书中有关历史故事和事物掌故的资料,其中,宋代掌故尤为丰富,且为史志所未备。《群书类编故事》24 卷,元代王罃编,梁辀校,是一部故事类书,分 18 类,资料采自史传,兼及唐宋小说。

（二）查历代有关智慧、计谋方面的故事，可利用明代冯梦龙编的《智囊》（有1986年中州古籍出版社校点本）。该书收录古代智术、计谋的故事约2000则，广涉经国大略、市井小智、儿童妇女的高见卓识等。资料采自正史、野史、文集、笔记以至演义之类。全书分10部28类。10部即上智部、明智部、察智部、胆智部、术智部、捷智部、语智部、兵智部、闺智部、杂智部，每部之下有总叙，每类之下有小叙，然后列出史事、典故。是一部涉及面甚广的智慧资料汇编，对于政治、军事、外交、管理、社交等都有参考价值，明清已流传海外，1987年又有《智囊补》的版本。

（三）查事物起源等科学技术史料，主要可用宋代高承编、明代李果订的《事物纪原》、清代纳兰永寿编的《事物纪原补》、明代董斯张编的《广博物志》、清代汪汲编的《事物原会》、清代魏崧编的《壹是纪始》、清代陈元龙编的《格致镜原》、清代厉荃编、关槐增补的《事物异名录》等。这些书专收古书中有关各种事物起源、名称等方面的资料。

其中，《事物纪原》（有《丛书集成初编》本）分类极为细密，共55部，1765事，如天地生植、正朔历数、帝王后妃、嫔御命妇……冠冕首饰、乐舞声歌、经籍艺文、道释科教，舟车帷屋、什物器用等等。每事下所列资料均有来源出处，例如"笛"：

　　　马融《长笛赋·序》曰：此器起于近代，本出羌中。《风俗通》曰：汉武时丘仲所造，长尺四寸，七孔。《京房》曰：丘仲工其事、不言所造。《广雅》曰：箫谓之笛，有七孔……。

原序共列有十几个出处，是研究笛子起源的重要史料。但这部类书并不大。上述这些小型类书多为英国著名科学家李约瑟在编撰其《中国科学技术史》时所利用，他认为"其中最好的是陈元龙的《格致镜原》，共100卷，1735年出版"（见《中国科学技术史·总论》）。该书采集资料极为浩博，共分乾象、坤舆、身体、冠服、宫室、饮食布帛、舟车以及草木花果等等，共30类，类下有目，目下排列事物,如"乾象"下有"天、日、月、星……"14目,"天"下有"浑天仪"、"刻漏"等。

如要搜集农艺资料,还可以查宋代陈景沂编的《全芳备祖》。

另外,有些供查图像的类书,也可查到许多有事物始源及其图像的资料(详下节)。

(四)查时令史实典故,可利用宋代陈元靓编的《岁时广记》、明代冯应京编的《月令广义》、清代秦嘉漠编的《月令粹编》。三书分别有《万卷楼丛书》本、明万历五年(1577)刊本、清嘉庆十七年(1812)琳琅仙馆刊本。

(五)查姓氏、称谓、异号,可用明代凌迪知编的《万姓统谱》(明万历七年刊本)、清代梁章钜撰的《称谓录》(清光绪元年至十年刊本)、清代史梦兰编的《异号类编》(有《昭代丛书》本)。后者分称美、隐讽、嘲谑、自表、联称等14类。

(六)查历代小说、诗文,可用宋代李昉等奉敕纂修的《太平广记》、《文苑英华》等。《太平广记》510卷,是一部小说类书,专收汉代至宋初的野史、小说、传记、故事等。使用时可利用1934年哈佛燕京学社编印的《太平广记篇目及引书引得》。《文苑英华》是一部文学作品为主的诗文类书或汇编,上起肖梁,下迄晚唐五代,收作品2万多篇,涉作者2000多人。所收作品分38类排列,包括赋、诗、杂文、表、檄、论等等。此外,还可查《文选》(南朝梁昭明太子肖统编)。此书收先秦至南朝齐梁止的赋、诗、杂文等等文学作品,《文苑英华》与此书相衔接。使用《文苑英华》时可利用书后所附著者姓名索引。

四、利用综合性类书

查专题资料,若专题类书未备,即可利用综合性类书;专题类书有载,亦可利用综合性类书补充。历史上,综合性类书很多,最重要的要算《北堂书钞》、《艺文类聚》、《初学记》、《白孔六帖》、

《山堂考索》、《太平御览》、《永乐大典》(残)、《唐类函》、《古今图书集成》等。这些类书在近几年多有影印本。

综合性类书的特点是百科俱备,所涉面甚为广泛,而且规模宏大。如《永乐大典》篇幅多达 22000 多卷,3.7 亿字。《古今图书集成》,篇幅多达 1 万卷,1.6 亿多字。综合性类书的编排,有按部类编的,有按韵编的。

按部类编的,大多沿用着"天—地—人—事—物"的顺序。但是,其中的"人—事"往往融为一体,例如《艺文类聚》卷十至卷六十是有关"人—事"内容的,其中的"人"只收录帝王、后妃、储宫以及人的身体部位(如头、目、耳、口、舌等)和人的行为(如言语、讴谣、交友、闺情、怀旧、隐逸等)。

按韵部编排的,现存有《永乐大典》(残本),按《洪武正韵》(共 76 韵)编排。

由于综合性类书按部类或按韵字摘录汇集了古书中大量的诗文资料,包括有关的整部专著,整篇文章诗赋,或片断论述、诗词文句等,同时每条资料又几乎都有出处,故对于搜集各科各类专题资料很有价值,可以根据专题研究的具体课题同时查找多部类书中的相关类目。例如,要查找古代有关衡山的资料,在《艺文类聚》、《太平御览》、《古今图书集成》中都有其类目。后者所收资料甚为丰富,有议论、有图像、有诗文、有典故、有记述,对编修衡山专志极为有用。这些类书还保存了大量的古籍资料,可用于辑佚。对于查找某一史事典故或某一方面的诗文语句等的出处,亦有价值。下面对几种主要综合性类书作一简介。

《北堂书钞》,(唐)虞世南编,有清光绪十四年(1889 年)南海孔氏三十有三万卷堂校刊本,这是一个较好的版本。该书为作者在隋代任秘书郎时摘抄国家图书馆(北堂)藏书而编成。原书 173 卷,今本 160 卷,已非全貌(但另一说,原书只 160 卷),原分 19 部 801 类,今本 852 类,比原书多 51 类。今类目有帝王部、后妃部、政术部、刑法部、封爵部、设官部等。各子目之下摘抄群书字句词语，醒目标出，然后用双行小字作注，包括出处、该字句的上下文。凡"○今案"，均为孔氏等所加按语。该书征引甚富，保存了大量古书佚文，皆南朝梁以前者。

《艺文类聚》100 卷，（唐）欧阳询等奉敕编，有 1965 年中华书局出版的汪绍楹校本，1982 年上海古籍出版社重印并附索引本。该书是现存最早的官修类书。征引古籍达 1431 种，十之八九已佚。全书分为 46 部，727 个子目。46 部如天、岁时、地、州、郡、山、水、符命、帝王、后妃、人、礼、乐、职官部等等，每部之下再分子目，子目之下排列诗文资料，又有不同文体的标示，先排议论和典故资料，然后是〔诗〕、〔赋〕、〔赞〕、〔颂〕、〔诔〕、〔箴〕、〔碑〕等，每条资料皆有出处。1982 年本后附有书名和人名（作者名）索引，便于检索。

《初学记》30 卷，（唐）徐坚等奉敕编，有 1962 年中华书局校点排印本和 1980 年重印本。该书的编纂目的是为皇太子作文时查找辞藻用，今可用于查找专题资料和辑佚。全书分 23 部，如天部、岁时部、地部……政理部、文部、武部等等。部下分目，共 313 目。每个子目之下又分"叙事"（概述该类）、"事对"（选择有关对句）、"诗文"（摘引诗文片断）三个部分。检索时还可利用许逸民编的《初学记索引》（1980 年中华书局出版），该索引分"事对索引"和"引书索引"两个部分。

《白孔六帖》100 卷，又名《唐宋白孔六帖》，是唐宋两部《六帖》的合编。唐代白居易编有《白氏六帖事类集》30 卷，简称《六帖》或《白氏六帖》。南宋孔传仿此书编成《六帖新书》30 卷，又名《孔氏六帖》，南宋末两书被合刻为一书，故得此名。有 1933 年影印本。

合并后的《白孔六帖》共析为 100 卷，1399 个门类，所有内容都按门类作了相应的归并。该书无大类，各门类并立，如天、地、日、月、星、明天文、晨夜、律历……律吕、云、雨、雪、风、霞……等等。每门下所收资料分白、孔二字标示，以别两个编者征引之异。

《太平御览》1000卷，(宋)李昉等奉敕编，太平兴国二年(977年)开编，8年(984年)成书。该书因编于太平兴国年间，又经宋太宗审阅，故名。有1960年和近年中华书局影印本。该书共分55部，如天部、时序部、地部、皇王部、偏霸部、皇亲部、州郡部、居处部、封建部……等。部下分目，计4558个子目。然后按资料的内容和时间排列。一般解说、议论的资料在前，典故记述在后，间有双行小字注释，例如卷三十九、地部四"衡山"：

周官曰荆州其山巅曰衡山。

徐灵期南岳记曰衡山者五嶽之南嶽也其来尚矣至于轩辕乃以灊(音潜)霍之山为副焉故尔雅云霍山为南嶽盖因其副焉(或云衡山一名霍山)至汉武南巡又以衡山辽远道隔江汉于是乃徙南嶽之祭于庐江灊山亦承轩辕副义也(干宝搜神记曰汉武徙南嶽之祭著庐江潜县之霍山郭璞尔雅注云霍山在庐江郡潜县别名天柱山汉武以衡山辽远讦纬以霍山为岳故祭之也。)

⋯⋯⋯⋯⋯⋯

这里共收资料九条，每条开头均为书名，如两条为同一书，则后一条省称"又曰"。该书所征引资料达2579种，每一部类，都是一批专题文献，而这些文献十之七八已佚，故又具有很大的辑佚价值，其中典故资料极为丰富，用于查找典故和资料出处亦恰到好处。所以该书历代翻刻，利用者甚多。使用时可从分类入手，亦可利用1934年商务印书馆出版的钱亚新编的《太平御览索引》和1935年燕京大学出版的引得处编的《太平御览引得》。

《永乐大典》(残本)，原书22877卷，目录60卷，现存800卷。该书为明代解缙、姚广孝等奉敕编，永乐元年(1403年)由解缙等开编，二年(1404年)编成，仅用了一年多时间，取名《文献大成》。明成祖并不满意，认为过于简略，于是又命姚广孝等参加重编，永乐六年(1408年)完成。因编于永乐年间故更名为《永乐大典》。全书为书手抄写,分装为11095册,共计3.7亿多字,是我国历史上最大的一部类书。可惜未经刊刻,曾几乎毁于火灾,明嘉靖四十一年(1563年)才录出一部副本。明末,正本被毁。副本渐散佚于清代,至乾隆年间只余2422卷了,后经八国联军等帝国主义的焚毁盗掠,至解放前夕只余64册了。建国后,多方搜集,1960年由中华书局影印出版,仅存730卷,以后又继续征集,已达800卷,1986年由中华书局影印出版,分装10巨册。

该书全部按《洪武正韵》(76韵)编排,"以韵统字,以字系事"。每一韵字之下所收录的资料极为丰富,凡含该韵字(一般在书名之尾、篇名之尾、语句之尾或词藻之尾)的资料,无论经、史、子、集哪一部类之书籍,包括释道、戏曲、医学、工技、农艺、杂书等等,悉数收载。共计征引古籍约7000~8000种。故该书既可按韵字查找专题资料,如"酒"字之下收录有关资料甚多,同时又具有很大的辑佚价值。但应注意,查找专题资料并不方便,由于不按部类编排,每一韵字之下所收专题资料就限制在含有该韵字的书名、篇名或语句之内,故检索时应注意利用相关韵字。

《唐类函》200卷,(明)俞安期编,有明万历年间德聚堂刊本。该书因以《艺文类聚》、《初学记》、《北堂书钞》、《白氏六帖》等唐代类书为基础,去其重复,归并汇编,故名《唐类函》。全书分43部,如乐部、文学部、武功部、边塞部,人部、释部、道部、灵异部、方术部、巧艺部……等等。部下分目,共205目。资料按上述类书(先《艺文类聚》,然后《初学记》等)次序排列。

《古今图书集成》10000卷,目录40卷,(清)陈梦雷原编,蒋廷锡等奉敕重编,原编名《古今图书汇编》,成于康熙四十五年(1706年),"凡六合之内,巨细必举,其在十三经、二十一史、只字不遗;其在史、子、集,十亦只删一、二。"但当时未付刊印。重编成书于雍正年间,基本承袭了原编书稿,雍正六年(1728年)用铜活字刊印了 64 部。现有 1934 年上海中华书局影印铜活字本和 1987 年影印本等。

该书是我国现存最大的一部类书。全书共 1.6 亿字。分类排列,共 6 汇编,32 典,6109 部(即子目)。6 汇编和 32 典是:历象汇编,下分乾象典、岁功典、历法典、庶征典;方舆汇编,下分坤舆典、职方典、山川典、边裔典;明伦汇编,下分皇极典、宫闱典、官常典、家范典、交谊典、氏族典、人事典、闺媛典;博物汇编,下分艺术典、神异典、禽虫典、草术典;理学汇编,下分经籍典、学行典、文学典、字学典;经济汇编,下分选举典、铨衡典、食货典、礼仪典、乐律典、戎政典、祥刑典、考工典。每典之下再分部,例如乾象典下分日月、星辰、天河、风、云霞、雾、虹霓等 21 部。每部之下所排资料极为丰富。为了进一步条理化和使读者能迅速检索,下面又分十来个方面排列。在大多数部下艺文较多,排列以文在前、诗词在后和时间先后为序。例如"方舆汇编山川典第一百六十卷嶽麓山部"

嶽麓山部艺文一

嶽麓书院记　　　宋张栻

湘西故有藏室背陵而向壑木茂而泉洁为士子肄业之地始开宝中郡守朱洞首度基创宇以待四方学者历四十有一载……

使用《古今图书集成》,既可从分类入手,也可利用索引。从分类入手可查得成批的专题资料,从索引入手可查某些资料的出处。1987 年中华书局影印本附有索引,另外,英国翟理斯编过《古今图书集成索引》(1911 年印行),日本泷泽俊亮编有《古今图书集成分类索引》(1934 年印行),均可参考。

第二节　查历史图像和诗词文句

专题研究也需要搜集历史图像和有关诗词文句。另外,在学习或研究过程中,有时要查出某图像、某诗词文句的出处。查找这些资料主要应利用类书、图录、辞书、汇编以及年鉴、索引等。

一、历史图像

（一）查人物图像。

1. 利用类书查找。主要有明代王圻的《三才图会》,该书有近年影印本,共六巨册,所谓"三才"即指天才、人才、地才。其实,还有其他方面的图像。其中人物方面的图像主要有历代帝王贤臣和著名思想家方面的。例如查孔子的图像可得两幅。

2. 利用人物专题图录查找。有《中国历代名人画像汇编》(林明哲编,台湾省伟大图书出版社有限公司1977年出版)、《历代古人像赞》(郑振铎编　古典文学出版社1958年出版)、《历代圣贤像赞》(明　胡文焕)、《历代圣贤像赞》(明　孙承恩)、《历代圣贤图考》(清　顾元)、《古先君臣图鉴》(明　潘峦)、《历代创制圣哲画像附传略》(建国前察哈尔省政府秘书处)、《晚笑堂画传》(清　上官周)、《历代学者像传》(清　叶兰台)、《清代学者像传》(清　叶兰台、叶恭绰)、《云台二十八将图》(清　张士保)、《历代名将画谱》(清　马骀)、《历代帝王像》(清　佚名)、《历代帝后像》(清　高山泽)、《历代名媛图说》(明　汪氏)、《绣像古今贤女传》(清　魏息园)、《中华文化界人物总鉴》(日本桥川时雄)、《中华民国现代人物图鉴》(台湾省出版)、《民国名人图鉴》(杨家骆)、《庚子辛亥忠烈像赞》(冯骀)等。

3. 利用传记、画册、新闻图片以及画报、全集等查找。此外,还可以利用综合性的图录,如《中国历史参考图谱》(郑振铎编,1950年)等。

4. 利用辞书查找。在一些大型辞书《中国大百科全书》、《苏联大百科全书》、《不列颠大百科全书》、新《辞海》、旧《辞源》、《汉语大辞典》、《大汉和辞典》、《简明社会科学词典》亦有人物图像。

（二）查古器物、建筑、服饰图像。

1.利用类书查找。①专题性图像类书，有《三才图会》、《图书编》、《考工记图》等。如前所述，《三才图会》既收有人物图像，又收有天文、地理及各种事物的图像。《图书编》（原名《论世编》）127卷，明代章潢编，收录范围同《三才图会》，是一部大型图谱类书。《考工记图》，清代戴震编，是一部有关古代器物制造工艺的图像类书。内容包括礼乐诸器、车舆、宫室、戈戟、弓、剑等各种器物制造过程的图像。②利用综合性类书，主要是《永乐大典》和《古今图书集成》。例如要查古代兵器的图像，可检《古今图书集成》中的《经济汇编·戎政典》。

2.利用专题图书查找。古器物如陶器、青铜器、名墨、钱币、古塔、建筑、漆器、古服饰等方面的专题图录不断出版，为我们提供了查找这方面图像资料的方便。较常用的有《中国古塔》（刘策编，1982年出版）、《中国建筑》（1957年出版）、《中国建筑图录》、《中国建筑彩画图案》、《北京古建筑》、《中国古青铜器选》（文物出版社1976年出版）、《中国古代度量衡图录》（1986年出版）、《传世历代古尺图录》（罗福颐编，1957年出版）、《海外中国铜器图录》第一辑（陈梦家编纂，1946年出版）、《美帝国主义劫掠的我国殷周铜器集录》（科学院考古所编，1962年出版）、《古镜图录》（罗振玉）、《古铜鼓图录》（闻宥编著，1957年出版）、《唐宋铜镜》（沈从文编著，1958年出版）、《笔墨砚纸图录》（上海博物馆工艺美术研究组编，1981年出版）、《中国陶瓷史》的有关部分（中国硅酸盐学会编，1982年出版）、《古钱大辞典》的有关部分（丁福保编，1982年影印本）、《中国古代陶塑艺术图录》（秦廷械编）、《明代瓷器工艺》（傅振伦编）、《中国新石器时代陶器装饰艺术》（吴山编著，1982年出版）、《中国历代服饰》（上海戏剧学校编1986年出版）、《长沙马王堆一号汉墓出土纺织品的研究》（1980年出版）、《古今图考》（清，吴大澂编）、《古玉图考补正》（郑文焯编）、《海外吉金图录》(容庚编,1935 年出版)、《十二家吉金图录》(商承祚编,1935 年出版)、《西清古鉴》(清,梁诗正等编)、《西清古鉴甲编》(清,王杰等编)、《西清古鉴乙编》(清,高宗敕编)、《宁寿鉴古》(清,高宗敕编)、《英武殿彝器图录》(容庚编,1934 年出版),此外,还有《中国音乐史参考图片》、《历代符牌图录》、《历代符牌图录后编》、沈从文《中国古代服饰研究》等等。

3. 利用综合性文物图录查找。这方面有《中华人民共和国出土文物选》、《新中国出土文物》、《中华人民共和国出土文物展览品选集》、《文化大革命期间出土文物》(第一辑)、《五省出土重要文物展览图录》、《参加伦敦中国艺术国际展览会出品图说》、《全国基本建设工程中出土文物展览图录》等等。

此外,也可以利用辞书、专刊(如《文物》、《考古》、《故宫博物院院刊》)、专史等查找。还可以查各地博物馆图片集等。

(三)查历代美术作品。

1. 利用美术作品图录或画册查找。这方面主要有:①《中国绘画史图录》(徐帮达)、《中国历代绘画图录》(林树中、周积寅)、《中国历代绘画》、《中国古代绘画选集》、《故宫所藏历代名画集》、《域外所藏古画集》、《上海博物馆藏画》等;②《汉代绘画集》、《宋人画册》、《两宋名画册》、《元人画册》、《唐宋元明清画选》、《太平天国艺术》、《中国近百年绘画选集》等;③《中国古代石刻画选集》、《伟大的艺术传统图录》、《中华人民共和国汉唐壁画展》等。

特别值得利用的是即将出版的《中国美术全集》。该书是我国第一部大型彩色美术图录,由人民美术出版社等四家出版社联合出版,古代部分共 60 个分册拟在 1989 年底全部出齐。其中,绘画编 21 册,雕塑编 13 册,工艺美术编 12 册,建筑艺术编 6 册,书法篆刻编 7 册。此外,还可以利用一些个人画集。

2. 利用辞书查找。如 1981 年香港出版的《美术大辞典》收录了大量的世界名画,《中国大百科全书》和一些著名的外国大百科全书也收录了世界名画。

3.利用绘画专史、专刊等查找。如《中国的绘画》(傅抱石)、《中国美术史纲》(李浴)、《美术》、《中国画》等等。

(四)综合性历史参考图录。

学习中外历史和进行专题研究,均可利用一些综合性图录。主要有《中国历史参考图谱》(郑振铎编,1950年出版)、《简明中国历史图册》(中国历史博物馆编,1978年出版)、《中国近代史参考图录》(中国历史博物馆编,上海教育出版社1984年出版)、《中国近代史参考图片集》(北京历史博物馆主编,1958年出版)、《中国近代史教学参考图录》(1984年出版)、《太平天国文物图释》(罗尔纲编,1956年出版)、《太平天国革命文物图录》正、续、补编(郭沫愚等编,1952—1955年出版),《中国近百年历史图集》(香港1979年出版)、《古代世界史参考图集》(朱龙华编,1960年出版)等等。

二、中外名言警句

古今中外,名言警句,富于教益,耐人寻味。究其原因,这些名言警句乃是作者生活、研究的结晶和思想的精华,在语句上又往往是经过反复锤炼而成的。故名言警句可以指导我们的生活,而且可以征引于研究之中,用以支持自己的论点。为了查找名言警句,我们在前面介绍了一些索引,这里再介绍一些有关汇编和辞书。

(一)利用名言汇编、语录。

1.近代现代中外名人名言:①革命导师的语句,除了可用有关主题索引来查,还可以用有关语录或专题汇编来查;②查鲁迅的语句有《鲁迅语录》;③查中外名言有各种语录或汇编,如《名人名言录》(王涵等编,1981年)、《名言大观》(薛进官等编,1983年)、《古今中外名言集》(曹一凡辑,1983年)、《中外格言》(1982年)、《中外名人格言精华》(牛素琴等编,1982年)、《人生珍言录》(夏林等编,1982年)、《科学家名言》(王通讯等编,1981年)、《名人格言》(谢德铣编,1984年)、《古今名言荟萃》(1982年)等。

2.古代诗词名句警语:除索引以外,还可用《古代格言警句选》(尹大力编,1982年)、《古诗文名句录》(张冠湘,1983年)、《古代诗词曲名句选》(刘利等编,1982年)、《诗词名句手册》(何应龙编,香港1982年)等。其中《古诗文名句录》和《古代诗词曲名句选》较有特色。前书分言理、述志、论证、修身、议军、理财、施教、衡文、汇景、叙情等十部分排列。每句作翻译,说明含义,说明出处,最后作注释。查找时,可以从书前的"分类目录"入手,也可以查书后的"笔画索引"。后书收录两千句,按首字笔画排列,注明朝代、作者、篇名、书名、卷次、页码。然后作简注和解释。书前有"笔画目录表"和"音序索引"。例如要查"沉舟侧畔千帆过,病树前头万木春"出自谁人。查"沉"字的笔画或拼音,一索即得(见第366页)。

(二)利用辞典。

1.查古代诗词名句警语,有《警语名句词典》、《中国古代名句辞典》、《中国诗词名句欣赏大辞典》、《唐诗鉴赏词典》、《唐宋词鉴赏辞典》、《诗经辞典》等。头两种规模大,比较好用。①《警语名句词典》上、下册(李夏等编,1986年长征出版社),收录先秦至晚清历代经典文献、诗、词、典、赋、小说、戏剧、传记、诗话等著作中的警语名句共10,000条,涉及的历史著名作家、诗人、学者、哲学家、思想家、政治家、艺术家共2300多人。内容包括立志、修身、真理、爱国、学习、教育、治学、人才、惜阴、交谊、爱情、谦虚、成败、真伪、写作、评论、健康、天文、谋略等等。这是查找古代警语名句最切实用的一部大型辞书,全书80多万字。②《中国古代名句辞典》,陈光磊等编,上海辞书出版社1987年出版。该书收古书中的名句10,000余条,按句意分30大类排列,如天地、景色、四时、生物、境界、城乡、建筑、舟车、国家、人民、政治、战争、外貌和内心、伦理、意志、感情……等。以上两书均可按专题研究之需分类查到一批名言警句。③《中国诗词名句大辞典》，周锦著，台湾省 1984 年出版。该书收上下五千年几万首诗词曲中的名句，含少量现代作家的名句，共计 3,412 句，按笔画排列。每句下设"出处"、"分析"、"鉴赏"三栏，最后列出含该句的原诗、词、曲全文。④《唐诗鉴赏词典》、《唐宋词鉴赏辞典》，分别在书后附有名句索引，前面均列原诗、原词。

2. 查文学描写的优美片断和语句，可用《文学描写辞典》。该书可供找到有关人物外貌、性格、心理、环境等许多方面的描写片断和语句。《古典诗词百科描写辞典》（百花文艺出版社 1987 年出版），这部辞典分社会之部和自然之部，所收诗词短篇或名句极为丰富。

此外，还可以利用类书（详下）查找。

三、古代诗词文句

查找古代诗词文句，无论是辑录，还是查其出处，均可利用类书。利用上述工具书，只能查得一些名句，一般的句子就难于查到了，利用类书则往往得心应手。

1. 利用收诗词文句的专题类书。这方面主要有《佩文韵府》556 卷（清康熙年间张廷玉等编，有 1937 年商务印书馆影印本和近年影印本）、《骈字类编》240 卷（清康熙雍正年间吴士玉等奉敕编，有 1983 年影印本）、《渊鉴类函》450 卷（清，张英等撰，有光绪年间上海同文书局石印本）、《子史精华》160 卷（清，吴士玉等编，光绪年间蜚英馆石印本）等。前二书尤有价值，但排列不同，可以互为补充。

《佩文韵府》是按所收古诗文语句关键韵藻（即关键词）排列的，这些关键韵藻多在句尾，少数在句中或句首。排列时将关键韵藻的最后一字所属的 106 韵部归韵，例如"东"韵下有：东、同、铜、桐、筒、僮、瞳、箭、中、衷、忠、容……，约 170 个韵字，凡以这些韵字为词尾的关键韵藻便都收在"东"韵之下。每一韵字之下先注音切并征引解释，然后标出韵藻，所有含该韵藻的古诗文语句均作引录，并注出处。例如"卷七十四十五翰漫"。

漫 莫半切大水见寒韵

韵藻 滋漫〔易略例〕案文责卦有马无乾为伪说～～难可纪矣〔杜甫诗〕山色远寂寞江光多～～

流漫〔史记·李斯传〕斯上书曰俭节仁义之人立于朝则荒肆乐辍矣谏说论理之臣开于侧则～～之志诎矣……

下面还有"对语"、"摘句"，用于配对联选择词语。该书今有 1983 年上海古籍书店重印本（1937 年商务印书馆影印本）。检索某一诗文语句的出处时，应注意抽出关键韵藻，并根据该韵藻的最后一字所属 106 韵中的那一个韵字来查。为此，可利用《中华大字典》或《辞源》查出该字为何韵。1937 年影印本和 1983 年重印本后均有索引，可资检索。该索引是将《佩文韵府》中的一切韵藻按四角号码排列的，使用时仍应抽出所要查的句子中的关键韵藻，才能检索。

《骈字类编》的编排方法基本相反，虽然也是抽出句中的关键词排列的，但抽出者多在句首，少数在句中或句尾，而且限于两个字的词，全书分 13 门排列，又并不是按关键词分类，而是按其首字分类。例如"衡岳半天秀，湘潭无底清"这句古诗，是先抽出"湘潭"这个关键词的"湘"来分门排列的，13 门如天地门、时令门、山水门……虫鱼门、人事门等。该句在"山水门"之"湘"目下之"湘潭"条。每条之下所排资料一一注明出处。例如"时令门"下之"春"下之"春日"条：

春日〔诗〕～～迟迟采繁祁祁〔又〕～～载阳有鸣仓鹒〔陈书·谢贞传〕八岁常为～～闲居诗……

该书现有 1984 年北京市中国书店据光绪年间石印本的影印本，全书共 12 册。使用时，应注意从分类目录入手。

以上二书均有不足,应注意配合使用和核对原文。此外,还可利用《子史精华》、《渊鉴类函》。前者收录子、史部古籍中的名言隽句,据语意分类排列,共分 30 部 280 类。广涉天、地、岁时、礼仪、设官、政术、文学、武功、人事、产业等等各个方面。从中可查到许多专题诗文语句资料。

2. 利用综合性类书。综合性类书百科俱备,各种诗文资料排列于门类之下。例如要找有关咏衡山的诗,在《艺文类聚》的"山部·衡山"(见卷七)里的"诗"这个栏目下即可查得一首。在《古今图书集成》的"方舆汇编·山川典·衡山部"下"艺文"、"选句"两栏,可查得较多的诗文和语句。

第三节　查专题统计资料

专题研究很需要专题统计资料。查找时主要用统计汇编、年鉴、手册、类书、政书、统计年表等类工具书。同时,还可利用专刊、专史以及通史、方志等普通文献。

一、利用统计汇编和其他汇编

查统计资料,最好首先考虑利用统计汇编或专题资料汇编。这是已经整理出来的成果,往往比较系统、全面、详细,反映资料的时限范围也较宽。统计汇编又分有专题性的和综合性的。查专题统计资料,又要先用专题统计汇编,然后再查综合性统计汇编。

1. 查近代现代的专题统计资料的汇编:①工业方面有《实业资料》、《中国近代工业史资料》、《中国近代手工业史资料》的有关部分和《我国过渡时期私营工业调查统计》等;②农业方面有《中国近代农业生产及贸易统计资料》、《中国近代农业史资料》、《中国农业经济资料(正续编)》、《农业统计资料手册》(1958 年出版)、《世界各国农业生产及农业产品贸易统计资料》(1959 年出版)、《世界各国农业统计资料》(1960 年出版)、《世界重要农业国家的农业统计资料》(1958 年出版)等;③贸易方面,有《六十五年来中国国际贸易统计》(1864—1928)、《最近中国对外贸易统计图解》、《最近三十四年来中国通商口岸对外贸易统计》(1900—1933)、《中国各通商口岸对各国进出口贸易统计》等;④财政方面,有《中国近代对外债史统计资料》(1853—1927)、《1927—1937年中国财政经济情况》、《上海解放前后物价资料汇编》(1921—1957)、《中外物价指数汇编》等;⑤经济地理方面,有《世界资本主义各国经济地理统计手册》(修订第四版,1964 年出版)等;⑥人文地理方面,有《世界人文地理手册》等;⑦教育方面,有《全国高等教育统计》等;⑧解放前工人运动方面,有《上海特别市十七年罢工统计报告》等;⑨计划经济方面,有《关于(各年度)国民经济计划执行结果的公报》等。此外,各省还有些内部统计资料汇编可利用。

2. 查近代现代统计资料的综合性统计汇编:①反映解放前国内统计资料的有《中国近代经济史统计资料选辑》、《南开指数资料汇编》(1913—1952)、《经济统计摘要》等;②反映解放后国内统计资料的有《光辉的三十五年》(1949—1983 年统计资料)、《中国统计摘要》(1984)、《伟大的十年》(1949—1959)、《中华人民共和国经济和文化建设成就的统计》、《平均增长速度查对表》(1964)等。其中,《光辉的三十五年》(1949—1983 年统计资料)是一部重要的统计资料汇编。全书分经济、文化教育、文学艺术等五个方面收录资料。③反映世界经济的有《主要资本主义国家经济统计集》(1948—1960)、《六国经济统计》(1950—1979)、《国外经济统计资料》(1949—1972)、《世界经济统计提要》(1950—1979)、《世界经济统计简编》(1973 年出版)、《第二次世界大战后资本主义国家经济情况》(统计汇编)(1962 年出版)、《世界经济危机》

(1848－1935)（1958 年出版）、《英法德日百年统计提要》（1958 年出版）等。

3. 查古代经济统计资料的汇编。目前,这方面的统计汇编尚少,现可利用《中国历代户口、田地、田赋统计》。该书由梁方仲编著,上海人民出版社 1980 年出版。收录两汉至清末两千余年的户口、田地、田赋方面的统计数据,资料采自正史、政书以及部分方志、文集和近人所编资料。统计数据一律按表格列出,共计 200 余表。

二、利用年鉴、手册

前面我们介绍过年鉴、手册的性质、作用和类型。这些工具书不仅可供查检科学发展的水平、动态,而且可查得大量的可靠统计资料。

查专题统计资料,应先考虑利用专科年鉴、统计年鉴、专科手册,然后再利用综合性的年鉴手册。

1. 专科年鉴。这方面的年鉴很多,例如①政治方面有《国际形势年鉴》（1982—）;②新闻方面有《中国新闻年鉴》（1982—）;③哲学方面有《中国哲学年鉴》（1982—）;④法律方面有《中国国际法年刊》（1982—）;⑤教育方面有《中国教育年鉴》（1984—）,《教育便览》（1912—）、《教育统计汇编》（1962—）〔后二书均为年鉴〕、《英联邦大学年鉴》（1914—）、《标准教育年鉴》（1968—）等,但后面四种年鉴均未译成中文。⑥经济方面有《中国经济年鉴》（1980—）、《世界经济年鉴》（1981—）、《中国经济科学年鉴》（1984—）、《中国对外贸易年鉴》（1984—）、《中国人口年鉴》（1985—）、《中国农业年鉴》（1981—）、《中国企业登记年鉴》（1984—）、《中国城市经济社会年鉴》（1984—）,以及各地出版的地方经济年鉴等;此外,历史学、文学艺术、出版等各个方面都有专科年鉴（参看第三章）。

以上国内出版的均为建国后所出,建国以前还有《中国经济年鉴》(1946—1948 年出版)、《中国劳动年鉴》(1928、1932、1933年出版)、《财政年鉴》(1935 年出版)、《内政年鉴》(1936 年出版)、《清季外交年鉴》(1935 年出版)、《中国外交年鉴》(1934—1936 年出版)、《中国教育年鉴》(1934 年出版)、《图书年鉴》(1933、1937 年出版)等。

2.综合性年鉴。主要有①《人民手册》(1950—1965 年出版)、《中国百科年鉴》(1980—)、《中国年鉴》(1981—)、《世界知识年鉴》(原名《世界知识手册》,1952 年创刊,1966 年停刊,1982年复刊),这些是解放后出版的,此外,有《各国概况》(1972、1979年出版)。②解放前出版的有《中国年鉴》(第一回)、《申报年鉴》等。③地方综合性年鉴有《中国经济特区年鉴》、《广州经济年鉴》、《湖南年鉴》、《香港年鉴》、《"中华民国"年鉴(台湾)》等等。④统计年鉴有《中国统计年鉴》(1982—)、《上海统计年鉴》(1984—)、《北京市统计年鉴》(1982—)、《辽宁经济统计年鉴》(1984—)、《湖南统计年鉴》(1983—)等等。

3.手册。主要有①《中国概况》、《中华人民共和国资料手册》(1949—1985),后一书规模巨大,全面系统地反映了 1949 年至1985 年的光辉成就和基本情况,对十一届三中全会以来的资料收录尤为详备。全书分概况、政治、经济、文化教育、文学艺术等几个大类,广涉各个方面,统计数据丰富、可靠。②《当代外国社会科学手册》、《当代中国社会科学手册》等,亦可利用。③此外,还有有关各国基本情况和统计数据的一批手册,如《日本》、《朝鲜知识手册》等。

三、利用类书、政书

查找古代的统计资料,还应利用类书、政书。类书含有部分统计数据,政书(详下章)含有更多的统计资料,二者相较,应先利用政书,后利用类书查找。

1. 利用政书。政书有通史性的如《文献通考》等"十通",有断代性的如《唐会要》等。政书中有田赋、钱币、户口、职役、征榷、市籴、土贡、国用、食货等类目,其中含有许多有关古代经济、文化各方面的数据资料。

2. 利用类书。类书如《艺文类聚》、《太平御览》、《册府元龟》、《古今图书集成》等含有部分经济等各方面的数据资料。类书多有相关的部类。例如《艺文类聚》里有"产业部","食物部"等,《太平御览》里有"布帛"、"资产"、"百谷"、"饮食"等部,《古今图书集成》有"经济汇编",下设"食货"等典,这些都是直接与经济相关的部类,数据资料不少。《古今图书集成》的"食货典"下设户口、农田、蚕桑、荒政、赋税、漕运、盐法、平准、国用、货币、饮食、布帛及金银珠宝等83个子目,可查到较多的统计数据资料。

四、利用报刊和史籍

统计资料,在很多报刊特别是相关报刊上曾刊载出来。并且,在修史编志时,又将收录进去。因此,可以直接查找报刊和史籍。

1. 查报刊。①统计数据资料在《人民日报》、《红旗》、《经济日报》、《新华月报》、《瞭望》、《经济参考》等报刊上多有刊载,查找时可直接翻检这些报刊。②在解放前,还出版过统计报刊,如《统计月刊》、《物价统计月刊》、《上海物价月报》、《经济统计月志》、《中国经济拔萃月刊》、《统计季刊》、《经济统计季刊》等。后者出版时间为1929—1948年,可供查到较长时间范围的统计资料。

2. 利用史籍。①在正史中几乎都有"食货志"一门,其中含有历代经济数据资料。使用时可利用《食货志十五种综合引得》等。②在地方志中也有"食货"、"赋役"、"物产"等类目,从中可查到一些统计数据资料。③利用"实录"如《大清实录》、《明实录》等类书籍查找。

3. 此外还可以从档案资料中查到统计资料。

第四节　从特殊文献搜集专题资料

这里所谓特殊文献,包括档案、笔记、日记、书信、剪报、复印报刊资料、新闻图片、手稿、文摘卡片、方志、书评等等。这些资料很少有人通读。它们不是工具书,也与其他普通文献不同。这些资料有的不是装订成册的,不便于使用;有的不是现今出版物而是属线装古籍;有的无详细的目录和索引;有的很零星,散见于报刊、书籍。因此,利用者往往不多,有待发掘。

一、剪辑资料与复印资料

书、刊、报中的文献情报,总是离散的。于是,要有情报控制、分类、整理,诸如编成年鉴、书目、索引或汇编等,公开出版,供人们查索。此外,还可以剪辑与复印下来,供读者利用。

许多图书馆做过专题资料剪辑工作,即根据某些专题研究需要,图书馆把报刊有关资料剪辑下来,贴在本子上了。这样,使读者省去了直接查阅原报原刊的许多时间,只要翻一翻所需研究的那一专题的剪报就行了。这种剪报本不仅按专题集中了报纸(甚至期刊)上的资料,并且反映科学技术等各方面的最新动态、成就,含有大量情报资料。有的还将报刊及书籍中的专题资料复印下来装订成册供读者阅览。另外还有公开发行的《复印报刊资料》(1986 年起改名为《复印报刊资料选汇》),这是中国人民大学书报资料中心根据全国 1700 种重要报刊和汇编、论文集按八九十个不同专题剪辑影印发行的。这是在剪报基础上发展起来的新的资料收集工作。《复印报刊资料选汇》发行于全国各大中型图书馆(某些小型馆亦有藏),极受欢迎。应当注意的是,其专题是有变动的。自 1979 年创办以来,专题有所增加,最初只有 70 来个,至 1987 年已发展为 98 个专题。其中,文科方面的占绝大多数,现列举其专题类号类名如下:

A$_1$ 马克思、恩格斯、列宁、斯大林著作、生平、事业研究

A$_2$ 毛泽东著作、生平、事业研究

B$_1$ 哲学原理

B$_2$ 自然辩证法

B$_3$ 逻辑

B$_4$ 心理学

B$_5$ 中国哲学史

B$_6$ 外国哲学与哲学史

B$_7$ 美学

B$_8$ 伦理学

B$_9$ 无神论、宗教

C$_1$ 社会科学总论

C$_4$ 社会学

C$_5$ 人口学

C$_7$ 新技术革命问题及对策研究

C$_8$ 新兴学科

D$_1$ 科学社会主义

D$_2$ 中国共产党

D$_3$ 国际共产主义运动(原名各国共产党)

D$_4$ 中国政治

D$_{41}$ 法学(原名法律)

D$_{411}$ 经济法

D$_{421}$ 中国共产主义青年团(附青年、学生组织)

D$_{422}$ 工人组织与活动

D$_{423}$ 妇女组织与活动

D$_5$ 中国少数民族

D$_6$ 中国外交

D$_7$ 外国政治、国际关系

D$_8$ 国际组织与会议

E$_1$ 军事

F$_{11}$ 政治经济学(总论部分)

F$_{12}$ 政治经济学(前资本主义和资本主义部分)

F$_{13}$ 政治经济学(社会主义部分)

F$_{14}$ 特区与开放城市经济

F$_{10}$ 国民经济计划与管理

F$_{101}$ 财务与会计

F$_{102}$ 劳动经济与人事管理(原名劳动经济与人口)

F$_{103}$ 物资经济

F$_{104}$ 统计学、经济数学方法

F$_{107}$ 城市经济

F$_{108}$ 新兴经济学科

F$_2$ 农业经济

F$_{21}$ 畜牧业经济、水产业经济(原名畜牧业经济、养殖业经济)

F$_{22}$ 农村企业管理

F$_3$ 工业经济

F$_{31}$ 工业企业管理

F₄ 交通运输经济

F₅₁ 商业经济、商业企业管理

F₅₂ 外贸经济、国际贸易

F₅ 贸易经济

F₆ 财政金融

F₇ 经济史

F₈ 世界经济

F₉ 旅游经济（原名旅游）

G₀ 文化研究

G₁ 教育学

G₂ 思想政治教育

G₃ 中小学教育

G₃₀ 中小学学校管理

G₃₀₁ 中等职业技术教育

G₃₁ 中学语文教学

G₃₂ 中学历史教学

G₃₃ 中学地理教学

G₃₅ 中学数学教学

G₃₆ 中学物理教学

G₃₇ 中学化学教学

G₃₈ 中学其他各科教学

G₃₉ 小学各科教学

G₄ 高等教育

G₅ 职工教育与其他类型教育

G₅₁ 幼儿教育

G₅₂ 家庭教育

G₆ 新闻学

G₇ 档案学

G₉ 图书馆学、情报学、资料工作

H₁ 语言文字学

J₁ 文艺理论

J₂ 中国古代、近代文学研究

J₂₁ 《红楼梦》研究

J₃ 中国现代、当代文学研究

J₃₁ 鲁迅研究

J₃₂ 郭沫若研究（原有）

J₃₃ 茅盾研究（原有）

J₄ 外国文学研究

J₅₁ 戏剧研究

J₅₂ 戏曲研究

J₆ 音乐、舞蹈研究

J₇ 造型艺术研究

J₈ 电影、电视研究（原名电影研究）

K₁ 历史学

K₂₁ 先秦、秦汉史（含中国古代史总论）

K₂₂ 魏晋南北朝隋唐史

K₂₃ 宋辽金元史

K₂₄ 明清史

K₃ 中国近代史

K₄ 中国现代史

K₅ 世界史

K₉₁ 中国地理

K₉₂ 世界地理

N₁ 科技管理与成就

Z₁ 出版工作、图书评介（原名图书评介）

以上各专题按月反映了报刊所载论文资料,是现成的跟踪专题情报的最好汇编,读者只要到图书馆按上述专题索借或自己订阅有关专题,即可得到报刊有关重要文献。

此外,该书报资料中心还编印有提要文摘卡片,到 1987 年,已发行的有如下专题:

哲学原理卡片(全年 600 张)

逻辑卡片(全年 120 张)

中国哲学史卡片(全年 300 张)

伦理学卡片(全年 240 张)

社会学卡片(全年 280 张)

科学社会主义卡片(全年 500 张)

法学卡片(全年 280 张)

政治经济学卡片(全年 600 张)

国民经济计划与管理卡片(全年 600 张)

财务与会计卡片(全年 160 张)

劳动经济与人事管理卡片(全年 600 张)

财政、金融卡片(全年 400 张)

世界经济卡片(全年 400 张)

教育学卡片(全年 400 张)

语言学卡片(全年 200 张)

文艺理论卡片(全年 480 张)

中国现代、当代文学研究卡片(全年 400 张)

中国现代史卡片(全年 600 张)

中国经济地理卡片(全年 600 张)

这些提要文摘卡片所摘资料,均经过了精心筛选,即其重要观点、新材料或新方法等内容被摘录。在许多图书馆入藏有这些卡片,可供查阅,亦可个人订阅。

二、档案与手稿

利用档案,要注意了解全国的档案馆(室)网络(参看第一、二章),以便在适当的档案馆找到自己所需要的档案文献。检索档案,可以得到档案工作人员的帮助,也可以利用 1987 年档案出版社出版的邓绍兴编著的《档案检索》一书。该书共分七章,系统介绍了档案检索工具、档案著录格式、卡片目录和存放地点索引、电子计算机检索等。

手稿也可以说是一种档案资料，是一种特殊文献。在某些大型图书馆往往保存有大家名流的手稿。北京图书馆建立有著名学者和作家的手稿专藏，收有鲁迅、周立波、郭沫若、茅盾、巴金、曹禺，清代王国维、章太炎以及美国女作家安娜·路易斯·斯特朗的手稿。

手稿是最原始的文献，从中可以取得许多第一手资料。

三、笔记、日记、通信

笔记或札记是作者对古代的掌故或当代的见闻，以及对读书治学之心得的记录。内容涉及国家大事、天文地理、风土人情、科学技术以及语言文字等等。笔记、札记有当代出版的，但多半是后代出版的，其中保存了大量的研究资料，颇有价值。例如宋代沈括的《梦溪笔谈》里记载了我国活字印刷术的发明等重要科技资料。又如在元代陶宗仪的《南村辍耕录》中，对当时的典章、文物、戏曲等都有记载。明、清学者很重视前人的笔记，而他们自己也给我们留下了不少笔记。这些笔记的内容往往在正史和类书中难能查到。清朝阮葵生写有《茶余客话》，这是他读书论学和记述见闻的一部笔记。还有的古代遗篇逸文也散见于笔记之中。因此，应当注意查阅古人笔记。历代，特别是清代以来的一些笔记丰富多彩，有待发掘。

人们常用笔记有：《匡谬正俗》（唐，颜师古著）、《梦溪笔谈》（宋，沈括著）、《东京梦华录》（宋，孟元老著）、《困学纪闻》（宋，王应麟著）、《老学庵笔记》（宋，陆游）、《南村辍耕录》（元，陶宗仪著）、《戒菴老人漫笔》（明，李诩著）、《日知录》（清，顾炎武著）、《茶余客话》（清，阮葵生著）、《十驾斋养新录》（清，钱大昕著）、《读书杂志》（清，王念孙著）、《蛾述篇》（清，王鸣盛著）、《癸巳类稿》（清，俞正燮著）等等。

笔记一般均有篇名分类目录列于书前,查检篇目还方便。要了解笔记,可参阅《清人笔记录》(张舜徽,中华书局出版)。

前人所写的日记是学术研究的又一重要的资料来源。

日记大多按年、月、日、气候一套程序,记载作者之心得收获和所见所闻等等。这对于后人了解作者所处时代的政治、经济、文化和科学技术情况,往往是难得的重要资料来源。例如清代杜凤治《望凫行馆日记稿》、孙宝瑄《忘山庐日记》,叶昌炽《缘督庐日记》都保存有大量的政治史料;邓邦述《群碧楼庚戌巡行日记》,阙名的《得少佳趣日记稿》则有不少经济研究资料;宋代周必大,清代李慈铭,翁同龢等人的日记里广涉学术掌故;竺可桢为作近五千年来中国气候变迁初步研究的报告,就曾引述过《客杭日记》(郭界)和《砚北杂志》(陆友仁)中的有关气候记载。

由于日记一般是当日记载,又大多是作者亲身经历,耳听目睹者,因此大多真实可靠,详细具体,并且也往往新奇有趣,史料价值很高。当然,清朝人有些日记也有不少涂改,值得留心。

唐,宋,元,明,清各代日记甚多,除了上述日记以外,还有:唐代李翱《来南录》,宋代徐兢《使高丽录》,陆游日记,明代袁中道,李日华,清代谭献,袁昶,王闿运,杨恩寿等等许多人的日记。清朝张集馨的《道咸宦海见闻录》前部分是年谱,后部分是日记。日记内容无所不涉,包罗万象,真实准确,要研究各方面的历史,是不可不读的。

古人日记对我们来说,其缺点是不便检索,只能按时检索,不免费事。但也有少数日记已按专题作了辑录。今后,日记可编出索引。

另外,中外历史上都有许多公开的或私人的通信被保留下来,并印刷出版,收藏在图书馆里。一般说来,名人学者的通信都保存了下来。这些通信,有的散见在他们的文集里,有的则专门编有通信集。例如马克思、恩格斯的通信,集中汇编成了《马克思恩格斯通信集》，列宁的家信编成了《列宁家书集》。毛泽东同志和新民学会成员的通信甚多，鲁迅有《两地书》。曾国藩、胡适等，亦有其通信集出版。部分正反两方面的资料均可从通信中查得。《胡适通信集》分上、中、下三大册，资料很多。至于顾廷龙先生校阅，由上海古籍出版社出版的《艺风堂友朋书札》是研究晚清和近代史的重要资料。通信是学术研究的又一重要资料来源。其中有许多从别处查找不到的史实资料和卓越见解。

四、方志与谱牒

方志，即地方志，一般包括一统志，省志，府志，州志，县志，山志，水志，院志，乡镇志等等。在方志中含有许多重要的情报资料，特别是对于地方政治，经济，科技，文教，地理，风土人情等历史的研究很有意义（参看第四章）。

谱牒是又一种特殊文献。正像地方志是某一地的历史记录并且大多属内部印行一样，家谱则是族系的记录并且也不公开出版。我国自古有修方志的传统，也有修谱的传统。现在图书馆特别是档案馆可以查到各种谱牒。美国的犹他家谱学会收藏我国家谱甚多。据统计，至1974年，该学会的图书馆收藏我国家谱竟达3000多种。该学会与我国台湾省的一些家谱学专家和谱系研究单位合作搜集家谱，至1985年底，共收集家谱10218种。这是重要的史料。该学会图书馆对一般读者开放。该馆还藏有我国方志逾5600种。其中，四川、江苏、浙江、湖南、广东、福建、江西、安徽、河南、河北、山西、陕西等省的方志均在200种以上。（据1987年第4期《中国历史研究动态》所载郭松义《犹他家谱学会和它所收藏的中国资料》一文）这些资料均可利用。

书评，即图书评论。古今中外书评甚多。目前，我国出版的《读书》杂志，《博览群书》杂志，《文献》（以上三种是北京出的），《书林》杂志（南京出的）中有大量书评文章。其中《书林》对我国古今重要图书,特别是对文、史、哲方面的新书进行评介。《世界图书》月刊和许多图书馆学、情报学期刊上都登载有大量书评文章,在吉林出版的《社会科学战线》上也辟有"图书学"专栏,往往评价重要文献。另外,中国人民大学编的《复印报刊资料选汇》辟有"图书评介"专题。《中国出版年鉴》(1980)有"图书评介和概述"专栏。

书评不仅起到了介绍图书的作用,而且反映了人们对图书的议论观点,其中有许多重要资料和见解。

至于新闻图片,是经常出版发行的,图书馆另有一套收藏方法。视听资料也是一种特殊文献资料,不与普通图书混排入藏,均应注意利用。

第八章　查中外典章制度和历史事件

自有国家以来,就存在典章制度。各个国家各个历史时期都有一套政制、法制、兵制、礼俗制,以及经济制度、文化教育制度、外交制度等等,这些可统称典章制度。了解和查找这些资料,是学术研究和专业学习的需要。至于历史事件包括国家大事和个人生平事迹,以及专科史事,亦有如此价值。本章就此介绍主要工具书和查找方法。

第一节　查古代典章制度

学习、研究政治、法律、外交、经济、文化、文艺等各科各专题历史,必须查得有关的制度史料,以作为基本资料之一。

一、政书与典章制度

由于典章制度知识是一种基本文化知识,典章制度史料是一种基本研究资料,故古代专门编纂过这方面的书籍,这就是政书,今天可用以查找典制史料。

政书的滥觞,可上溯至《周礼》,该书以谈周代职官制度为主,已具有政书的某些特性,司马迁《史记》“八书”(礼书、乐书、律书、历书、天官书、封禅书、河渠书、平准书)亦具政书的性质,它系统全面地论述了各种典章制度的原委。以后各代正史几乎都有这些部分。我国第一部体裁完备的政书是唐代史学家刘知几的儿子刘秩所编的《政典》。该书按《周礼》六官所职分门编写,共35卷。后来,唐代杜佑扩充为《通典》,规模巨大。宋代郑樵编了《通志》,元代马端临编了《文献通考》,清代对这些大型政书又作了续编,使之成了《九通》、《十通》。并且,自唐至清还编有会要、会典之类的断代性政书和有关职官的专书。

由于政书是按部类编排的,故可认为是类书之一种。不过,类书是辑录资料,而政书将史料融会贯通,由作者重新编写,或者加入按语。由于政书取材史书为主,记载的是典章制度的历史沿革变迁,故亦可称为史书。史学家多称为特殊体裁的史书。

政书的类型,有通史性或通制性政书,有断代性政书和专题性政书,如职官表既是表谱亦是专题政书。

二、利用政书及类书

1. 查历代典章制度,应利用《十通》,它是由十部政书组成的。1935至1937年由商务印书馆影印出版,近年又在再次影印。《十通》中的十部政书是:①唐代杜佑的《通典》、清乾隆三十二年官修的《续通典》和《清朝通典》,并称"三通典"。《通典》200卷,所记典制上起上古,下至唐代中期(肃宗代宗)。后两书的体例基本上同前书,只是所记典制时间范围不同,一为唐肃宗至明末,一为清初至乾隆中期。都分为九部:食货、选举、职官、礼、乐、兵、刑(《通典》目录兵、刑合一,为"兵刑",正文则分开为两部)、州郡、边防。部下有子目,最后按时代讲典制沿革。

②宋代郑樵的《通志》、清代乾隆三十二年的《续通志》、《清朝通志》,并称"三通志"。《通志》200卷,所记典制上起上古下至隋唐("略"至唐),其余二书体例与《通志》相同,分为五部:本纪、世家、年谱、列传、略。《通志》20个"略",是全书的精华。其中只有

礼、职官、选举、刑法、食货 5 略为《通典》创例，其余 15 略为作者自创或发挥个人见解，而氏族、六书、七音、都邑、昆虫草木 5 略为旧史未备。每略都可以说是一部专题史，甚具参考价值。例如"图谱略"是研究图谱的产生、作用和发展概况的，所载资料甚富，并有子目标示，十分清晰，现录若干如下：

通志卷七十二　图谱略第一"索象"：河出图天地有自然之象洛出书天地有自然之理……见书不见图闻其声不见其形见图不见书见其人不闻其语图至约也书至博也即图而求易即书而求难古之学者为学有要置图于左置书于右索象于图索理于书……

③元代马端临的《文献通考》、清代乾隆三十二年编的《续文献通考》、《清朝文献通考》，并称"三通考"。《文献通考》348 卷，所记典制上起上古，下至南宋宁宗嘉定末年，后二书体例基本同此。《文献通考》分为 24 考，是据《通典》细分并增设的。其中田赋、钱币、户口、职役、征榷、市籴、土贡、国用等 8 考从"食货"部析出，学校、郊社、宗庙、王礼等考从"礼"部析出，并增设有经籍考、帝系考、封建考、象纬考、物异考等五考。每考之前冠以序言，每考之下再设子目，每目之下按时代顺序进行叙述，中间穿插按语，均系作者研究之心得，甚有参考价值。《文献通考》达 348 卷，是《十通》中篇幅最大者，史料极为丰富，为读者所常用。该书"所载宋制最详，多宋史各志所未备。案语亦多能贯穿古今，折衷至当。虽稍逊《通典》之简严，而详赡实为过之，非郑樵《通志》所及也。"（《四库全书总目提要》）例如卷三百二十七"四裔考四"之"扶桑"考述甚详，内容涉及国名由来，法律，婚姻等。

这类考述一般顶格排列，如有名单数据资料，则低一格，如加按语，则再低一格。

至清末（1911 年）刘锦藻编了《清朝续文献通考》，体例同《文献通考》，收史料上起乾隆五十一年下迄宣统三年，与"三通考"合

230

称为"四通考"。以上共计"十通"。"十通"中由清朝乾隆钦定的《续通典》、《续通志》、《续文献通考》，又称为"续三通"。"续三通"均续至明代末年。《清朝通典》、《清朝通志》、《清朝文献通考》，又称为"清三通"。"清三通"反映了清代初年至乾隆年间的典章制度。

利用《十通》，应注意从分期、分类入手。《十通》作为一个整体全面系统地反映我国自上古直至清末（辛亥革命前夕）的全部典制沿革历史，但"续三通"、"清三通"等反映的时限不同，例如要查唐代前期的赋税制度，最好是利用《通典》，因为该书收唐代资料既准确且丰富。如果要查历代的赋税制度，则可利用"三通典"的"食货"部、"三通志"的"食货略"和"四通考"的"征榷考"。

利用"十通"时，可借助 1937 年出版的《十通索引》（当时随《十通》出版）。该索引包括四角号码索引和分类索引两个部分，前者可检出《十通》中的一切大小篇章节目，包括小标题等在《十通》（商务印书馆 1935—1937 年影印本）中的出处，查检时只要按条目的首字全码和第二字头两码即可检得。分类索引部分是三通典、三通志、四通考详细类目的总汇。

2. 查断代典章制度，可利用断代性政书，如《春秋会要》、《七国考》、《秦会要补》、《西汉会要》、《东汉会要》、《汉制考》、《三国会要》、《南朝宋会要》、《南朝梁会要》、《南朝陈会要》、《唐会要》、《五代会要》、《宋会要辑稿》、《建炎以来朝野杂记》、《元典章》、《明会要》、《明会典》、《大清会要》等。几乎各代都有相应的会要或会典。这类断代性政书一般规模不大，多属个人编纂，资料收录和类目均不一致，有较详尽的，也有较简略的。可与"十通"配合使用。断代性政书亦按典章制度的各个方面分类编排。例如《西汉会要》分为 15 门：帝系、礼、乐、典服、学校、运历、祥异、职官、选举、民政、食货、兵、刑、方域、蕃夷。

3. 查历代职官，应利用职官方面的专书，如①《历代职官表》

72卷,清乾隆时官修。本来在通史性和断代性政书中对历代职官已有专章叙述,然而,不便检阅,或则疏略不全,难补实用,因而有职官专书的出现。这部大型职官表正是这样的产物。该书以清代职官为纲,每一门类先列表后作考证诠释,每表先列清代职官,随后列出自上古至明代的同一职掌的职官名称,进行排比对照,清代的某一职官所相当的以往其他朝代的某种官职,或历代的哪些职官相当于清代的某一职官,均一目了然。表后有职官考证诠释,对历代职官的沿革废置,作了引证说明,所引古书注明了书名。全书共分67个门类:宗人府、内阁、吏部、户部、户部三库、户部仓场衙门、礼部、乐部、礼部会同四译馆、兵部、刑部、工部、户工二部钱局、理藩院、都察院、五城、通政使司、大理寺、翰林院、经筵月讲起居注官、文渊阁阁职、詹事府、太常寺、坛庙各官、陵寝各官、光禄寺、太仆寺、顺天府、鸿胪寺、国子监、钦天监、太医院、内务府、内务府上驷院、内务府奉宸院、内务府武备院、銮仪卫、领侍卫内大臣、八旗都统、前锋护军统领、步军统领、火器健锐虎枪各营、盛京将军等官、盛京五部等官、总督巡抚、学政、司道、知府直隶州知州等官、知州知县等官、各省驻防将军、提督、总兵副将、参将游击等官、河道各官、漕运各官、盐政、关税各官、各处驻扎大臣、宗室封爵、世爵世职、圣贤后裔、师傅保加衔、文官官阶、王府各官、新疆各官、藩属各官、土司各官。掌握以上门类和查阅该书,对于了解历代职官制度的沿革变迁,学习古代文化知识和研究历史均有好处。但因无索引,查检清代以前的某一职官很不方便。②《历代职官表》6卷,黄本骥于清后期据《历代职官表》72卷删编而成。作者以历代职官志和"十通"为材料对72卷本进行了校勘和补正,删去了原书的释文、改进了表中的排法,前列瞿蜕园的《历代官制概述》,后附《历代职官简释》,并附有索引。③《清代职官年表》,钱实甫编,中华书局1980年出版,该书专收清代职官,自顺治元年至宣统三年的清代全部职官、职官机构以及任职人名悉数收录,取材于各朝实录,对研究清史很有参考价值。有关清代的还有《清季新设职官年表》(钱实甫)、《清季重要职官年表》(钱实甫)、《清代各地将军都统大臣等年表》(1796—1911)等。④《周礼》,该书是古代十三经之一,是讲周代职官制度的专书,全书分为六官介绍,即天官、地官、春官、夏官、秋官、冬官等六类。其卷次排列为:卷一:天官冢宰第一;卷二:天官冢宰下;卷三:地官司徒第二;卷四:地官司徒下;卷五:春官宗伯第三;卷六:春官宗伯下;卷七:夏官司马第四;卷八:夏官司马下;卷九:秋官司寇第五;卷十:冬官考工记第六;卷十一:冬官考工记下。每类下介绍官职名称,职掌范围及编制人数等。要查解周代官职,可阅读此书。今有尹林注译本,书目文献出版社 1985 年出版。

另外,类书中有某些类目可供查找古代典制资料。例如《艺文类聚》里有礼部、乐部、职官部、封爵、治政部、刑法部等;《太平御览》里有封建部、职官部、兵部、礼仪部、刑法部等;《古今图书集成》里有翰林院、宗人府、将帅等部,隶于明伦汇编官常典,又有选举典、铨衡典、食货典、礼仪典、乐律典、戎政典、祥刑典、考工典,分别设许多有关典制的类目,隶于经济汇编。

三、利用辞书和史籍

查古代的典章制度,除了应利用政书、类书外,还应利用辞书及史学书籍等。

1. 利用辞书。①综合性辞书,如《辞海》、《辞源》、《汉语大辞典》、《中文大辞典》等均收有典章制度的条目。其中《辞源》更为适用。②专门辞书有《历代官制、兵制、科举制表释》,臧云浦等编,徐州师范学院 1980 年印行。该书分三大部分:(1)历代官制总述;(2)历代官制、兵制、科举制表解;(3)历代官制、兵制、科举制度名词简释。此外,有《中国历代职官辞典》(日中民族科学研究所编,向以鲜、郑天刚译,中州古籍出版社 1987 年出版)和《简明古代职官辞典》(孙永都、孟昭民编,书目文献出版社 1987 年出版)。前书收三代以下至晚清民国的职官名共 1376 条。后书收词目 1455 条,截止到清代。另外,还可利用《中国历史大辞典》,该书共 14 分册,自 1983 年开始陆续出版。查历代典制可参考此书。

2. 利用史籍。①首先应利用专科史著,例如要查中国历代的教育制度,可用《中国古代的书院制度》、《中国古代教育史》之类著作;要了解古代的科举制度可查阅《科举制度史话》;要查政治制度,可用《中国政治制度史》、《中国文官制度史》、《中国法制史》等。这些书均属 80 年代出版物。在图书馆按书名很容易找到。②其次,可利用正史和地方志的有关类目查找。现开列部分正史有关类目如下:

《史记》:礼书、乐书、律书、天官书、封禅书、河渠书、平准书(共 8 书)。

《汉书》:律历、礼乐、刑法、食货、郊祀、天文、五行、地理、沟洫、艺文志(共 10 志)。

《后汉书》:律历、礼仪、祭祀、天文、五行、郡国、百官、舆服志(共 8 志)。

《晋书》:天文、地理、律历、礼、乐、职官、舆服、食货、五行、刑法志(共 10 志)。

《宋书》:律、历、礼、乐、天文、符瑞、五行、州郡、百官志(共 9 志)。

《南齐书》:礼、乐、天文、州郡、百官、舆服、祥瑞、五行志(共 8 志)。

《魏书》:天象、地形、律历、礼、乐、食货、刑罚、灵征、官氏、释老志(共 10 志)。

《隋书》:礼仪、音乐、律历、天文、五行、食货、刑法、百官、地理、经籍志(共 10 志)。

《旧唐书》:礼仪、音乐、历、天文、五行、地理、职官、舆服、经籍、食货、刑法志(共 11 志)。

《新唐书》:礼乐、仪卫、车服、历、天文、五行、地理、选举、百官、兵、食货、刑法、艺文志(共 13 志)。

《新五代史》:司天考、职方考(共 2 考)。

《宋史》:天文、五行、律历、地理、河渠、礼、乐、仪卫、舆服、选举、职官、食货、兵、刑法、艺文志(共 15 志)。

《辽史》:营卫、兵卫、地理、历象、百官、礼、乐、仪卫、食货、刑法志(共10志)。

《金史》:天文、历、五行、地理、河渠、礼、乐、仪卫、舆服、兵、刑、食货、选举、百官志(共14志)。

《元史》:天文、五行、历、地理、河渠、乐、祭祀、舆服、选举、百官、食货、兵、刑法志(共13志)。

《明史》:天文、五行、历、地理、礼、乐、仪卫、舆服、选举、职官、食货、河渠、兵、刑法、艺文志(共15志)。

《清史稿》:天文、灾异、时宪、地理、礼、乐、舆服、选举、职官、食货、河渠、兵、刑法、艺文、交通、邦交志(共16志)。

第二节　查近现代典章制度

近代现代的政体制度、政府机构、选举和职官制度、政党情况、法规制度、经济制度、人事制度等等,亦属典章制度,只是现代已不惯于这样称呼罢了。某些专题史的研究、学习,需要查找这方面的知识和资料。出国或研究外国,还要了解外国的各种制度,特别是现行制度。不过,查找起来比较困难,到目前为止,尚无大型的综合性政书或手册之类,只能利用一些专科的或小型的工具书,如政书、辞书、手册、年鉴、便览汇编,以及一些专史专著等。

一、近代和民国时期的典章制度

1. 查近代典章制度。有关清朝政府的典制查找已如前述。有关太平天国的典制可用《太平天国典制通考》,简又文著,香港猛进书屋1958年初版,1980年重印。该书上、中、下三册,反映了太平天国的典章制度,并有插图,全书分20篇15考,包括官制、礼仪、科举、乡治、田政、钱币、食货、外事、军纪等等。此外,还可以查《太平天国》(牟安世著,上海人民出版社1979年出版)、《太平天国军事史概述》(郦纯著,中华书局1982年出版)、《太平天国资料汇编》(中华书局1979年出版)等书的有关部分。

2. 查民国时期的典制。这一时期包括民国政府和根据地解放区的法规、制度等,都不易查,目前只有一些零星的汇编资料或史著可用。

①民国政府法规制度方面,有:《中华民国法规大全》,徐百齐编,商务印书馆1936年出版,该书对上自孙中山先生对"三民主义"的解释等,下至1936年以前的法规均有收录。同类书还有旧立法院编译处编的《中华民国法规汇编》、旧中央训练团编的《中华民国法规辑要》等。专题方面的法规有《内政法规汇编》(旧内政部编)、《财政法规汇编》(旧财政部编)、《外交法规汇编》(旧外交部编)、《教育法令汇编》(旧教育部编)等。职官方面的有《民国职官表》(民国元年——民国七年),《东方杂志》社编,台湾省1981年印行,该书反映了民国元年(1912年)至民国7年(1918年)的民国政府的职官名及其任职人名。此外,还有《辛亥以后十七年职官年表》,刘寿林编,中华书局1966年出版。此书资料较为详尽。

②根据地、解放区法规方面,有《中国新民主主义革命时期根据地法制文献选编》(韩延龙、常兆儒)、《抗日根据地政策条例汇集》、《华北人民政府法令汇编》(华北人民政府秘书厅)、《现行法令汇集》(晋察冀边区行政委员会)、《法令辑要》(西北行政公署)、《陕甘宁边区重要政策法令汇编》(陕甘宁边区秘书处)等。此外,尤其值得注意的,还可以利用陈荷天编的《中国宪法类编》(详下)。

③利用辞书,如《云五社会科学大辞典》,王云五等编,台湾商务印书馆1971年出版。在该书的《政治学》、《行政学》等分册里可以找到相应的条目。又《中华百科全书》(台湾省1981年出版),据书前的分类目录和书后的索引,亦可查到一些有关条目。

236

此外,还可以利用有关史书查找,如即将出版的《中华民国史》等和各地编的地方志等。

二、新中国各种制度和法规

1. 利用手册和年鉴:①最重要的手册是《政治常识手册》、《中国概况》和《中华人民共和国资料手册》。后者于 1986 年出版,是一部收 1949—1985 年间资料的大型综合性资料手册,其中有"政治"专栏,反映了党的建设、会议、文件和各方面的制度。例如要查我国现行的退离休制度,可在该书的"政治——人事、干部工作"类找到。在经济、文化教育等栏,可查到相应的制度方面的资料。②年鉴,主要可用综合性年鉴《中国百科年鉴》、《中国年鉴》、《人民手册》,以及各种专科年鉴,如《中国国际法年刊》、《中国经济年鉴》等。

2. 利用资料汇编:查法制方面的汇编很多。

①综合性的,有《中华人民共和国现行法规汇编》,国务院司法局和人民出版社编辑出版,1987 年底出齐。该书收录建国以来至 1985 年底经国务院(含前政务院)发布和批准发布的现在仍然有效、继续适用的全部法规,计 757 件,是一部权威性的法规汇编。全书分财贸、农林、外事外经贸、工交城建、教科文卫、劳动人事、政法和军事机关工作等 8 类排列,并分类分卷出版。此外,有《中央人民政府法令汇编》(中央人民政府法制委员会编,1953—1955 年出版),该书收 1949 –1954 年的法令;《中华人民共和国法规汇编》(中央人民政府法制委员会编,1956—1964 年出版),该书收 1954—1963 年间的法规;《三中全会以来——重要法律法规选编》,安徽省司法厅 1983 年编印;《中国宪法类编》,陈荷天编,中国社会科学出版社 1980 年底出版,该书分上、中、下三编,中编反映了新中国的宪法。上编收录了革命根据地的宪法和宪法性文件,下编收录了清末至蒋介石民国政府的宪法。同类书还有《中

华人民共和国法规汇编》(1979—)、《中华人民共和国法律汇编》(1979—1984)等。

②专题法规很多,经济、文化、科学、外事等各方面都制定了或正在制定相应的法规。例如有《中华人民共和国经济法规选编》上、下册(中国社会科学院法学研究所编,中国财政经济出版社1980年出版),《中华人民共和国工业企业法规选编》(国家经济法规局编,1981年出版)、《农业法规资料汇编》(北京农业大学农业经济法研究组1981年编印),《国营工业企业法规选编》(国务院经济法规研究中心办公室编,1982年出版),《经济合同法手册》(王忠等编,1983年出版),《中国劳动立法(资料汇编)》(国家劳动总局编,1980年出版),《国内外环境保护法规与资料选编》(上海市环境保护局编,1981年出版),《中华人民共和国卫生法规汇编》(1978—1980)(卫生部办公厅编,1982年出版),《专业干部业务技术职称法规汇编》(一)(法律出版社1982年出版),《经济合同法规选编》(1983年出版),《继承法资料选辑》(华东政法学院编印,1980),《我国涉外民事法规、法令汇编》(1949—1980)(上海社会科学院1981年编印),《涉外经济法规法令汇编》(上海社会科学院法学研究所资料室编)等等。后者包括有《中外合资经营企业登记管理办法》、《中国银行办理中外合资经营企业贷款暂行办法》、《中国国际信托投资公司章程》、《中华人民共和国中外合资经营企业所得税法》等具体法规、法令。查政府政策制度,有各种文件汇编可用,例如中华人民共和国第五届、第六届全国人民代表大会的文件分别有文件汇编出版。

3. 利用辞书和专著:①《中国大百科全书》的有关分卷和《世界政党辞典》(详下)、《法学词典》、《新编法学词典》等。②专著有:《选举制度问答》(许崇德等编,群众出版社1980年出版)、《我国民族问题常识》(1982年出版)等。

三、世界各国概况和制度

1. 利用辞书：①《世界政党辞典》，熊复主编，红旗出版社 1986 年出版，该书由 200 多名专家学者编写，收条目共 2784 条，全面介绍了中国共产党、各民主党派及中国国民党等近代以来的主要政党、主要国际政党组织的纲领、思想、制度、历史、现状、会议、活动等等。这是我国第一部有关世界政党的大型辞典。②《世界历史辞典》，世界历史辞典编辑委员会编，1985 年上海辞书出版社出版，全书收世界历史方面的条目达 7663 条，其中包括王朝世系典章制度方面的内容。③《世界知识辞典》，世界知识出版社 1958 年出版，共有词目 3500 多条，含有各国主要政党、群众团体等方面的条目。④《国际时事辞典》，国际时事辞典编辑组编，商务印书馆 1981 年出版。⑤《苏联百科辞典》，有 1958 年中译本及 1980 年修订中译本。从该书可查到苏联国内外的政治制度和其他制度方面的词目的解释。⑥利用世界著名的大百科全书如《不列颠百科全书》、《中国大百科全书》等。

利用上述辞书，如有分类目录或分类索引，最好从这些目录、索引入手，这样可以查得某方面的集中在一起的词目。

2. 利用手册和专著：①综合性的手册有：《国际资料手册》，新华社国际部资料组编，人民出版社 1977 年出版。该书分 10 个标题，其中"三个世界"、"国际政治组织"、"国防体育"、"富饶的第三世界"、"人文地理"等标题，可查到有关资料；《世界知识手册》上、下册，北京第二外国语学院国际关系教研室编，广西人民出版社 1981 年出版，该书规模更大，资料更为丰富；《联合国手册》，联合国新闻处编，北京大学法律系编译组译，1973 年商务印书馆出版，全书分上、下、增编三册，该书全面介绍了联合国自 1945 年成立至 1970 年间的全部情况和活动，包括联合国的宗旨、原则、总部、宪章制定、工作及同联合国有关的政府机构、联合国宪章、国际法规条约等等;《各国政府机构手册》,辛济之编,商务印书馆1975年出版,该书较全面地介绍了各国的国名、国家元首、议会、中央及地方政府、法院、武装部队等;《国际政治参考资料》上、下册,北京大学国际政治系1971年编印;《世界各国国旗》,吴广编著,世界知识出版社1982年出版,该书汇集了世界各国国旗彩色示意图。②有关各国的专题手册有:《各国手册》(丛书),目前已出了日本、朝鲜等分册;《美国》(复旦大学国际政治系资本主义国家政治教研室编,上海辞书出版社1981年出版);《美国政府简介》,香港1982年出版中译本,等等。③类似上述手册的专著,有《英国政府机构》(上海人民出版社1973年出版)、《法国政府机构》(上海人民出版社1978年出版)、《美国州政府与地方政府》(台湾1979年中译本)、《德意志联邦共和国政府机构》(上海人民出版社1974年出版)、《南斯拉夫国家机构与干部制度》(人民出版社1982年出版)、《蒙古社会制度史》(中国社会科学出版社1980年中译本)、《日本政府机构》(上海人民出版社1977年出版)、《日本政府体制与官员制度》(人民出版社1982年出版)、《日本人事考核制度》(新华出版社1982年中译本)、《东南亚国家联盟》(新华出版社1982年中译本)、《非洲概况》(世界知识出版社1981年出版)、《各国地方政府》(台湾省1975年印行)、《各国人事制度》(台湾省1981年印行)等。

3. 利用年鉴:主要有①《各国概况》(有1972、1979年版)、《世界概况》(1980);②《世界知识年鉴》(1982—),该书原名《世界知识手册》,1953年开始出版,至1955年每年一册,1957年一册,1958年始改现名,至1959年每年一册,1961、1965年各一册,1982年复刊。以上各书查得国际和世界各国的国旗、首都、元首、面积、人口、物产、制度等概况。按年度检索,新资料均可查得。③《国际形势年鉴》亦可利用。

4. 关于世界法规,可查《拿破仑法典》(李浩培等译,商务印书馆 1982 年出版)、《法国民法典》(马育民译,北京大学出版社 1932 年出版)、《美国宪法》(台湾省 1970 年出版)、《苏俄民法典》(中国社会科学院法学研究所民法研究室编,中国社会科学出版社 1980 年出版)、《国际公法参考资料选编》(北京政法学院国际法教研室编,1981 年印)、《世界各国宪法汇编》(中国科学院法学研究所编,1964 年出版)等书,以及某些国家的法律辞典等。

第三节　查国际条约和中外史事

国际条约有双边或多边签订的,研究国际关系历史和从事外交工作常需查找这些条约。中外史事则是学习和研究通史、专题史以及历史人物所需要的资料,同时对于外事工作亦有参考价值。

一、国际条约

1. 建国以前中外条约:在旧中国,由于帝国主义的入侵和国内反动统治政府的腐败,我国被迫同外国帝国主义签订了许多不平等的条约。查找旧中国这些条约和其他条约,主要可利用:①《中外旧约章汇编》,该书共三册。第一册由王铁崖编,第二、三册由北京大学法律系国际法教研室编,1957 至 1962 年出版。凡我国于 1689—1949 年 260 年间与外国政府、外国企业、公司签订的一切条约、协定、章程、合同等,均可利用此书查得,但中国参加的国际公约除外。这些条约中绝大多数是清政府、国民党政府与外国签订的可耻条约。查得的约章有名称、原文、签约日期、地点等。②同类书还有《中外条约汇编》,于能模等编,商务印书馆 1935 年出版。《分类编辑不平等条约》,1929 年商务印书馆出版。

2. 建国以后中外条约:建国后,我国同外国签订一些维护国家独立自主和领土主权的双边条约。查找这些条约,主要可利用①

《中华人民共和国条约集》，中华人民共和国外交部编，"法律"、"世界知识"、"人民"三家出版社于1957—1977年出版，已出第1—19集，收录自1949—1972年间，我国政府及其各部门与外国签订的条约、联合公报、联合声明、协定、议定书、换文等。②《中华人民共和国对外关系文件集》，世界知识出版社编辑出版，1957—1964年出版，已出10集，收1949—1963年我对外关系方面的重要文件。若干非政府性的对外关系文件作了附录，并附录我国与外国签订的条约、协定的编目。③《我国代表团出席联合国有关会议文件集》，人民出版社编辑，1972—1977年出版。

3.我国参加的多边条约、外国各国间的国际条约：主要可用《国际条约集》，该书由世界知识出版社编辑，1961—1978年间出版，已出第1—12集。这套书选收了自1917—1968年间国际间的重要政治、军事、经济方面的条约。除我国与外国签订的双边条约未收外，我国参加签订的多边条约亦包括于其中。

以上汇编将继续出版，应随时注意查阅。

二、中外历史大事

查中外历史大事，主要应利用大事年表、年鉴和辞典等工具书。

1.我国历史大事：①如果已知事件时间，应利用各种年表查找。

古代史方面有：《中国历史大事年表》（冯君实主编，1984年辽宁人民出版社出版）。此书所反映的历史大事上起原始社会，下迄1949年。包括政治、经济、外交、科学文化等各个方面。原书按表格形式排列时间、王朝及同时存在的其他政权和大事记。此表的月份，1938年以前用阴历，1938年以后用阳历，附注阴历。书后附有《历代帝王世系表》。

《中国历史大事编年》，张习孔等编，北京出版社1987年出版,共出五分册:《远古—东汉》、《三国两晋南北朝隋唐》、《五代十国宋辽夏金》、《元明》、《清近代》。

《中国历史大事年表》,沈起炜编著,上海辞书出版社1983年开始出版,共三分卷:《古代》、《近代》、《现代》。已出的《古代》分卷,收录自远古至清道光十九年(1839年)的史事,广涉政治、军事、经济、文化等诸方面。

此外,《中国史大事纪年》(臧云浦等编,山东教育出版社1984年出版)、《中国历史大事纪年》(徐州师范学院历史系本书编写组编,1978年印行)等书,亦可利用。

近现代史方面有:《中国近代史大事记》(吉林师大中国近代史教研室,1959年上海人民出版社出版),此书收载1839年—1919年"五四"80年间的历史大事。《中共党史大事年表》、《中国现代革命史大事年表》(北京大学1956年印)。《大事记》(见《中华民国史料丛稿》,1973年中华书局印行),此为《中华民国大事记》的初稿。反映1911年(辛亥革命)—1949年(南京国民党反动政府灭亡)间的大事。分辑出版,记事详细而齐备。此外,还有《中国新民主主义革命大事记》(1985年出版)、《太平天国史事日志》等。

解放以来的有:

《中华人民共和国大事记》(1949—1980)(新华通讯社国内资料组编,1983年12月新华出版社第四次印刷)。此书分五大部分,每部分再分若干类。五大部分是:政治、财政、经济、军事、文化教育、中外关系。文化教育又分:文化艺术、教育、科学、卫生、体育。最后是附录:1949年1—9月大事记;社会主义建设成就一览表。例如要查1949—1980年文化艺术方面的大事,在"文化教育"中的"文化艺术"部分即可查到,资料按时间排列,占30多页篇幅,如"1956年.10.14,鲁迅遗骨从上海万国公墓迁葬于虹口公园。(10.15)""1959.3.21—3.25,全国图书馆工作会议在北京举行(3.26)"这里括弧内为发表日期,如果要查长沙哪天解放,可在1949年1—9月大事记里查,载"1949.8.4,湖南省会长沙和平解放。……"

《中华人民共和国大事记》(南开大学历史系编,1958—1960年河北人民出版社出版),此书四册,反映了1949年10月1日—1959年9月30日建国十年间的政治、经济、文化、军事、外交等各方面的大事。

《中共党史大事年表》(中共中央党史研究室编,1982年人民出版社出版),此书反映党的建立(1921.7.1)至1981年7月1日间党史上的大事。此书作了一些修订(见《理论动态》1983年),应注意参看。

如果要查1980年以来的大事,可利用《国内外大事记》(1980年创刊,每年一本)。

②利用辞书查找。如果已知事件名称,利用辞书查找比较便捷。例如《中国历史大辞典》、《中国近代史词典》以及《中国近代史知识手册》等是首先应当选用的。此外,一些综合性的辞书如《中国大百科全书》、《辞海》、《辞源》、《中文大辞典》、《简明社会科学词典》以及《新华词典》等均可选用。以上,《中国历史大辞典》最有参考价值,全书拟出14卷,目前已出《宋史》、《史学史》等分卷。

③利用年鉴查找。在前面我们讲了用最新版年鉴查时政大事,查历史大事则要用旧版年鉴。如要查旧中国的一些历史事件以及收集各种史料,利用那时的年鉴,是一条重要的途径。旧中国出版过的年鉴有30来种,其中主要的有:《海关中外贸易年刊》(1864年创刊,出至1948年)、《世界年鉴》(1913年—)、《银行年鉴》(1921—)、《中国年鉴(第一回)》(1924年)、《申报年鉴》(1933—1936年,1942年)、《世界知识年鉴》(1936—1937年)、《中华民国统计提要》(1936—1939年)、《中国劳动年鉴》(1928,

1932,1933 年）、《中国经济年鉴》（1934—1936 年）、《中国年鉴》
（1935—1938 年）、《中国外交年鉴》（1934—1936 年）等等。此外，
外国帝国主义分子为窃取我国情报，也出版过一些反映我国情况
的年鉴，只是用外文出版，其中亦含大量值得今天利用的史料。这
些年鉴有如《中华年鉴》（英文，伦敦 1931 年起，出至 1939 年止）、
《满洲年鉴》（满洲日日新闻社，1936—1944 年止）、《台湾年鉴》
（1928 年，日文）等。

　　新中国出版的年鉴很多，目前约达 70 余种。如《中国百科年
鉴》、《中国年鉴》、《人民手册》、《中国经济年鉴》、《中国历史学年
鉴》等等。其中如《中国百科年鉴》、《中国经济年鉴》编有大事记，
均可注意利用。（其他年鉴可参看第三章）。

　　2. 世界历史大事：①先利用历史大事年表。查中国与外国大
事对照的有《中外历史年表》（翦伯赞主编，1961—1963 年出版），
分有两本：公元前 4500 年—公元 1918 年为一本，公元 1919 年—
1957 年为一本。此外，还有《世界历史大事纪年》、《世界史纪年手
册》、《世界大事年表》、《国际共产主义运动大事记》、《第二次世
界大战后国际关系大事记》（1945—1979）等书可用。

　　以上年表均按年、月、日为序排列历史大事，这些大事广涉以
往社会阶级斗争、经济、政治制度改革、重要法令的颁行、外交关
系、生产工具和技术改进以及著名历史人物的生卒情况等等。

　　②利用辞书和手册。例如《世界历史辞典》、《简明中外历史
辞典》、《中外史地知识手册》、《世界史纪年手册》以及外国的著名
大百科全书如《苏联大百科全书》、《不列颠百科全书》、《世界大百
科事典》等（参看第三章）。

　　③利用年鉴查找。如《世界知识年鉴》、《各国概况》、《世界经
济年鉴》、《国际形势年鉴》等。

三、专科史事和个人生平事迹

查专科史事和个人生平事迹,主要应利用专科年表、个人年谱以及辞书等工具书。

1. 查科学史大事的年表有《解说科学文化史年表》(1984 年中译本);《科学技术发现发明纵览》(葛能全编著,1986 年出版),该书分类编排,每类又按年代排列,实则是个年表;《中国地震资料年表》(上、下册,1956 年出版)。此外有《中华人民共和国经济大事记》(1949—1980)、《中华人民共和国教育大事记》(1949—1980)、《中国文学年表》、《历代流传书画作品编年表》、《中国目录学年表》等等。

2. 查个人生平事迹的年谱和传记有《马克思恩格斯生平事业年表》、《列宁生平事业年表》、《斯大林年表》、《伟大领袖和导师毛主席革命活动大事记》、《鲁迅年谱》、《郭沫若年谱》、《司马迁年谱》、《杜甫年谱》、《陆游年谱》、《唐宋词人年谱》(修订本)等等。

第九章　查字词、人地名和年月日

当我们查到各种文献,在阅读过程中,还会碰到文字的书写、来源、读音和解释问题;词语的理解、用法问题;人名、地名以及专科名词术语的问题;中外历法年、月、日换算等问题。本章就此介绍有关查解方法和工具书。

第一节　文字、语词

文字、语词,包括成语、方言、俗语的查解,是文科读者经常进行的,排解这方面的疑难,或直接对此研究,是文科读者读书治学不可缺少的环节和任务。

我国文字已有四千多年的发展历史,其产生、发展是整个文化史的一个组成部分,其形体、读音、含义的演变发展,是与劳动人民的生产、生活、环境,与社会的全部活动有一定关系的,它们从一个侧面反映了自然环境和社会历史。因此,文科学术研究是离不开对文字的真实了解和正确使用的。同样,各种语词的含义、用法也有其发展变化的历史。阅读古典文献,必须了解古代语词的音义,阅读当代文献,必须懂得现代汉语,还要时常查解专科名词术语。

一、古今文字

古文字由图画演化而来,现存最早的定形文字是殷商甲骨文。3500 多年以来,文字又不断增多和淘汰,形体有正俗之不同、繁简之不同,读音有古今之不同,普通音与地方音之不同,含义有新陈代谢的变化。要查解这方面的问题可利用下列工具书:

查现代常用字的工具书,主要有《新华字典》(商务印书馆1979 年修订本),该书自 50 年代初版以来已修订多次,一再重印,发行数量最大。1979 年修订版收单字 11000 个,均为常用字,包括异体、繁体,同时收有少量语词;此外,还有《同音字典》(中华大辞典编纂处编,50 年代出版)、《工农兵字典》(1973 年上海人民出版社出版)、《五码字典》(1984 年湖南人民出版社出版)等。

查古代汉语字的工具书,主要有:《古汉语常用字字典》,本书编写组编,1979 年商务印书馆出版。该书收古汉语常用字 3700个,另附难检字 2600 个;《简明古汉语字典》,张承言等编,1986 年四川人民出版社出版,该书收古典文献常用字 8500 多个,不包括异体字,兼收少量常见双音节语词;《中华大字典》,徐元诰、欧阳博存等编,1915 年中华书局初版,1979 年重印,该书收单字 48000多个,包括当时科技界的一些新创字;《康熙字典》,清代张玉书等编,有 1979 年影印本,该书收单字 47035 个,是在明代梅膺祚的《字汇》和张自烈《正字通》两书基础上加以增订而成的,是古代一部最大的字典,在一般字典里查不到的冷僻字和难字可以利用该书查解,但原书也有不少错误,使用时应注意利用后来的版本所附的清代王引之的《字典考证》。《康熙字典》与《中华大字典》均按214 个部首排列,用反切法注音。前者是《唐韵》、《集韵》、《洪武正韵》等多种韵书的反切注音的辑录,虽然具有参考价值,但易使一般读者无所适从。此外,还有《说文解字》(东汉许慎编,有 1963年中华书局影印本,1985 年第 8 次印刷本)、《经籍籑诂》(清,阮元等编,有 1983 年成都古籍出版社影印本)、《汉语大字典》(本书编委会编,自 1986 年起陆续出版,现已出版第一二卷,拟于 1989 年出齐)等。

《说文解字》收单字 9353 个,重文 1163 个,按 540 个部首排列,这是我国第一部完整的字典,对于阅读古典文献尤其是秦汉文献以及秦汉以前的文献,包括研究甲骨文、金文,均有较大的参考价值,历代翻刻,沿用至今。该书每字字头均列秦代小篆体,然后对每字的含义作简释,接着用"六书法"的理论解释该字的结构,末列古文、籀文。原书注音只用直音法注"某声"或"读若某",唐代徐铉始据孙愐《唐韵》加注反切于末尾,但与汉人读音有不符之处,徐铉还间加注释,均用双行小字刻印。在使用《说文解字》时,可参看张舜徽著的《说文解字约注》等书。

《经籍籑诂》收单字 12000 多个,每一字头之下汇集了唐以前的经史、诸子、文选、字书、韵书的训释资料极多,按《佩文韵府》分 106 韵排列,《佩文韵府》未收之字,据《广韵》增补,《广韵》未收之字,据《集韵》补录。每条训释资料均用○隔开,并注明出处。

这些训释资料,有的字多达数百条,对于阅读古典文献极有参考价值。

《汉语大字典》是我国最大的一部字典,全书 8 卷,收单字多达 56000 多个。每字以楷书作字头,然后列出金甲秦篆及汉隶字形,接着注出拼音和反切,并分义项作解释。每一义项又尽可能地多引书证,对于阅读古典文献极为有用。该书对每一个字的解形、注音、释义都十分全面、详尽,所涉知识甚为广泛。

查先秦文字形体的工具书,有:《古文字类编》,高明编,1980 年中华书局出版,该书收已确认的殷商甲骨文字、两周金文字、秦小篆字共计 3000 多个,每字共列出五六种字体;《甲骨文编》,中国科学院考古研究所编,有 1965 年中华书局影印本,该书收殷商甲骨文 4672 字,每字列有多种异体,并指明出处。其中未释定的字以附录刊于最后,共 1723 字;《甲骨文合集》,郭沫若主编,1982年中华书局开始陆续出版,该书规模宏大,目前尚未出齐。我国出土甲骨共约 15 万多片,藏于全世界各国图书馆、博物馆和私人手里。其中有文字价值者为 5 万片左右,此书对这些有文字价值的作了汇总。甲骨文字由于是最早的定形文字,对于研究先秦文献,研究上古历史包括哲学、政治、经济、军事、外交、文化、典制、历法、天文、数学、技艺、生产等各方面都有重要的参考意义,因此,这两部书是值得重视的。该书分丁武期,祖庚、祖甲期,廪辛、康丁期,武乙、文丁期,帝乙、帝辛期共五个时期 22 大类排列,22 大类是奴隶和平民、奴隶主贵族、官吏、军队、刑罚、监狱、战争、方域、贡纳、农业、渔猎、手工业、交通、天文、历法、气象、建筑、疾病、生育、鬼神崇拜、祭祀、吉凶梦幻、卜法、文字、其他;《金文编》及《金文续编》,容庚编著,1959 年科学出版社出版,两书收金文共 2000 多字,已释定的为 1004 个,重文 13950 个;存疑字 1199 个,重文 985 个。金文即钟鼎文,铭铸于钟、鼎等青铜器皿之上,古书载"书于竹帛,镂于金石"的"金"即青铜器皿。这种文字是甲骨文的发展,然其形体仍不整齐,史称古文、籀文、大篆。它们是先秦历史研究的依据之一。查考这些文字,可用此二书。另外,还可参考《金文诂林》。《说文解字》(如前述),此书列有秦篆体,并附古、籀文,又有结构解释,故也是查先秦文字的重要工具书。

查古代文字形体,除上述几书,还可以参看《金石大字典》(汪仁寿编,1982 年天津古籍出版社出版)、《干禄字书》(唐,颜元孙编,有《丛书集成》本)及《康熙字典》、《汉语大字典》等。

至于查古文字的读音,则可以利用《广韵》(宋,陈彭年编,有1960 年中华书局出版的周祖谟校的《广韵校本》)、《集韵》(宋,丁度编,有 1983 年影印本)以及《康熙字典》、《汉语大字典》等。

二、古今汉语词

阅读古今文献遇到古代和现代语词需要查解时,应分别利用不同的词典查找。

查现代汉语词的一般的语文词典,主要有:《四角号码新词典》(商务印书馆编纂和出版,1950 年初版,1962 年修订重排,1982 年第九次修订出版),该书收现代汉语词 15000 条,兼及部分百科词语和古词。《现代汉语词典》(中国社会科学院语言研究所词典编辑室编,1965 年商务印书馆初版,1983 年重印 1979 年修订本),该书共收词目 56000 条,包括常见方言词语以及部分旧词旧义和基础学科的术语。这是一部重要的现代汉语语文词典,对于阅读现代文献查解一般语词极为便利。此外,还有《新华词典》(本书编纂组编,1980 年商务印书馆出版)、《汉语词典》简本(中国大辞典编纂处编,1936 年初版,1957 年商务印书馆出版)等。

查现代百科词语,则有一些综合性的现代百科辞书可用。首先是《辞海》,该书由辞海编辑委员会编,1979 年上海辞书出版社出版修订本,原为 1936 年中华书局初版,1962 年出版了修订后的《辞海》试行本,共 16 个分册,1965 年出版了两卷本未定稿,1979 年出版了三卷本修订本(由上海辞书出版社出版),1980 年又出版了缩印一卷本。该书是一部大型百科辞书,共收单字 14872 个,词目 91706 条。这些词目包括一般词语、成语典故、人物、著作、团体组织、古今地名、历史事件和各学科名词术语等等。它的特点是综合性,但基本不收古代汉语词汇词义。这本书对于阅读一般书报时遇到的疑难基本都能解决。使用时应注意,阿拉伯数字和外文字母开头的词条在全书正文最末。1979 年以前未经修订的《辞海》称为旧《辞海》。旧《辞海》收词目达 10 万多个,其中含大量古词古义。1979 年修订本《辞海》称为新《辞海》,主要削减了古词条目,使之成了以收现代语文词目和百科词语的综合性辞书。由于这样删削对阅读古典文献不便,1982 年又出版一本以增补古汉语中常见的复词、成语典故为主旨的《辞海》语词增补本,共增补词目 15730 条,同时,还出版了百科增补本,1983 年两个增补本合为一册称《辞海(增补本)》出版。目前,利用新《辞海》应注意同时查阅这本增补本。1989 年底将出新版,篇幅巨大。另外,《辞海》还有 1977 年上海辞书出版社出版的 20 个分册本,这些分册是:语词、哲学、经济、政治、法律、军事、国际、民族、宗教、历史、地理、文学、艺术、语言文字、文化体育、教育心理、理科、生物、农业、医药卫生、工程技术。这些分册以后又陆续重印过,均可利用。尤其值得利用的是《汉语大词典》,该书自 1975 年始由山东、江苏、安徽、浙江、福建、上海五省一市数百位语言学专家学者组成的“编纂处”编纂,1986 年上海辞书出版社开始出版,已出第一卷,全书拟出 12 卷(正文 11 卷另有检索表和附录 1 卷),1990 年出齐。待出齐以后,将成为我国第一部大型综合性汉语词典,全书拟收词目 37 万余条,其中单字词目 22000 多条,总计篇幅为 5000 多万字。内容广涉古今语词及常见百科名词术语,既可以用来查解现代百科语词,也可以查解古代语词。目前,用以查解现代百科语词的辞书还有台湾省出版的《中文大辞典》(本书编委会编,1976 年台湾中国文化学院出版部出版)、日本出版的《大汉和辞典》(日本诸桥辙次主编,1955—1960 年大修馆书店出版)。此二书规模宏大,与《汉语大词典》相近,内容古今并重。

查古代汉语词,第一部重要的辞书是《辞源》(修订本)。《辞源》亦有新旧之别。旧《辞源》由陆尔奎等主编,光绪三十四年(1908 年)开编,1915 年商务印书馆出版,1931 年出版续编,1939年出版正续增修合编本,1950 年出版简本。新《辞源》是在旧《辞源》的基础上于 1958 年开始修订,1979 年至 1983 年由商务印书馆陆续出版的。修订者是广东、广西、湖南、河南有关专家学者组成的修订组及商务印书馆编辑部。全书四大册,收单字 12890 个,语词84134条,内容广涉鸦片战争(1840年)以前的艺文、故事、典章制度,人名、书名以及天文星象、医卜技术、花鸟虫鱼等各个方面,是目前我国一部最大的阅读古典文献和研究文史用的古汉语辞书。其特点是只收1840年以前的古汉语词目和重在"溯源"。每词解释简明,书证详尽,尽可能地引述每词的最早出处。排列同《康熙字典》,分214个部首排列字头,标出拼音字母、注音字母音节和反切、声调、韵部及声纽。其次,还可以利用《汉语大词典》、《中文大辞典》、《大汉和辞典》、旧《辞海》、台湾成天出版社1984年出版的《文史辞源》、1934年开明书店出版和1982年长春古籍书店复制的《辞通》(朱起凤纂)、1933年北京京华书店出版和1985年影印的《联绵字典》(符定一编)、《尔雅》(编者佚名、晋代郭璞注、明代金蟠订,有《丛书集成》本)、《释名》(东汉刘熙著,有《丛书集成》本)以及《五雅全书》(明,郎奎金辑刊,有商务印书馆《四部丛刊》本)等。

其中,《尔雅》为儒家经典之一,是我国第一部分类词典,全书篇幅不大,分19篇排列,头三篇是对普通字词的解释,其余16篇是对百科名词的解释。其篇名是:释诂、释言、释训、释亲、释宫、释器、释乐、释天、释地、释丘、释山、释水、释草、释木、释虫、释鱼、释鸟、释兽、释畜。《释名》也是一部分类词典,全书共分27篇,篇名为:天、地、山、水、丘、道、州国、形体、姿容、长幼、亲属、言语、饮食、采帛、首饰、衣服、宫室、床帐、书契、曲艺、用器、乐器、兵、车、船、疾病、丧制。以上两书训释均极简略,但对于阅读古代文献特别是汉魏及其以前的文献,很有参考价值。《辞通》是与旧《辞海》、旧《辞源》鼎足的旧社会三大辞书之一。该书只收双音节的词目,以古词为主,以习见者为经,以冷僻者为纬,按106韵部排列常见词,冷僻者相随,即同义异形的词排列在常见词之后,每词均引书证。《联绵字典》名为字典,实为收双音词(包括双声词、叠韵词、重音词和双音名词术语及虚词)的词典,取材于三代至六朝间,释义明晰。以上两书对于阅读古典文献查解双音节词语颇为有用。

至于查古代虚词解释的，有《词诠》（杨树达著，1979 年中华书局第二版）、《古书虚字集释》（裴学海著，1954 年中华书局重印本）、《古汉语虚词》（杨伯峻著，1981 年中华书局出版）、《常用文言虚词词典》（陕西师范大学本书编写组编，1983 年陕西人民出版社出版）等。查现代汉语虚词的，则有《现代汉语虚词》（景士俊编著，1980 年内蒙古人民出版社出版）、《现代汉语八百词》（吕叔湘主编，1980 年商务印书馆出版）等。

三、成语、典故、方言、俗语

成语，指约定俗成的词组和短句。短者三字，长者十四字，而四字成语最多。成语的特点，一是有文献来历，二是多有双重含义，即原义和引申义。不过现代很多俗语谚语也进入到了成语的范围。

成语、典故往往连言，因两者关系密切。典故，指古代典制、掌故，如史实、传说故事等。写诗作文对这些资料作精辟的利用，即用典。当然，用典还包括对古诗文作提炼性的利用。成语同典故的不同是，部分成语只是语有所本而无故事来源。成语典故连言，是因为大部分成语有故事来源，查找成语典故，可以考虑利用各种成语词典。

成语词典主要的有：《汉语成语小词典》（第四次修订本，北京大学中文系 1955 级语言班编）、《现代汉语成语词典》（范方莲编，1959 年商务印书馆出版）、《汉语成语词典》（甘肃师范大学中文系编，1978 年上海教育出版社出版）。后一种收成语达 5,500 条。以上三书每条成语均有出处、引文和解释。此外还有其他一些成语词典，如香港出的《大家中文成语辞典》收成语 8,000 条，注有出自谁人、何书，但过于简略。台湾 1980 年出版的《成语源》也可参考。近年还出版有《成语大词典》、《汉语新成语词典》和《分类成语辞典》等等。其中,最大的一部是河南人民出版社 1985 年出版的《汉语成语大词典》,收成语达 17000 条。这些书均有成语的来源出处和举例。

查成语典故还可以利用上述语言词典,如《四角号码新词典》、《辞海》、《辞源》等书。此外还可以利用一些有关方言俗语的词典(详下)和戏曲、小说词语汇释(详下)等工具书,因为这些书收有一些古典的和不常用的成语典故。例如《小说词语汇释》的后一部分即成语汇释。查典故较常用的词典有《古书典故辞典》,该书收典故 5400 余条,一一作解并注出处。此外,还要借助类书(见前),如《艺文类聚》、《太平御览》、《册府元龟》、《玉海》、《佩文韵府》、《骈字类编》等。类书按类或韵部收集古代文献中的各类丽词骈句和故实传说资料,例如《艺文类聚》的"读书"一类之下收有许多条古人读书的故事。以上,以《太平御览》含典故最富。

方言,指地方语言,我国长江以北以及云贵部分地区为北方语系,其余为南方语系。南方方言比较复杂,又分吴语、湘语、赣语、客家话、闽北话、闽南话、粤语等 7 个方言区。同一意义的概念在不同的方言区往往会出现不同的方言词。在阅读文献如不注意方言问题,便可能产生误解。

俗语,乃流传于群众口头上的通俗语言,又分为谚语、俚语、歇后语等等。方言俗语并于一起,是因为俗语多有地方色彩,部分亦是方言语词。

查解方言词的主要工具书有:《方言》(西汉扬雄撰,有《丛书集成初编》本)。此书详称《輶轩便者绝代语释别国方言》,是第一部方言词典。清朝学者对此研究的很多,如钱大昕等有《恒言录、恒言广征》、戴震写有《方言疏证》、卢文弨有《重校方言》等,今人周祖谟著有《方言校笺》、吴文玲为此编有《通检》附后。历代与《方言》同类的还有《续方言》(清杭世骏),程际盛《续方言补正》,徐乃昌作《续方言又补》。近人章太炎有《新方言》。建国后,出版有:《北方土语辞典》(初编),任明编,1951年春明出版社出版;《方言词例释》,傅朝阳著,1957年通俗读物出版社出版;《常用北方言词浅释》,刘禾编,1959年吉林人民出版社出版,《北京话语汇》,金受申编,1961年商务印书馆出版;《汉语方言字汇》,北京大学中文系语言学研究室编,1962年文字改革出版社出版,该书收录2700余字,每字标出全国17个方言点(北京、济南、西安、太原、汉口、成都、扬州、苏州、温州,长沙、双峰、南昌、梅县、广州、厦门、潮州、福州)的读音;《汉语方言词汇》,北京大学中文系语言学教研室编,1964年文字改革出版社出版,该书是普通话与18个方言点的词汇对照表。词汇分名词、动词、形容词、代词、量词、副词、介词、连词等类,以普通话为标准,用各点方言说法与之对照。18个方言点是在上述17个方言点的基础上增删的,删去了太原、汉口、双峰,增加了沈阳、昆明、合肥、阳江;《普通话闽南方言词典》,厦门大学中国语言文学研究所汉语方言研究室编,1982年福建人民出版社出版;《台湾闽南方言记略》,张振兴编著,1983年福建人民出版社出版;《广州音字典》(普通话对照),华南师范大学中文系本书编写组编,1983年广东人民出版社出版;《河南方音概况》,张启焕著,1982年河南师范大学出版,等等。

查外来语的辞书,有《外来语词典》,胡行之编,1936年上海天马书店出版;《汉语外来语词典》,刘正埮等编,1984年上海辞书出版社出版;《现代汉语外来词研究》,高名凯,刘正埮著,1958年文字改革出版社出版,等等。

四、小说、诗词、戏曲中的特殊语词

古典小说、诗词、戏曲中含有一些特殊语词,包括成语、俚语、隐语、方言以及江湖黑话,这些词语往往在一般辞书里未收,查解这类词语可分别利用下列工具书。

小说方面有:《小说词语汇释》,陆澹安编著,1964年中华书局

出版,1979 年上海古籍出版社新一版。该书收 60 余部古典小说中的方言、俗语、成语、黑话、隐语等共 8000 余条,加以解释并注出处,后附 2000 余条成语,只注出处,未加解释。《中国古典小说用语辞典》,田宗尧编著,1985 年台湾省联经出版事业公司出版,该书收 70 部古典小说中的 20,000 条用语,包括一些常见用语,加以解释,比较庞杂。

诗词曲方面有:《诗词曲语辞汇释》和《诗词曲语辞汇释续编》,张相编,1953 年中华书局出版,有近年重印本。该书收唐、宋、元、明诗词曲中的特殊词语,多属口语。每词先作简释,后引书例。此外,还有《诗词曲语辞例释》,王瑛著,1980 年中华书局出版;《唐宋词常用语释例》,温广义著,1978 年内蒙古人民出版社出版;及《元曲释词》等等。

戏曲方面有:《戏曲词语汇释》,陆澹安编著,1981 年上海古籍出版社出版。该书收录古典戏曲中的特殊语词,以院本杂剧为主,兼及宫调,传奇作品中者不收。此外,还有《敦煌变文字义通释》,蒋礼鸿著,1959 年中华书局出版,1962 年、1981 年增订本,"变文"指唐代寺院盛行的说唱文学,以后无传;《金元戏曲方言考》,徐嘉瑞著,1948 年商务印书馆初版,1956 年修订本;《元剧俗语方言例释》,朱居易著,1956 年商务印书馆出版,等等。

第二节　人名、地名和专业名词术语

文科各专业的研究都牵涉到人名和专业名词术语的查解问题,有时涉及地名问题。孟子曰:"颂其诗,读其书,不知其名可乎?"古人向来就把对人物的了解作为读书治学的一个方面。古典文献里,人名到处可逢,地名也是经常出现,兼及学科专业名词术语,随时需要查解。

一、古今人名

古今人名有本名、异名（笔名、室名、别号、行第、字号）、庙号、谥号和避讳等一系列问题，还有各科人名问题，外国人名问题。

查中国古代人名资料，有不同层次的需要，也有不同方面的工具书可用。如果要查找人物的一般生平简介资料，知其本名而不知其朝代、籍贯、生卒、官阶、生平活动等，可利用词典和百科全书查解。比较著名的人物，利用《辞海》、《辞源》、《汉语大词典》、《中文大辞典》即可解决，有些人物甚至在《简明社会科学词典》、《青年知识手册》等工具书中也能查得。但是，查一些不太著名人物，则要利用下列工具书：《中国人名大辞典》，臧励和等编，1921年上海商务印书馆初版，1949年第九版，1981年上海书店翻印，这是我国最大的一部古代人名词典，共收载自远古至清末的古代人名40,000多个，包括帝王将相和医卜技工，以及我国的少数民族人物等。资料主要采于经书、正史，间及方志、杂著和金石文字材料。各人名之下，列出朝代、籍贯、字、号、官阶、生平活动及其著述。同姓同名者另条接排，用"◉"隔开。该书在编纂时《清史稿》和一些方志尚未出版，故部分清代人物未能收录，查找时可参查《中国历代人名辞典》，该书由南京大学历史系本书编写组编写，1982年江西人民出版社出版。全书收远古至"五四"时期的人物，共3757人。另外，还有《中国历史人物辞典》（吴海林、李延沛编，1983年黑龙江人民出版社出版），该书分正、续两编，续编将另外出版，本册为正编，收商代至清末的历史人物兼及部分民国人物，共5800余人。但要了解人物的全部活动，仅靠辞书不够。如果要查找古代人物的年谱，可以利用《中国历代年谱总录》、《中国历代人物年谱集目》、《近三百年来人物年谱知见录》（均见第四章）。利用人物年谱可以详尽地了解其生平活动。此外还可直查人物传记资料。如果查人物的传记著作，应利用各种书目特别是《八十年来史学书目》(1900—1980)的有关部分等。如果要查找古代人物在正史中的传记资料，可以利用《二十四纪传人名索引》、《二十四史传目引得》和《二十五史人名索引》(均见第五章)。如果要了解正史未载人物的传记资料即散见于其他著述中的传记资料，可以利用《唐五代人名传记资料综合索引》、《四十七种宋代传记综合引得》、《宋元方志传记索引》、《辽金元传记三十种综合引得》、《元代传记资料索引》、《八十九种明代传记综合引得》、《三十三种清代传记综合引得》等等索引(参见第五章)。如果要了解古代人物同姓名问题，可利用《古今同姓名大辞典》(彭作桢辑著，1936年北京好望书店初版，1983年上海书店影印)，该书收1936年以前的历代同姓名人物共56,700人，资料采自经史、清代传记和各省通志及报刊所载者，同时利用了南朝梁元帝肖绎的《古今同姓名录》等。如果要查姓氏，可以利用《中国古今姓氏辞典》(慕容翊编，1985年黑龙江人民出版社出版)，该书收录古今各民族姓氏共4386个。1984年人民邮电出版社出版的《中国姓氏汇编》(阎福卿编)，收录姓氏更多，达5730个。要了解姓氏的起源情况，还可以利用《十通》中的三《通志》的"氏族略"，以及专著《中国人名的研究》(马来西亚，肖遥天著，国际文化出版公司1987年出版)。如已知某一人物的字号、室名、别号等异名而要查其本名，则可利用《室名别号索引》、《古今人物别名索引》、《中国人名大辞典》后附的"异名表"。如已知唐人行第，则可查阅《唐人行第录》(岑仲勉著，1978年上海古籍出版社出版)。要了解历代帝王的庙号和诸臣的谥号、避讳问题，可查阅《历代帝王庙谥年讳谱》(清，陆费墀编，清道光年间扬州阮氏刊本)、《历代名臣谥法汇考》(清刘长华编，1917年海宁陈氏慎初堂《崇川刘氏丛书》本)、《二十一史四谱》(清，沈炳震编，1936年商务印书馆《国学基本丛书》本)之"谥法谱"部分、《中国历史纪年表》后附的"历代国号帝王庙号年号笔画索引"，以及参阅《史讳举例》(陈垣撰，1958年科学出版社出版)、《清谥法考》(雷延寿编,1924年印行)等。如果要搜集更多的原始资料,还要利用类书、地方志、笔记以及古代传记文章等等。类书如《古今图书集成》、《册府元龟》、《太平御览》、《艺文类聚》等所涉人物甚多。查方志、笔记、传记文等,则最好先查索引。

查我国近代、现代及当代人物资料,工具书略少一些。查近现代人物的生平资料,除了可参考上述有关工具书以外,还可以利用:1931年良友图书印刷公司出版的《当代中国人名录》(樊荫南编著),该书收清末至1931年6月止的各界人物共4000多人;1978年开始出版的《民国人物传》(李新、孙思白主编),该书将收录1000人左右;《戊戌变法人物传稿》(增订本,汤志钧著,1982年中华书局第二版)等。查党史人物有:《中共党史人物传》(中共中央党史人物研究会编,1980年起由陕西人民出版社分卷陆续出版),该书反映"五四"以来在党史上有较大影响的人物以及党外有影响的爱国人士的生平活动。如果要查当代人物,则可以利用《中国现代社会科学家传略》(晋阳学刊编辑部编,1982年开始陆续出版)、《中国当代社会科学家》(北京图书馆《文献》编辑部、吉林省图书馆学会会刊编辑部合编,1983年开始陆续出版),以及各种人名录、指南、年鉴等。如果要查近现代至当代人物的笔名,则有多种笔名录可用,参看第五章。

查我国的专科人物生平简介资料,另有一些专门工具书。首先,各学科重要人物的查找,可利用《中国大百科全书》各有关学科的分册,《辞海》(20分册本)的各有关分册,然后可利用各专科词典及专科人物词典和专科传记著作。哲学方面,可查《哲学辞典》(刘延勃等主编,1983年吉林人民出版社出版)和《中国古代著名哲学家评传》(辛冠浩、李羲编,1980年齐鲁书社出版),还可以利用即将出齐的《哲学大辞典》来查。政治、法律方面,可查《简明政治学词典》(本书编写组编,1985年吉林人民出版社出版)、《世界政党辞典》(熊复主编,1986年红旗出版社出版)《法学词典》(增订本,本书编委会编,1984年上海辞书出版社出版)等。文学方面,可查《中国文学家大辞典》(谭正璧编,1934年光明书局出版,近年重印)、《中国文学家辞典》(北京语言学院本书编委会编,1979年四川人民出版社开始陆续出版)、《中国语文学家辞典》(陈高春编,1986年河南人民出版社出版)等。艺术方面,可查《中国艺术家辞典》(北京语言学院本书编委会编,1981年湖南人民出版社出版)、《中国美术家人名辞典》(俞剑华编,1980年上海美术出版社出版)、《中国音乐舞蹈戏曲人名词典》(曹惆生编,1959年商务印书馆出版)、《中国现代戏剧电影艺术家传》(李辉等主编,1981年江西人民出版社开始分辑出版)、《中国电影家列传》(中国电影家协会电影史研究部编,1982年中国电影出版社陆续出版,拟分8集)、《中国影坛新人录》(编者同前,1984年中国电影出版社出版)等。历史方面,可查《中国历史大辞典》(本书编委会编,1983年上海辞书出版社陆续出版,拟出14卷)、《中国史学家传》(张舜徽主编,1984年辽宁人民出版社出版)等。文化教育方面,可查《图书馆学情报学档案学辞典》(来新夏主编,即将由南开大学出版社出版)、《图书馆界人物》(广西图书馆学会编,1987年起由广西教育出版社出版,拟出两集)、《教育大辞典》(即将由上海辞书出版社出版,拟出20个分册)等。科学技术方面,可查《中国科学家辞典》(本书编委会编,1982年起陆续出版)。查少数民族历史人物,则可利用《中国少数民族历史人物志》(谢启晃等编著,1983年民族出版社出版)等。

查外国人物资料,主要有《当代国际人物词典》(本书编写组编,1980年上海辞书出版社出版)、《现代外国人名辞典》(唐敬果编,1933年商务印书馆出版)、《世界人名大辞典》(潘念之、金溟若编译,1936年世界书局出版)、《外国哲学社会科学人名录》(商务印书馆编辑部1963年编辑出版)、《近代现代外国哲学社会科学人名资料汇编》(商务印书馆编辑部编,1965年商务印书馆出版,1978 年再版）、《近代来华外国人名词典》（中国社会科学院近代史研究所翻译室编辑,1981 年中国社会科学出版社出版）、《苏联社会科学家人名录》（中国科学院哲学社会科学部学术资料研究室编,1964 年商务印书馆出版）、《世界著名科学家简介》（曾少潜主编,1983 年科学技术出版社出版）等等。同时,还可以利用外国的大百科全书（参看第三章）。以上,《近代现代外国哲学社会科学人名资料汇编》是一部重要的工具书,该书共收卒于 1870 年以后的近现代人物资料 7500 条,资料采自《苏联大百科全书》、《不列颠百科全书》、《美国百科全书》、美国的《当代人物传记》、《社会科学百科全书》和日本的《大人名事典》。检索时,可从拉丁字母名入手,也可以从书后的《汉译名音序索引》入手。

二、古今地名和地理位置

阅读各类文献,有时会遇到地名需要查解。

查考中国古今地名,首先可以利用各种辞书。一般地名,可查《辞海》合订本或 20 个分册本,《辞海·地理分册》有《中国地理》（1981 年上海辞书出版社出版）和《历史地理》（1982 年上海辞书出版社出版）两个部分。如果要查考某些不常见的古地名,可利用《中国地名大辞典》和《中国古今地名大辞典》。前者由刘钧仁编,1930 年国立北平研究院印行,收古地名共 20,000 余条。后者由臧励和编,1931 年上海商务印书馆出版,1959 年中华书局重印,1981 年影印。该书比前书更为丰富,共收古今地名达 40,000 余条。同名地名分条介绍,中间用"◉"隔开。此外,还有《中国历史地名大辞典》（刘钧仁原著,日本塩英哲编,1980 年日本凌云书房出版）,该书全用汉字排印;《新编中国地名辞典》（1977 年台湾省维新书房出版）。如果要查考我西北地区的地名,可利用《西域地名》（增订本）,该书由冯承钧原编,陆峻岭增订,1980 年中华书局出版,但这里的"西域"已超出新疆,起自玉门,远达欧非。如果要查考名胜,可利用《中国名胜词典》(国家文物管理局编,1981年上海辞书出版社出版)、《中国名胜古迹概览》(程裕祯等编,1982年中国旅游出版社出版)、《中国历史文化名城词典》(文化部文物局、中国城市规划研究院主编,1985年上海辞书出版社出版)。如果要查解一些很小的地名,可注意利用《中华人民共和国地名大辞典》(即将出版),该书按每省、市、自治区为一分册,篇幅颇为浩繁,将成为我国最大的地名词典。此外,各地的地名录如《湘潭市地名录》等亦可利用,多属近几年内部出版。如果要查考行政地理的沿革变迁,可利用地理沿革表、正史和方志中的地理志以及其他有关行政区划的手册等。地理沿革表有《历代地理沿革表》(清,陈芳绩编,黄廷鉴校补,有《丛书集成》本),该书分部表、郡表、县表,每表均按朝代分栏注明沿革变迁情况。此外,还有《历代疆域表》和《历代沿革表》(均为清代段长基编,段㵎书注,有《四部备要》本)、《清代地理沿革表》(赵泉澄编,1955年上海中华书局出版)、《中华人民共和国政区沿革》(1949—1979)(史长乐编,1981年江苏人民出版社出版)等。后者详细介绍了自建国以来至1979年底全国各省、市、自治区行政区划的沿革变迁。该书也可以说是一部手册性工具书。但1980年至今的行政区划则不能用此书查考,可利用《中华人民共和国行政区划简册》这本手册性工具书。该书自1950年开始出版,“文革”期间中断,后复出,现每年一册,由地图出版社出版,反映每年行政区划的沿革变动情况。另外,正史和地方志中大都有“地理志”部分,不过正史中有的叫“疆域志”或“郡国志”等罢了。如《汉书·地理志》、《后汉书·郡国志》、《宋书·州郡志》、《魏书·地形志》、《新五代史·职方考》、《宋史·地理志》、《宋史·河渠志》等等,原来没有地理志或有缺漏的,后人作了补编,利用《二十五史补编》,每史均可查到地理志方面的内容。地方志如一统志、省志、府志、州县志均有地理沿革的内容。一统志主要有《元和郡县图志》(唐,李吉甫撰,有

1983 年中华书局本）、《太平寰宇记》（宋，乐史撰，有清刻本）、《大清一统志》（清，官修，有清刻本）等。查历史地理沿革，还可以利用《读史方舆纪要》，该书为明末清初顾祖禹辑著，有 1955 年中华书局重印本，分装 8 册。全书以明代行政区划为基础，分区介绍建置沿革及自然地理。

查外国地名，可用《世界地名词典》（1981 年上海辞书出版社出版），该书收外国地名共 10,000 条，资料截止于 1979 年底；《辞海·地理分册》有《外国地理》部分，1982 年上海辞书出版社出版，共收外国地名 2382 条；《世界地名录》（1984 年中国大百科全书出版社编辑出版），该书规模较大，分上、下两巨册，收地名共 30 万条，包括"外国地名"和"中国地名"两个部分，一律按音序排列。"外国地名"部分的地名先列拉丁字母名、中译名，然后注明所在地域，最后标出纬度、经度。"中国地名"部分的地名，先列汉语拼音音节，汉文名，最后标注地理坐标。另外，《中外地名词典》（丁谒庵等编，1924 年出版）、《最新外国地名词典》（葛绥成等编，1940 年昆明中华书局出版）亦可参考。

查中外地名的地理位置，可以利用各种有关地图。如要查我国古地名的地理位置，可以先查《中国历史地图集》，谭其骧主编，地图出版社 1982 年起陆续出版。该书是在 1974 年中华地图学社出版的《中国历史地图集》（本书编辑组编）的基础上修订出版的。原书基本按朝代分为 8 册，第一册：原始社会、商、周、春秋、战国时期；第二册：秦、西汉、东汉时期；第三册：三国、西晋时期；第四册：东晋、十六国时期；第五册：隋、唐、五代十国时期；第六册：宋、辽、金时期；第七册：元、明时期；第八册：清时期。每一时期有全图和分图。每图均用不同颜色套印，稍重要的地名均标出古地名和今地名。今地名以 1980 年底为止的现行政区为准，古今地名，两色区别。每册书后均有"地名索引"，用以检得正文的页码和地理坐标。还可以查《中国史稿地图集》（郭沫若主编，1979 年地图出版社出版）、《中国历史地图集》（古代史部分）（顾颉刚、章巽编，谭其骧校，1955 年上海地图出版社出版）等。查近代地名，可利用《中国近代史地图》（东北师范大学历史系近现代史教研室编，1956 年该校印行）、《中国近代史稿地图集》（张海鹏编著，1984 年地图出版社出版）等。要了解新民主主义革命战争时期的战略态势和重要战斗经过图，可查阅《中国人民解放战争地图选》（1927—1949）（中国人民解放军军事博物馆编，1981 年地图出版社出版）。查我国现行地名地理位置，有《中华人民共和国分省地图集》（地图出版社编制，1974 年地图出版社出版，有 1984 年版），该书收省区图 28 幅，地区图 4 幅，地形图 15 幅和总图 3 幅，共 50幅，书后附有地名索引。《中华人民共和国地图集》（1979 年地图出版社编制出版），该书收专题图 30 幅（包括政区、人口、民族、地形、气候等方面），省（区）图 31 幅，城市图 14 幅。查检某地名的地理位置，可利用《中国地名录——中华人民共和国地图集索引》（1983 年地图出版社出版）。1957 年还出版过一本《中华人民共和国地图集》（地图出版社编制出版），要了解当时的一些地名地理位置可查阅此书。

　　查外国地名的地理位置，可查阅《世界古代史地图集》（东北师范大学历史系编制，1956 年印行）、《世界中世纪地图集》（沈阳师范学院历史系 1957 年编印）、《世界近代史地图》（沈阳师范学院历史系 1956 年编印）、《世界地图集》（地图出版社编制，1974 年地图出版社出版，1978 年第二版）。后者收总图 3 幅，其余为分洲、分地区、分国图，共计 80 幅。查世界历史地理，还可以利用《泰晤士世界历史地图集》（中文版），该书由英国伦敦泰晤士图书公司于 1978 年出版，1982 年三联书店出版中文本。全书有地图600 幅，文字材料 127 篇，分为七个部分：1、早期人类的世界；2、最初的文明；3、欧亚的古典文明；4、划分为地区的世界；5、新兴的西方世界；6、欧洲统治时期；7、全球文明时期。全书反映了自纪元前

9000 年至 1975 年的世界历史地理、历史事件、文化和科技成就。书后附有索引。

三、专科名词术语

关于各学科的专科专题名词术语的查解,除了可以利用百科全书和《辞海》20 个分册本以外,主要应查阅有关的专科词典或手册,在马列经典著作方面、哲学、政治学、法学、经济学、军事学、语言文字学、文学艺术、历史学、地理学、文化教育、体育各个方面都有相应的词典、手册等工具书可用。这类辞书,近年越编越多,涉及面日益广泛,内容日益深入,今后还有进一步发展的趋势,文科各学科以及从事文史工作者应熟悉本学科的辞书和大致了解其他学科的主要辞书。

1. 马列经典著作词典,有《〈资本论〉典故注释》(初稿)、《马克思恩格斯全集中的希腊岁马神话典故》、《列宁著作中的成语典故》、《列宁著作典故》、《〈毛泽东选集〉成语典故注释》等。

2. 哲学词典,有《简明哲学辞典》、《哲学辞典》、《中国哲学史辞典》、《新编简明哲学辞典》、《简明美学辞典》、《美学辞典》、《心理学词典》、《逻辑学辞典》、《伦理学辞典》,宗教方面有《宗教词典》、《佛学大辞典》、《实用佛学辞典》、《一切经音义》、《续一切经音义》、《伊斯兰教常用语汇(初稿)》等。最大的是将要出齐的《哲学大辞典》,全书 5 卷。

3. 政治学词典,有《简明政治学词典》、《马克 L 主义党的学说简明辞典》、《社会主义名词词典》、《简明共产主义运动史辞典》、《中共党史简明辞典》、《思想政治工作词典》、《国际时事辞典》等。

4. 法学词典,有《法学词典》、《新编法学辞典》、《法律小辞典》、《简明法律辞典》、《国际法辞典》等。

5. 军事词典,有《军事术语选编》(上、中、下)、《军事术语图解辞典》等。

6. 经济词典,有《政治经济学辞典》、《简明经济学辞典》、《现代经济词典》、《现代中国经济事典》、《外国经济学词典条目选译》、《经济大辞典》、《经济管理简明辞典》、《经济贸易辞典》、《货币银行术语词典》、《古钱大辞典》、《世界商标大词典》、《会计学大辞典》、《会计辞典》、《国民经济实用辞典》、《社会经济统计辞典》、《中国企事业名录大全》(四卷)等。最大的是《经济大辞典》,该书将出 20 卷。

7. 语言文字学词典,除前面已介绍者外,还有《语言与语言学辞典》、《语言学名词解释》等。

8. 文化教育词典,有《新闻学简明词典》、《文章体裁辞典》、《图书馆学辞典》、《图书馆学情报学简明辞典》、《文献与情报工作词典》、《汉俄英情报学词典》、《图书馆学大辞典》、《图书馆学情报学档案学辞典》、《中国图书馆名录》、《档案学辞典》、《教育大辞典》、《体育词典》等。其中,即将出版的《教育大辞典》规范巨大,拟出 20 个分册。

9. 文学词典,有《文学词典》、《文学术语辞典》、《简明文学辞典》、《中国古典文学大辞典》、《简明中国古典文学辞典》、《诗经辞典》、《红楼梦辞典》、《唐诗鉴赏辞典》、《唐宋词鉴赏辞典》、《元曲释词》、《中国神话传说辞典》、《文学描写辞典》、《苏联文学词典》、《当代法国文学词典》,以及前面讲到的诗词、小说语辞汇释等。

10. 艺术词典,有《电影辞典》、《中国戏曲艺术词典》,《美术大辞典》、《音乐辞典》、《音乐知识词典》、《中国音乐辞典》、《外国音乐曲名辞典》、《外国音乐表演用语辞典》,以及前面讲到的《戏曲辞语汇释》等。

11. 历史词典,有《简明历史辞典》、《简明中外历史辞典》、《历史小辞典》、《中国历史大辞典》、《中国近代史辞典》、《春秋左传词典》、《世界历史辞典》等。其中《中国历史大辞典》规模最大，拟出 14 个分册。

12.地理词典，有《地理学辞典》、《中外地理知识手册》等。此外，还有前面所述的《世界地名词典》、《世界地名录》、《中国古今地名大辞典》、《中国历史地名词典》、《中华人民共和国地名大辞典》等。后者规模最大，将按省、市、自治区分卷出版。

第三节　中外历法及其年月日的换算

历法，即记载时间的方法。其产生也许早于文字，因为它直接关系到农业生产的安排，没有时间的记载，就难于把以往的经验累积下来和传给他人，因此，远古各民族大都有自己的历法。以后逐步修改提高并走向统一。

阅读古今文献，常常会遇到历法问题，包括纪年纪月纪日的名称问题和各种历法之年、月、日的换算问题。例如，《国语》有云："昔武王伐纣，岁在鹑火"。"鹑火"作何解释？又如王羲之《兰亭序》第一句话就是"永和九年，岁在癸丑，暮春之初，会于会稽山阴之兰亭，修禊事也。"这里交代的是什么时间？鲁迅在《会稽郡故书杂记集》的落款记道："太岁阏逢摄提格九月既望"，这到底是公元哪年哪月哪日？至于龚自珍用自己作诗的当年命题的《己亥杂诗》集，写于何年？这些都牵涉历法换算问题。

历法有古今之不同，有中外之不同，有年代换算，有月日换算，比较复杂。

一、中外基本历法

世界上的历法很多，通过《中国大百科全书·天文学》卷等可了解。概括起来，基本历法有三：

1.阳历。全称太阳历。由于古代欧洲曾宣布公用此种历去,故又称公历,我国还称之为西历。这种历法是根据地球绕太阳的规律而出现的某些天文现象制定出来的。地球绕太阳一周为一回归年(即太阳年),共 365.2422 日。全年 12 个月。大月 31 天,小月 30 天或 29、28 天。阳历有旧历和新历之别。旧历是指罗马统治者儒略·恺撒创始的,是整理更早时期的罗马古阳历的结果,史称儒略历。儒略历是现行公历的前身,创始于公元前 46 年(罗马 709 年,汉元帝初元三年)。这种历法定一年为 12 个月,单月为大月,31 天,双月为小月,30 天,一年为 365 天,多计的一天从 2 月扣除,使之成为 29 天。为了使回归年的尾数 0.2422 日不致丢弃,又每隔三年置一闰年,使之成为 366 天,增加的一天放在 2 月,使闰年 2 月成为 30 天。这种每隔三年置一闰年的原则在恺撒死后一度误解为每三年置一闰年,结果从公元前 42 年至公元前 9 年多置了三个闰年。公元前 9 年罗马皇帝奥古斯都(恺撒的侄儿)发现了这个错误并作了调整,规定公元前 8 年到公元 4 年这 12 年不置闰年,使之与以往多置的闰年抵消,以后仍按每隔三年置一闰年的原则置闰。另外,为了留名,他又别出心裁地将自己出生的月份 8 月改为大月,为 31 天,9 月至 12 月依次对换大小月,这样,多计的一天从 2 月扣除,使 2 月平年为 28 天,闰年为 29 天,全年天数与原来一致。由于儒略历比较精确,欧洲基督教国家于公元 325 年宣布公共使用,始称公历。但现行的公元 1 年并不是恺撒原定的公元 1 年,而是公元 532 年基督教僧侣狄奥尼西提出并开始采用的以"耶稣诞生"的年份为公元 1 年的。这年以前的年份依次倒数,称公元前 1 年、2 年……。儒略历仍有不精确之处,由于采用置闰方法,使其平均每年的天数为 365.25 日(365 天零 6 小时),比回归年 365.2422 日(365 天 5 小时 48 分 46 秒)多计 0.0078 日,到公元 1582 年已多计 10 天,使这年的节气相应地都提前了,如春分本应在 3 月 21 日,而提前到 3 月 11 日。这年,罗马教皇格里哥里第十三采用业余天文学家利里奥的改革方案,作了两项改动:一是缩减掉多计的 10 天,规定公元 1582 年 10 月 4 日后紧接的一天为 10 月 15 日;二是稍改置闰方法,规定凡不能被 400 整除的世纪年(如 1700 年、1800 年、1900 年)不再置闰年,这样,每 400 年可以少置 3 个闰年(即减少 3 天),要 3300 多年以后才会多计一天,从而进一步提高了历法的精确度。这就是新历,史称格里历。

2.阴历。全称太阴历,因是信奉伊斯兰教(旧称回教)的阿拉伯国家使用这种历法,故又称回历。它是根据月亮绕地球的规律即月相制定的。月亮绕地球一周的实际时间为 29.5306 日,为一月。这种历法称一个月为一朔望月,定一年为 12 个月,单月大,为 30 天,双月小,为 29 天,使每月的平均天数与朔望月的实际天数相近。但一年只有 354 天,比 12 个朔望月的实际总天数(354.3672 天)要少 0.3672 天,于是每隔 30 年置 11 个闰年(每不足 3 年有一个闰年),闰年在十二月加一天,使之成为 30 天,一闰年成为 355 天。这种历法自公元 622 年 7 月 16 日开始纪元,即这一天为回历元年元月一日。

3.阴阳历。全称阴阳合历。即我国使用的历法,故又称中历,又因相传这种历法创始于夏代,至今仍在沿用,故又称夏历,亦即今之农历,有时简称"阴历"。上古文明国家大多使用过古阴历,阴阳历即以古阴历为基础。但阴历只考虑月相变化,不顾太阳与季节的关系,故四季不能稳定在相应的月份,阴阳历则既定一个月为朔望月,又以置闰月和设立 24 个节气的方法,使四季稳定,平均每年天数与阳历接近。《尚书·尧典》就有记载:"期三百有六旬有六日,以闰月定四时成岁",即是说一年为 366 天,用置闰月的方法来稳定四季。春秋时期创造了"十九年七闰法",不足三年有一闰年。闰年即有一闰月,闰月即增加的一个月。闰年有 13 个月。这种历法的 19 年与阳历 19 年的总天数基本相等。后来又设有 24 个节气,于农业生产很便利。这种历法的大小月并不固定为单双月,而是经过准确计算确定的,其闰月最初置于年末,汉武帝太初改历以后确定凡设有"中气"的月份为前一个月的闰月。

二、年月日名称及其查解

1. 纪年名称及其查解:

如前"鹑火"、"太岁阏逢摄提格"是什么意思?"永和九年,岁在癸丑"指哪一年?还有所谓"鼠年"、"牛年"等是什么年? 这有两个途径查解,一是利用《辞源》、《尔雅》、新旧《辞海》等书来查,二是利用《岁阳名表》、《十二岁名表》、《干支表》等资料和一些年表、历表来查。我国在公元 1912 年推行了公元纪年法,今普遍使用。但在同时,一些旧历纪年法也在使用。古代有所谓:①星岁纪年法,②干支纪年法,③帝王年号纪年法,④生肖纪年法。

①星岁纪年法。又分有"岁星纪年法"和"太岁纪年法"两种。岁星即木星,据其行天一周(其轨道由西向东,在黄道旁)为 12 年,分为 12 等分,称十二宫或称十二星次,依次命名为:星纪、玄枵、娵訾、降娄、大梁、实沈、鹑首、鹑火、鹑尾、寿星、大火、析木。以此纪年。《左传》、《国语》曾采用。如上述"岁在鹑火"即这一年叫"鹑火"年。但这种方法并不准确。至于"太岁",则是虚设,是"假岁星",汉初已有。《尔雅·释天》说:"太岁在寅曰摄提格,在卯曰单阏,在辰曰执徐,在巳曰大荒落,在午曰敦牂,在未曰协洽,在申曰涒滩,在酉曰作噩,在戌曰阉茂,在亥曰大渊献,在子曰困敦,在丑曰赤奋若"。《汉书·天文志》、《淮南子·天文训》、《史记天官书》均有记载,只是后两书不称之为太岁,而称为太阴、岁阴。这个虚设的岁星

271

（假岁星）运行的轨道与真岁星相反，自东向西，人们之所以要创设这种太岁纪年法，是为了使之与 12 辰的方向一致。现将岁星纪年名、太岁纪年名与 12 辰名对照如表 9 - 1。

应注意的是，《尔雅》中的太岁名，在《史记·天官书》、《淮南子·天文训》、《汉书·天文志》有几个称呼不同。大荒落，称为大落骆（《史记》），协洽称为叶洽（《汉书》），作噩称为作鄂（《淮南子》）、作洛（《汉书》），阉茂称为淹茂（《史记》）、掩茂（《汉书》）。

表 9 - 1

岁星所在十二星次（西→东）	星纪	玄枵	娵訾	降娄	大梁	实沈	鹑首	鹑火	鹑尾	寿星	大火	析木
十二辰名	丑	子	亥	戌	酉	申	未	午	巳	辰	卯	寅
太岁年名（西←东）	赤奋若	困敦	大渊献	阉茂	作噩	涒滩	协洽	敦牂	大荒落	执徐	单阏	摄提格

西汉历法家又创造了一套岁阳名称与十天干相对应，《尔雅·释天》说："太岁在甲曰阏逢，在乙曰旃蒙，在丙曰柔兆、在丁曰强圉，在戊曰著雍，在己曰屠维，在庚曰上章，在辛曰重光，在壬曰玄黓，在癸曰昭阳。"据此看来，前面所举"太岁阏逢摄提格"即为甲寅年，因为"太岁在甲曰阏逢"，"太岁在寅曰摄提格"。岁阳名称与十天干相对应，可列表如表 9 - 2（岁阳名表）：

表 9 - 2

岁阳名称《尔雅·释天》	阏逢	旃蒙	柔兆	强圉	著雍	屠维	上章	重光	玄黓	昭阳
十天干	甲	乙	丙	丁	戊	己	庚	辛	壬	癸

应注意的是岁阳名称在《史记·历书》与此亦略有不同之处。

用岁阳名称与岁阴名称相配即可表示干支纪年,上例"太岁阏逢摄提格"为甲寅年,正是这种情况。这就是说,若有这套名表,即可换算为干支纪年。

②干支纪年法,即十天干(甲、乙、丙……)与十二地支(子、丑、寅……)相配,如甲子、乙丑……,周而复始,为"六十花甲"。这种方法始见《淮南子·天文训》。今一般辞书如《新华词典》后都附有《干支次序表》。其次序一查即得,也可以直接推算。这种方法一直沿用至今,未曾中断。前面所举"岁在癸丑",即该年为癸丑年。

9-3 甲子表(干支次序表)

1 甲子	2 乙丑	3 丙寅	4 丁卯	5 戊辰	6 己巳	7 庚午	8 辛未	9 壬申	10 癸酉
11 甲戌	12 乙亥	13 丙子	14 丁丑	15 戊寅	16 己卯	17 庚辰	18 辛巳	19 壬午	20 癸未
21 甲申	22 乙酉	23 丙戌	24 丁亥	25 戊子	26 己丑	27 庚寅	28 辛卯	29 壬辰	30 癸巳
31 甲午	32 乙未	33 丙申	34 丁酉	35 戊戌	36 己亥	37 庚子	38 辛丑	39 壬寅	40 癸卯
41 甲辰	42 乙巳	43 丙午	44 丁未	45 戊申	46 己酉	47 庚戌	48 辛亥	49 壬子	50 癸丑
51 甲寅	52 乙卯	53 丙辰	54 丁巳	55 戊午	56 己未	57 庚申	58 辛酉	59 壬戌	60 癸亥

按:"甲子表"是以十"天干"(甲乙丙丁戊己庚辛壬癸)与十二"地支"(子丑寅卯辰巳午未申酉戌亥)两两相配而成,60组为一周期(青龙周)。

③帝王年号纪年法,是帝王上台所命名的一套年号,也有在位中途改年号的。这些年号如"永乐"、"乾隆"等等都是。农民起义

273

政权也用这种纪年方法。应注意的是,在帝王死后,这种纪年方法一般要在年号年数之前加上帝王庙号以至朝代才较完整,如唐高祖武德八年,清文宗咸丰元年等。但帝王在位时则只能记年号及年数,如东晋穆帝在位时,王羲之只记"永和九年"(《兰亭序》)。先秦时期尚无年号,则用王位纪年方法,如鲁隐公二年、秦文公三年等。这些,利用《现代汉语词典》所附"我国历史纪元表"即可查解。如"永和"元年为"乙巳"年,为公元 345 年,"永和九年"则可推算为公元 353 年,又据"干支次序表"知为癸丑年。

④生肖纪年法,是将十二地支配以 12 种动物名称:子鼠、丑牛、寅虎、卯兔、辰龙、巳蛇、午马、未羊、申猴、酉鸡、戌犬、亥猪。甲子年为鼠年、戊辰年为龙年。

2.纪月名称及其查解:

例如什么叫"孟春"、"仲夏"、"季秋"? 又如"孟陬月"是哪月? 桃月是哪月? 这些查《辞源》、《尔雅》等书可得。古代有①数码纪月法、②十二地支纪月法(称月建)③花卉纪月法、④古音乐十二律纪月法等。《尔雅》说:正月为陬,二月为如……。那么,"孟陬月"即正月(这里"孟"是排行第一的意思,"仲"为第二,"季"为末)。那么"孟春"即正月(一月),"仲夏"为五月,"季秋"为九月。

所谓数码纪月,指正月、二月、三月……。所谓地支纪月,指十二地支与 12 个月相配,或称建子、建丑、建寅……。夏历正月建寅,殷历正月建丑,周历正月建子,即周历的正月(一月)、二月正好是夏历的十一月、十二月。周初民间沿用夏历,故《诗经·七月》的"一之日"、"二之日"是指夏历十一月的日子,十二月的日子。至于花卉纪月等异称可以用表 9-4 推算出来。

表 9-4　月季异称别名表

月序	花卉代称等	季序名称	古乐十二律称	《尔雅》
一	正月(月正)、青阳、春王	孟春	太簇	陬
二	杏月、大壮	仲春	夹钟	如
三	桃月、夬月	季春	姑洗	宿
四	槐月、清和	孟夏	中吕	余
五	榴月、蒲月、端月	仲夏	蕤宾	皋
六	荷月、伏月、天贶	季夏	林钟	且
七	桐月、巧月、霜月	孟秋	夷则	相
八	桂月、获月	仲秋	南吕	壮
九	菊月、杪秋	季秋	无射	玄
十	梅月、小阳春、良月	孟冬	应钟	阳
十一	葭月、畅月	仲冬	黄钟	辜
十二	腊月、嘉平月	季冬	大吕	涂

　　另外,外国还有所谓"雾月"、"果月"等称,查《辞海》和《苏联百科辞典》等可得。

　　3.纪日名称及其查解:

　　我国古今纪日法有①数码纪日法,②干支纪日法,③朔望纪日法,④韵目代日法。例如前面所述"既望"是哪日? 1927 年"马日事变"是哪一天的事变? 这些可分别查《辞源》、《辞海》等书。此外,现在还有⑤星期制纪日法。

　　朔望纪日法规定初一为朔,初三为朏,十五(或大月十六)为望,十六(或大月十七)为既望、二十九(大月三十)为晦。前面"九月既望",为九月十七日(因为那年九月为大月,据《二十史朔闰表》查得,详后)。

表9-5　朔望纪日表

初一	初二	初三	初四	初八	十四	十五(或十六)	十六	十七	二十	二十一	二十二	二十三	二十九(或三十)
朔(月始苏)	既死旁生魄、朔魄	哉生明、胐(月出)	既生明	恒、上弦	几、望	望	既生魄、望魄	既生魄	几、念	念	既、念	下弦	晦、几、朔

韵目代日法是将106韵(参看第二章第二节)分别配于一日二日……三十一日之中,先将十五个上平声、十五个下平声的韵目分别配给一至十五日,然后将二十九个上声韵目配给一至二十九日,最后将十五个入声韵目配给一至十五日。至于三十日,配"陷"韵,三十一日则配"世"、"引"韵("世"、"引"二字分别似"卅"和"31"的花写)。用于打电报十分方便。一般使用代日的是:

例如前面所提"马日事变"即1927年5月"21日"许克祥在长沙发动的反革命事变。

三、年月日的换算

年代换算最多的是将中历换算为公历,如"永和九年"(公元353年),有时也要将公历换算为中历,如"公元1582年"(明神宗万历十年),有时还要换为中历的干支纪年。

表9-6　常用韵目代日表

日期	1	2	3	4	5	6	7	8	9	10	11	12	13	14	15	16
韵目	东、先	冬、肖	江、肴	支、豪	微、歌	鱼、麻	虞、阳	齐、庚	佳、青	灰、蒸	真、尤	文、侵	元、覃	寒、盐	删、咸	铣、谏
日期	17	18	19	20	21	22	23	24	25	26	27	28	29	30	31	
韵目	筱、霰	巧、啸	皓、效	哿、号	马、箇	养、祃	梗、漾	迥、敬	有、径	寝、宥	感、沁	俭、勘	豏、艳	陷	世、引	

换算的方法有:(1)利用辞书所附"我国历史纪元表",如要知道汉武帝建元年间是公元何年,一查即知为公元前140—133年。(2)利用各种纪年表。上述方法只能解决一般年代换算,辞典所附纪元表毕竟过于简略,且要推算,易出偏差。利用下述纪年表较为方便:

《中国历史纪年表》,万国鼎编,万斯年、陈梦家补订,1956年上海商务印书馆出版,该书分上、下编。上编又分"历史年代总表"和"公元甲子纪年表",后者是其主要部分。该表以每面50格反映中历纪年与公元纪年的50年对照。每格内为帝王庙号、年号及其年数、地支,格外天头为帝王庙号及名、公元年十位数及十位以上(百位、千位)的数字,格外左边为公元年的个位数、天干。使用时,只要将格内外的数字相应对齐,然后据其坐标位置,即能读出要换算的年代,如1700—1749年的公元甲子纪年表见表9-7。

下编是"夏商周年代简表"、"殷年代简表"、"西周周王简表"、"东周周王简表"、"东周诸侯国年表"、"西周诸侯存亡表"、"秦以后主要朝代存亡表"、"十六国年表"、"十国年表"、"中日对照年表"、"公元甲子检查表"、"太岁纪年表"。书后附有"索引"。下编"公元后甲子检查表(乙表)"

表9-7

		清圣祖玄烨		世宗胤禛	高宗弘曆		
		170	171	172	173	174	
0	庚	康熙39 辰	49 寅	59 子	8 戌	5 申	清
1	辛	40 巳	50 卯	60 丑	9 亥	6 酉	

2 壬	41 午	51 辰	61 寅	10 子	7 戌
3 癸	42 未	52 巳	世宗雍正1 卯	11 丑	8 亥
4 甲	43 申	53 午	2 辰	12 寅	9 子
5 乙	44 酉	54 未	3 巳	13 卯	10 丑
6 丙	45 戌	55 申	4 午	高宗乾隆1 辰	11 寅
7 丁	46 亥	56 酉	5 未	2 巳	12 卯
8 戊	47 子	57 戌	6 申	3 午	13 辰
9 己	48 丑	58 亥	7 酉	4 未	14 巳

如图9-1。

使用"公元甲子检查表"要注意分别公元前、后,公元后用"乙表"。先在下端找公元年的千、百位数,然后在中栏找十位数(下端三个小框分别与中栏三个部分连读),再在上栏找与个位数对齐的坐标,最后从左边天干读到坐标位置中的地支,即得干支纪年。

《中国历史纪年》,荣孟源编,1956年三联书店出版。该书分三编,第一编为"历代建元谱",用于查上起汉高帝元年至中华人

庚	申	午	辰	寅	子	戌	0
辛	酉	未	巳	卯	丑	亥	1
壬	戌	申	午	辰	寅	子	2
癸	亥	酉	未	巳	卯	丑	3
甲	子	戌	申	午	辰	寅	4
乙	丑	亥	酉	未	巳	卯	5
丙	寅	子	戌	申	午	辰	6
丁	卯	丑	亥	酉	未	巳	7
戊	辰	寅	子	戌	申	午	8
己	巳	卯	丑	亥	酉	未	9

0	1	2	3	4	5
6	7	8	9	0	1
2	3	4	5	6	7
8	9	0	1	2	3
4	5	6	7	8	9

0	1	2
3	4	5
6	7	8
9	10	11
12	13	14
15	16	17
18	19	20
21	22	23
24	25	26
27	28	29
30	31	32

图9-1　公元后甲子检查表（乙表）

民共和国成立的历代中历纪年及相应的公元纪年。第二编为"历代纪元表"，用于查公元前841年（西周共和元年）至公元1949年（中华人民共和国成立）之间的公元纪年的相应的中历纪年，包括

279

干支、朝代、帝王名、庙号、年号及年数、其他政权纪年等。第三编为"年号通检"。均比较好用。

《中国历史纪年表》，方诗铭编，1980 年上海辞书出版社出版。该书共分九个部分：一、中国历史年代简表，二、中国历史上主要奴隶、农民起义表，三、旧石器时代，四、新石器时代，五、夏世系表，六、商世系表，七、周世系表，八、西周共和以后中国历史纪年表（下按朝代顺序排），九、年号索引。其中，第八个部分是全书的主要部分，用于查公元纪年与中历纪年（包括干支、朝代、帝王庙号和姓名、年号和年数、其他政权纪年）的对照，同时还可供换算月、日。今举一例如表 9－8：

表 9－8　中国历史纪年表·清纪年表

公　元	干　支	清	
1871	辛未　⑪⑳		同治 10
1872	壬申　⑫②		11
1873	癸酉　⑪⑬		12
1874	甲戌　⑪⑬		13　（德宗⑫）
1875	乙亥　⑫④	德宗（爱新觉罗载湉）光绪	1
1876	丙子　⑪⑥		2
1877	丁丑　⑪⑰		3
1878	戊寅　⑫⑧		4
1879	己卯　⑪⑨		5
1880	庚辰　⑪②		6

使用此书应注意：1. 帝王后圆圈中的数字为该帝王即位的中历月份，如"德宗⑫"；2. 表中帝王左边的月、日，为阳历相应的年份的 12 月 31 日的中历月日，如公元 1871 年 12 月 31 日为清穆宗同治十年（辛未）十一月二十日。

《公元干支推算表》，汤有思编，1961 年文物出版社出版。该书分"公元推算干支表"、"干支推算公元表"两个部分。其中，"公元推算干支表"原理与万国鼎《中国历史纪年表》的"公元甲子检查表"相同，只是公元前、后合为一表，分左右两边使用。左边用于查公元前的公元年的相应的干支纪年。左边三竖格为公元前的百位、千位年数，用红色套印，中间下栏为十位年数，其中自左边第一竖格（06284）开始每单数竖格为红色套印，中间上栏左边 0 - 9，为公元前的个位年数，亦为红色套印。右边为公元后，与之相对应，为黑色。检索时，先在旁边找到公元年的千、百位数（如无，则找到"0"），沿线再在下拦找到十位年数，再在上栏旁边找到个位年，在其坐标位置即得其干支纪年，如表 9 - 9。

换算中历与西历年代，还可以利用《中国历史年代简表》（1973 年文物出版社出版）、《中国历代年号考》（李崇智编，1984年出版）以及《中国历代各民族纪年表》（陆峻岭、林斡合编，1982年台北木铎出版社出版）等。后者反映了夏商周至民国 38 年国民党反动政府迁台时止的历代中央王朝、先秦列国、汉族与少数民族建立的地方性政权的年代以及与公历年代的对照。全书分序表和正表。序表为"夏商周纪年表"，正表分为八表，即周春秋、战国、秦汉、魏晋南北朝、隋唐五代、宋辽金元、明清、民国等八个纪年表。序表只列公元、干支、朝代三栏，正表则加各政权并列的栏目，并详注帝王立卒年。如果要查中国与日本、朝鲜、越南的纪年与公历纪年的互相对照，可利用《中国、日本、朝鲜、越南四国历史年代对照表》（山西省图书馆 1979 年编印）。该书分公元、干支、中国、日本、朝鲜、越南六栏对照，反映公元前 660 年（日本神武天皇元年）至公元 1918 年间的纪年，如表 9 - 10。

表9-9　公元推算干支表

公元前

公元后

公元前:
- 0 3 6 9 12 15 18 21 24 27 30
- 1 4 7 10 13 16 19 22 25 28 31
- 2 5 8 11 14 17 20 23 26 29 32

	庚戌	庚子	庚寅	庚辰	庚午	庚申	0
	辛亥	辛丑	辛卯	辛巳	辛未	辛酉	1
9	壬子	壬寅	壬辰	壬午	壬申	壬戌	2
8	癸丑	癸卯	癸巳	癸未	癸酉	癸亥	3
7	甲寅	甲辰	甲午	甲申	甲戌	甲子	4
6	乙卯	乙巳	乙未	乙酉	乙亥	乙丑	5
5	丙辰	丙午	丙申	丙戌	丙子	丙寅	6
4	丁巳	丁未	丁酉	丁亥	丁丑	丁卯	7
3	戊午	戊申	戊戌	戊子	戊寅	戊辰	8
2	己未	己酉	己亥	己丑	己卯	己巳	9
1	庚申	庚戌	庚子	庚寅	庚辰	庚午	
0	辛酉	辛亥	辛丑	辛卯	辛巳	辛未	

0 6	5	1 7	4	2 8	3 9	3 9	2 8	4 7	1 7	5	0 6
2 8	1 7	3 9	0 6	4	5	5	4	0 6	3 9	1 7	2 8
4	3 9	5	2 8	0 6	1 7	1 7	0 6	2 8	5	3 9	4

公元后:
- 0 3 6 9 12 15 18 21 24 27 30
- 1 4 7 10 13 16 19 22 25 28 31
- 2 5 8 11 14 17 20 23 26 29 32

282

表 9 - 10　中、日、朝、越年代对照表

公元	干支	中国	日本	朝鲜	越南
1830	庚寅	清宣宗爱新觉罗 旻宁　道光十年	仁孝天皇 天保元年	纯祖李玜 行清年号	阮朝圣祖福晈 明命十一年
1831	辛卯	十一年	二年	〃	十二年
1832	壬辰	十二年	三年	〃	十三年
1833	癸巳	十三年	四年	〃	十四年
1834	甲午	十四年	五年	宪宗李奂 行清年号	十五年
1835	乙未	十五年	六年	〃	十六年
1836	丙申	十六年	七年	〃	十七年

　　年月日的全面换算，包括中历、西历以及回历三种基本历法的年月日互换，要利用各种历表。

　　1. 中西历年月日换算。主要利用《两千年中西历对照表》(薛仲三、欧阳颐编，1957 年三联书店增订重印本)，该书反映了公元元年至公元 2000 年间中历、西历的年、月、日对照。每页五表(每年一表)。每表五栏，第一栏为"年序"，包括年号纪年、干支纪年、公元纪年；第二栏为"阴历月序"(即中历月序)，包括 1 月(正月)至 12 月以及闰月、正月相应的干支次序数；第三栏为"阴历日序"，其中，既有初一至二十日，又有相应的各月阳历月、日，其阳历月数均与每月 1 日排印在同一小格内，如"11"、"21"、"31"……"01"、"N1"、"D1"，分别表示 1 月 1 日、2 月 1 日、3 月 1 日……10 月 1 日、11 月 1 日、12 月 1 日；第四栏为"星期"数，用来换算星期几；第五栏为"干支"数，用来换算干支纪日，如表 9 - 11。

表 9 – 11

年序 year	阴历月序 Moon	1	2	3	4	5	6	7	8	9	10	11	12	13	14	15	16	17	18	19	20	21	22	23	24	25	26	27	28	29	30	星期 Week	干支 Cycle
崇祯十七年甲申 1644—45	1	8	9	10	11	12	13	14	15	16	17	18	19	20	21	22	23	24	25	26	27	28	29	31	2	3	4	5	6	7	8	0	26
	2	9	10	11	12	13	14	15	16	17	18	19	20	21	22	23	24	25	26	27	28	29	30	31	41	2	3	4	5	6	–	2	56
	3	7	8	9	10	11	12	13	14	15	16	17	18	19	20	21	22	23	24	25	26	27	28	29	30	51	2	3	4	5	–	3	25
	4	6	7	8	9	10	11	12	13	14	15	16	17	18	19	20	21	22	23	24	25	26	27	28	29	30	31	61	2	3	4	4	54
	5	5	6	7	8	9	10	11	12	13	14	15	16	17	18	19	20	21	22	23	24	25	26	27	28	29	30	71	2	3	–	6	24
	6	4	5	6	7	8	9	10	11	12	13	14	15	16	17	18	19	20	21	22	23	24	25	26	27	28	29	30	31	81	–	0	53
	7	2	3	4	5	6	7	8	9	10	11	12	13	14	15	16	17	18	19	20	21	22	23	24	25	26	27	28	29	30	31	1	22
	8	91	2	3	4	5	6	7	8	9	10	11	12	13	14	15	16	17	18	19	20	21	22	23	24	25	26	27	28	29	30	3	52
	9	01	2	3	4	5	6	7	8	9	10	11	12	13	14	15	16	17	18	19	20	21	22	23	24	25	26	27	28	29	–	5	22
	10	30	31	N₁	2	3	4	5	6	7	8	9	10	11	12	13	14	15	16	17	18	19	20	21	22	23	24	25	26	27	28	6	51
	11	29	30	D₁	2	3	4	5	6	7	8	9	10	11	12	13	14	15	16	17	18	19	20	21	22	23	24	25	26	27	28	1	21
	12	29	30	31	11	2	3	4	5	6	7	8	9	10	11	12	13	14	15	16	17	18	19	20	21	22	23	24	25	26	27	3	51

阴历日序 Order of day (Lunay)

使用该表换算年代时,应据月、日的具体情况而定,看是否垮年;换算中历月的干支纪月时,可据正月(1 月)旁的干支次序数推算并查干支次序表即得;换算中西历月、日时,应将中历月数与中历日数找准,其坐标点的日子即阳历日子,回看则可以找到阳历月数;换算星期几时,应用阴历日数加上阳历该月的星期数之和除以 7(不足 7 的数即为星期几),余数则为星期几,零为星期天;换算干支纪日时,应将阴历日数加上阴历该月的干支数之和减去 60,再用余数去查干支次序表即得(不足 60 者可直接查干支次序表)。

查中西历年月日,还可以利用:《近世中西史日对照表》(郑鹤声编,1936 年商务印书馆初版,1981 年中华书局影印),该书反映公元 1516 年(明正德十一年)至 1941 年的中西历年月日的对照,包括星期、干支纪日;《中国近代史历表》(荣孟源编,1953 年三联书店出版,1977 年中华书局重印),该书反映 1830—1949 年中西历年月日对照;《天考历及天历与阴阳历日对照表》(罗尔纲编,

1955 年三联书店出版),该书分"天历考"和"天历与阴阳历日对照表"两个部分。第一部是对太平天国"天历"的创始、使用、特点的研究论述;第二部分是一个历表。一年为一表,每表反映天历、清朝阴历、阳历月日的对照,包括星期,干支和节气。凡加"＊"者为天历礼拜天,加"×"者为阳历星期天,凡遇节气,该日干支省记。

2. 中西回年月日换算。主要利用《中西回史日历》(陈垣编,1962 年中华书局修订重印本)和《二十史朔闰表》(陈垣编,1962年中华书局修订本)。

《中西回史日历》反映公元元年至公元 2000 年两千年间中、西、回三种历法年、月、日,包括星期、干支纪日的对照。全书每页(指两面的一页)为一单元,有共四年的年月日,每面为两年。每面分上、下两栏,上栏为西历年、中历年(包括帝王庙号年号数及干支)、回历年数,均用红色套印;下栏为月、日对照,以阳历为主干,黑体阿拉伯数字为阳历各月月份及该月 1 日,其余黑色阿拉伯数(从上至下,从右至左)依次为阳历各月的日数;行间中文数字(正、二、三……闰等)为中历月份,用红色套印;其左旁的阳历日子为中历该月初一(余类推);行间的阿拉伯数字为回历的月份,用红色套印,其左旁的阳历日子为回历该月 1 日(余类推);每单元左下角有"日曜表"数和"甲子表"数,用红色套印,书口标出朝代,用红色套印。这是为换算星期纪日和干支纪日,指示用书后所附日曜表几和甲子表几。现将正文和附录举例如下,其中日曜表中阳历日旁标点(红色套印)者表示该日为星期天。

使用《中西回史日历》正文,在换算中、西、回历年月日时,已知阳历较便捷。已知中历年号时,应先查书后"年号检字"以查得该年号纪年元年相应的西历年,再查正文。已知中历(或回历)月、日,应先看行间月序,并据左旁阳历日子即相应的初一(或 1 日)推算。使用该书附录查星期几时,要找到指示的日曜表,并找到相应的阳历年、月、日。查干支纪日时,要找到指示的甲子表,并据正文日子的栏数、行数（单行、双行）与甲子表对齐，才能查准（表9－12）。

表9–12　《中西回史日历》举例

右上纵向标题（自右至左）：
七五八　戊戌　至德元三　乾元元二二月改

左栏（141）日曜表5　日曜表5

25·	26	26
26	27	27
27	28·	28
28	29	29
29	30	30·
30	31	5
7	6	2
2·	2	3
4	4	4
3	3·	5
（略）5	5	6
6	6	7·
7	7	8
8	8	9（略）
9·	9	10
10	10	11
11	11·	12
12	12	13
13	13	14·
14	14	15
15	15	16
16·	16	17
17	17	18
18	18·	19
19	19	20
20	20	21·
21	21	22
22	22	23
23·	23	24
24	24	25

右栏（141）日曜表5　甲子表10

七五八戊戌		至德元三		乾元元二二月改	
26	26	27	25	26	27
27	27	28	26	27	28
28	28	29	27	28	29
29	29	30	28	29	30
30	30	31	3	30	31
31	5	4	2	31	1
6	2	2	3	2	2
2	3	3	4	2	3
3	4	4	5	3	4
4	5	5	6	4	5
5	6	6	7	5	6
6	7	7	8	6	7
7	8	8	9	7	8
8	9	9	10	8	9
9	10	10	11	9	10
10	11	11	12	10	11
11五	12四	13	13	11	12
12	13	13三	14二	12	13
13②	14①	14	15	13正	14十一
14	15	15⑫	16⑪	14	15
15	16	16	17	15⑩	16⑨
16	17	17	18	16	17
17	18	18	19	17	18
18	19	19	20	18	19
19	20	20	21	19	20
20	21	21	22	20	21
21	22	22	23	21	22
22	23	23	24	22	23
23	24	24	25	23	24
24	25	25	26	24	25

《二十史朔闰表》是《中西回史日历》的缩编本，正文每页 10 年，每年占两竖行。每页分三栏，上栏及天头载中历纪年，包括朝代、帝王庙号、年号和年数；下栏载回历、西历年及注释；中栏为中历正月至十二月及闰月的各月初一之相应的干支纪日和阳历月、日，即第 1 至 13 横格所记。第 14 横格为回历各年 1 月 1 日之相应的中历月、日，其右旁标黑点者，表示回历该年为闰年。天头干支纪年左旁所标数字，表示自该年至后面四年在换算星期纪日时所要利用的附录的日曜表数。现举一例（表 9 - 13）于后。该书书后所附日曜表基本同《中西回史日历》。利用《二十史朔闰表》换算中、西、回三种历法的年、月、日时，如已知中历年号纪年，应先查书后的"年号检字"以查出年号纪年的元年的相应的阳历年，再查正文右下角以便找到某页。换算中、西历月日，较易推算。如要推算跨月的日子，就要注意阳历和中历的大月、小月问题。中历大、小月可据初一的干支来判断，凡相邻两个月初一日的天干相同时，则上月为大月，凡天干不同时，下月为大月，阳历的大、小月则是固定的。如要换算回历就更复杂一点，特别是跨几个月者比较麻烦，易于失误，应注意闰年 12 月为 30 天。

　　如果要换算中、西、回、俄历的年、月、日的对照，可利用《中西回俄历表》（纪大椿编，1978 年新疆人民出版社出版），但只能换算公元 1821 年至 1850 年间的年、月、日。

表 9-13

二十史朔闰表　清　九九　励耘书屋

月	元（辛亥）	二（壬子）	三（癸丑）	四（甲寅）	五（乙卯）	六（丙辰）	七·八·九	十（庚申）	清文宗咸丰
正	戊子	壬子 二20	乙亥 二8	辛丑 一29	己未 二17	己未 二6	（略）	丙申 一23	正
二	戊午	壬午 三21	乙巳 三10	庚午 二27	己丑 三18	己丑 三7	（略）	乙丑 二22	二
三	丁亥	辛亥 四19	甲戌 四8	庚子 三29	戊午 四16	戊午 四5	（略）	乙未 三22	三
四	丁巳	辛巳 五19	甲辰 五8	己巳 四27	丁亥 五16	丁亥 五4	（略）	甲午 五21	四
五	丙戌	辛亥 六18	癸酉 六7	己亥 五27	丁巳 六14	丁巳 六3	（略）	癸亥 六19	五
六	丙辰	庚辰 七17	癸卯 七6	戊辰 六25	丙戌 七14	丙戌 七2	（略）	癸巳 七18	六
七	乙酉	己酉 八15	壬申 八5	戊戌 七25	丙辰 八13	丙辰 八1	（略）	壬戌 八17	七
八	乙卯	己卯 九14	壬寅 九3	丁卯 八23	乙酉 九11	乙酉 八30	（略）	辛卯 九15	八
九	甲申	戊申 十13	辛未 十3	丁酉 九22	乙卯 十11	乙卯 九29	（略）	辛酉 十14	九
十	甲寅	戊寅 十一12	辛丑 十一1	丙寅 十22	甲申 十一10	乙酉 十29	（略）	庚寅 十一13	十
十一	癸未	丁未 十二11	庚午 十二1	丙申 十一20	甲寅 十二9	乙卯 十一28	（略）	庚申 十二12	十一
十二	癸丑	丙子 一9	庚子 一?	乙未 十二20	癸未 一8	甲申 十二27	（略）	庚申 一11	十二
闰	（闰八）甲申			（七）戊辰 八24			（略）	（闰三）乙未 四21	闰
回	九4	九25	九2	八3	九3	八3		六3	回

嘉道万年书预推十一甲寅　今从本年时宪书

回历	西历
1268	1851

288

第十章　检索策略与实查

所谓检索策略,即是将课题的提问及其检索标志与检索工具(工具书及卡片目录等)的收录内容、编排特点相匹配而确定的检索方案或程度。这就涉及到分析课题、确定范围、优化方案、综合利用文献等一系列问题。同时,在实查中有时还会发现失策误检等问题。本章就此作一简述。

第一节　检索标志及其分析

我们在第一章第三节已经讲过课题的类型及其分析,即分有事实课题和专题课题两大类型,有的另分有数据课题,即查检数据资料的课题,其实可划入事实课题的范围。此两大类课题都有不同的特点,并可继续划分成不同方面的课题,所有这些课题都是我们文科读者在读书治学中将会遇到的。

然而,怎样临题检索呢? 我们真正面对课题动手实查时,还要首先对具体课题作一番分析,析出其检索标志,然后才能与检索工具(卡片目录、文献等)相匹配,找到具体的检索途径。还是让我们从课题的难易程度讲起吧。

一、课题的难易程度

有些课题一看就明白用什么书来查检,这是易检题,其易检度大,有一类课题很难确定其检索范围,即使确定了大范围也难于动手,或者即使能够下手,也是短时内难于完成的。此为难检题,其难检度大。另一类课题介于难题易题之间,只要动些脑筋,也能在一定时间内查检,可称中等题。

这里的难易程度并不是对每个人都固定不移的,对于不同的检索者说来,这种难易度是相对的、变化的。它与三个因素有关:一是与检索者的文献知识尤其是工具书知识(以及今后的机检知识)有关,越不熟悉者越难查解。因此,我们在讲检索策略时,应以对前面各章知识的掌握为基础。二是与检索者的其他文化知识有关,例如其文史哲知识广泛,便很容易辨析工具书的类目体例,更能帮助自己分析课题;其古汉语好,使用古代工具书和阅读一般古文献也很方便;其外文好,对使用外文工具书有利。三是与文献本身有关。当然,我们应把那些文献所不备的问题不算在正常的课题之内,因为对那些课题无论怎样查检也是不会有其答案的,例如外星人吃什么食物? 这恐怕是现有文献所未备者。然而,即使是肯定文献中有其答案者,也不一定能很快查解,还要看是最新出现的? 还是旧有的? 是很古老的? 还是较近的? 是中文的? 还是外文的? 是工具书所备的? 还是工具书所未备的? 凡是工具书所未备的都是难检度大的课题,凡是工具书所已备者,都应算难检度较小的课题。不过,事实课题与专题课题还有区别,如前所述,前者相对容易一些,后者难些。同时,还应注意,有某种直接的工具书可查到,为最易,而无某种直接的工具书者,需要利用多种工具书配合查解,则又稍难。例如目前查《太阳照在桑乾河上》的"乾"字读音(gān、qián)即其一例。人们之所以误检或一时根本找不到答案,均与上述因素有关。总之,可以认为:①最近一二个月内的资料难检度大,因为这些新信息尚未编入工具书;②近年内的资料也有一定的难度因为一部分未编入工具书,同时检索工具期刊和原始报刊往往不能及时出版和装订使用;③根本没有工具书备载者(包括新旧知识)难检度更大。如此等等。

无论难易程度如何,我们临题实查时,都要分析其检索标志。掌握难易程度以后,更能促使我们作认真的课题分析。

二、什么是检索标志

所谓检索标志,就是课题自身所含有的某种可供检索的线索。人们在实查时,就是根据这种线索去找到答案的。例如,要查出今年三月发表的主要美学论文,其线索是:论文——美学的——今年三月发表的——主要的。这也就是其检索标志。有了这些标志,即可与工具书或普通文献"对号入座"了(即匹配)。

检索标志是多种多样的,一个课题往往含有多个检索标志。这些检索标志归纳起来主要是:

①时间。即课题所涉时间。例如查什么时间的论文? 什么时间出版的著作? 事件发生时间? 人物所系时间? 何时的地名? 什么时间的字体? 事物图像属什么朝代? 如此等等。

②地点。即课题所涉地理位置。例如什么地方的文献? 何地出版的报刊? 事件发生地点? 人物属何地人氏? 方言语词的所属地方? 物产何地等等。

③人物。即课题所系人物。如文献的编撰者? 科学专业的代表人物? 事件的有关人物? 人物的异名(别名、室名、斋号等)、年谱主、墓主、作品的主人公等等。

④类属。即课题所属分类体系中的门类。例如文献所属的类目(经、史、子、集、丛或哲学、经济、文学……)? 事物所属的门类(职官、食货、器物……)等等。

⑤主题。即课题的主题是什么。例如文献涉及的主题? 语句

所属的主题？片断资料所属的主题？等等（包括标题、叙述词、关键词）。

⑥事物。即课题所涉事物。例如事件及其性质？人物的职业？什么物品？等等。

⑦字、词。即课题关涉的特殊字词（具有检索意义者）例如文献名称的字词？地名的字词？事物的字、词？语句所涉字、词？这些字、词（部分为主题词或类目概念，部分为语言字、词）要求选较为特殊者。

⑧著作或文章。即课题关涉的著作或文章。

以上均为主要检索标志。此外，还可列举诸如观点、流派等其他检索标志。

三、析出检索标志的方法

面对课题，怎样析出其检索标志呢？矛盾中含有解决矛盾的因素，课题中含有可供查解的线索——检索标志。换句话说，检索标志就在课题自身之中，因此，析出检索标志，也就是要分析课题。

分析课题，析出检索标志，并不是漫无目的随意进行的。这里有一个根本原则，即要析出那些真正可供检索的标志，也就是要能够首先与工具书刊的收录范围和内容相匹配，然后与普通文献的内容和辅助资料（如目次、索引、参考文献等）相匹配的标志，析出这样的检索标志才具有明确的直接检索意义。

分析课题，析出检索标志有两种具体方法：

第一种，内取法。即从课题提问的字面上析出的方法。例如，请查出《湘州记》是一本什么古书？从字面上即可析出：①是书；②是古书；③叫《湘州记》。又如"衡岳半天秀，湘潭无底清"的作者是谁？从字面可析出：①衡岳；②湘潭；③湘；④衡；⑤半天秀；⑥无底清。只有根据这些检索标志，才能动手实查。

第二种，外概法。即从题意上概括出检索标志。例如，请查出陶渊明的飞鸟诗。从题意上可概括出这样的检索标志：①古代——晋；②陶潜；③作品——写飞鸟的诗。又如上述查"衡岳半天秀，湘潭无底清"的作者，除了有字面标志，还有题意标志：①是诗句；②是五言诗句；③写湖南衡岳和湘江之潭；④昭潭（？）。至于专题文献课题，更要用外概法来分析检索标志。例如要查出近五年来研究湘潭地方史的文献，可概括出：①书；②论文；③综述和述评；④各现行行政区划史；⑤战国国别史；⑥学术会议文献；⑦中文；⑧外文的；⑨1981 年至 1985 年。如此等等。

分析检索标志，还要注意将普通的自然语言转换成规范化了的检索语言，即检索工具所使用的语言。只是在检索工具所不备而在普遍文献中有载时才可以用自然语言作为概括检索标志的检索词。当然，这方面在实查时会遇到工具书里也有明确的规定或引见。

四、检索标志的主次

无论用内取法或外概法、或两者相互交叉使用所析出的检索标志，都应有主次之分。

一个课题的检索标志往往有多个，那么第一个考虑使用的检索标志应是什么？其次应是什么？在具体实查时是必须考虑的，否则，若无主次，则可能走弯路。

例如，洪武三十年六月己酉，明太祖杀累犯严重走私罪的女婿欧阳伦。欲查出这一历史事实的一则稍详的史料。

此课题的检索标志应析出并作如下排列：①洪武二十年六月己酉（时间）；②欧阳伦（人物）；③明太祖（朱元璋，人物）；④杀走私犯（事件）。如果在实查时，从④查起，则慢或检得的是不太理想的答案。如用④，目前工具书无备（没有《历史事件大辞典》等）；用③查朱元璋人名或传记资料，不是无载就是太慢。用②查《中国人名大辞典》"欧阳伦"条，有载似简单了一些。用①查《明实录》、《国榷》、《明通鉴》、《明史》既快又详。

首先,要考虑课题提问的实质,凡反映提问实质的检索标志,应看作主要检索标志。不过,这往往不只一个,而是由几个标志构成。当然其中还是有关键性的(或最主要的)。

第二,在考虑提问的实质时,还应同时考虑工具书收录和排检情况,这样才能在主要检索标志中找出最主要的一个。

第三,还要考虑工具书的收藏情况和检索者的其他具体条件(如文化方面、检索方法的熟悉程度和使用习惯等),事实上,检索者往往是自然而然地从自己最熟悉的工具书和最熟悉的检索方法开始的。

由此可见,检索标志的主次也不完全是绝对的,更何况有些标志在"原则"上看来是最主要的而在实查中却并不一定如此。例如欲查"山雨欲来风满楼"的出处,从实质看是查一句古诗文的出处,而与工具书结合起来看是要查汇编资料或类书,在利用类书《佩文韵府》或《骈字类编》时,则应用检索标志"风满楼→楼",或"山雨→山"。这就很难说哪个应为主,哪个应为次。

在文科文献检索中,要绝对做到不窝工,不走弯路,绝对分析出检索标志的次第都是不现实的。这与文科课题本身复杂和文科工具书本身不够严密都有关。然而,我们又必须大致地确定检索标志的主次,以便少走弯路,尽可能使检索既准又快。

第二节　基本检索模式

当我们对检索课题作了分类,又对具体课题作了进一步的分析,析出了各种检索标志以后,就可以提出具体的检索方案,即提出具体的检索策略了。

提出检索策略的第一步是要将课题的类型特点和具体检索标

志匹配某种检索模式。这在前几章实已涉及,本章将作进一步说明。

一、什么叫检索模式

所谓检索模式,就是一种大致稳定的现成的检索初步方案,或者说,是检索既定的文献及其收藏系统的范围。例如,查现代档案资料,要利用档案文献部门,查文字的形音义,主要用工具书——字典,这就是基本稳定的现成方案,前面几章实际上就是讲的这个问题。

各种具体文献,无论工具书也好,普通文献也好,中文文献也好,外文文献也好,都有一个自己特有的范围。各种文献,哪怕是最大规模的丛书、类书或百科全书,都不可能把一切知识和情报包括无遗,就是说,其内容总有一定的范围,就全部人类文献说来,的确已把人类过去一切有价值的知识和情报几乎都收载了,但就某一类型或某一具体文献说来,却是永远做不到的,必然是各有其特殊的范围。

根据文献的这一特点,并根据检索课题的类型及检索标志的特点,就可以预先制定一种大致既定不变的检索方案,待各种课题的出现,以便框住这些课题,这就是检索模式。这种模式基本上已由图书情报学专家们给我们大致制定了。

这种基本检索模式是十分必要的,无论图书馆工作人员为读者检索文献,还是读者自己检索文献,有了这个模式,无论什么课题,便可迅速定出一个大致的范围。

二、检索模式的层次

文献检索的基本模式可以划分为不同的层次,其划分的方法是系统的方法,即从大范围到小范围地划分,使课题的检索思路亦沿着从大范围到小范围不断缩小,以便迅速检到答案而又尽可能不致失误（如漏检某些范围）。这种模式大致可以划分为三层。

（一）大范围（初级模式）。

所谓大范围，大到什么程度？大到以确定用什么级次文献（或普通文献还是工具书刊）为止，顺便提一下，所有的工具书都应划入二次文献或三次文献，因为几乎一切工具书都是对一次文献的整理、收录、筛选和浓缩。至于地图虽有实地绘制者，其实这种地图乃是边缘工具书。大范围即初级模式即为如下几条：

1. 就文献收藏和检索系统说来，①凡查尚未转换为公开发行的图书的档案，主要应利用档案部门来查。②凡查极为重要的科技情报资料，主要应利用科技情报所系统来查。③凡查一般文献（包括部分出版的档案和大量的科技情报资料在内），则要利用图书馆来查。

2. 就图书馆系统说来，①凡一般文献，各级各类型图书馆均可利用。②凡重要的科技资料应利用科学系统的图书馆来查。③凡重要的地方文献应利用各省、市、县级公共图书馆来查（省级图书馆重视地方文献入藏，多设有地方文献部）。重要的教材和其他科研资料应利用高校图书馆来查。

3. 就文献的级次说来，①凡最近一两个月内发表的新文献及其具体情报和其他估计工具书所未收者，应利用此时间的一次文献来查找；②凡原始文献（一次文献）包括著作、报纸刊物出版入藏等情况、文章及文章中的主题，人地名、词句资料的出处等，应主要利用二次文献来查找；③凡科学动态、时政大事、科研进展、科学名词术语，述评以及想了解二次文献和一次文献概况者，可利用三次文献来查；④另一些为二次、三次文献所未备的特殊资料可利用特殊文献来查找。当然这也属于一次文献。

以上就是初级模式——大范围。

（二）工具定类（二级模式）。

检索工具（包括卡片、机器、工具书等）有各种类型，那么什么课题用什么类型的检索工具呢？也有一定的模式可依。

1. 凡查找并借阅图书馆藏书者，一般先查当地馆藏卡片目录，如无，再查他馆发行的书本式目录，包括联合目录，后者已属工具书范围。

2. 目前凡重要的资料尤其是科技资料和外文资料，可利用电子计算机检索，包括使用国际联机检索。

3. 凡一般课题多用工具书检索。在利用工具书检索时，又可按如下模式进行。

①查当代科学进展及当前学术动态，分别用百科全书，年鉴、手册及文摘。

②查时政大事，用年鉴或用有关报刊索引转查，有时也可以利用年表。

③查图书，主要用书目，包括书名、作者、卷数、内容提要、出版时间、版本、价格等。同时，也可以利用年鉴、索引、政书、百科全书、词典、年谱、手册以及指南等。

④查报刊出版，主要利用目录（报刊目录）也可利用索引、名录（或汇编）和年鉴，有时也可以利用手册、指南或百科全书等。

⑤查论文资料，主要利用索引，也可以利用目录、汇编、文摘、年鉴等。

⑥查文艺作品，主要利用书目、索引，也可利用年鉴、汇编、手册、百科全书、词典、年谱等。

⑦查报导，主要利用索引，同时可用汇编、文摘等。

⑧查法令条约，主要利用汇编、书目，也可利用索引、年鉴、手册等，著名的还可利用百科全书、词典等。

⑨查名言警句，主要利用汇编、辞典（如《警语名句词典》）、类书，也可利用索引等。

⑩查诗、词、文句出处，主要利用类书，同时也可利用索引、汇编、辞典等。

⑪查典章制度,主要利用政书,也可利用辞典、百科全书等。

⑫查职官,主要利用政书、职官表,也可用辞典、百科全书等。

⑬查人名,主要利用辞典、传记、年谱、索引,也可用百科全书、汇编、手册、类书、政书、年鉴、图录、名录、书目等。

⑭查地名,主要利用辞典、地图,也可利用索引、名录、手册、表谱。

⑮查语词,主要利用辞典,也可利用百科全书、汇编等,有时也可以从字典里找到。

⑯查科学名词,主要利用百科全书、辞典。

⑰查图像,主要利用图录、类书、年鉴,也可以利用辞典、百科全书等,还可利用画报、新闻图片、人物传记等。

⑱查历法名称(包括纪年、纪月、纪日名称等),主要利用辞典、年表,也可利用百科全书、历表等。

⑲查年、月、日的换算,主要利用历表、年表,也可利用一般辞书。

⑳查机关、团体、学校等,主要利用名录、指南、手册,也可利用辞典、百科全书等。如此等等,还可以列举一些,但较主要者大致如此,这就是二级模式,因主要是定工具书之类,亦可谓工具书定类。

(三)定小范围(三级模式)。

在确定用什么类型的工具书来查索文献时,还可以利用小范围的模式。例如:

1.查图书,主要用书目:

①查新版的图书,用各种新书目(包括通报性书目、出版书目)。

②查各学科各年度的主要图书,用各种年鉴或新书目等。

③查馆藏图书,用馆藏目录(包括卡片和书本或书目)或联合目录。

④查建国以来出版的图书,用总书目和馆藏累积目录、卡片目录等。

⑤查辛亥革命至建国前夕的图书,用这段时间的总书目及建国后编的回溯性书目(包括总书目和专题书目等)。

⑥查近代出版的图书,用有关回溯性书目以及《贩书偶记》及(《续编》)和《中国近代出版史料》等。

⑦查古籍,用古籍目录。

⑧查期刊,用期刊目录。

⑨查外国图书,用馆藏外文图书通报书目和外国国家书目。

⑩查专题图书,用专题书目。

如此等等,书目还可细分(此外,还可利用丛书目)。

2. 查论文,主要用索引。

①查我国建国后各公开报刊上的各方面的论文,用专题专刊索引(如《中国古典文学研究论文索引》、《人民日报索引》、《红旗杂志索引》等)及综合性索引的专类。

③查专题论文,先用专题论文索引、文摘。

④查古代文集中的文章,先用有关篇目索引等。

⑤查马列经典著作中的文章,用有关篇名索引(或目录)。

如此等等,还可列举一些(此外,还可利用文集、汇编)。

3. 查人物,主要利用辞典(同时还可利用其他工具书)。

①不知属何学科的人名、用综合性人名辞典或其他综合性大型辞书。

②知为某学科人名,用专科人名辞典,以及综合性大型辞书、传记资料。

③查外国人名,用综合性世界人名辞典或专科性世界人名辞典。

如此等等。以上均为例略而已,并未详尽。至于其他方面,均可列出小范围的模式。但应说明,这三层模式,还只是大略的,仅是为了说明问题而列举的。而这些足以使人明了,基本检索模式是存在的,然而又不是绝对的。为了便利,应当将此三层模式用表格形式细密地列出。至于利用电子计算机检索,则可作为程序设计的基础。

三、检索模式的利用

以上三个层次的模式都是根据课题的需要按层次设计的,故使用这些模式就常将课题首先分成不同的类型及其不同的层次,读者自己检索某一课题时,则应归入以上三层模式。例如,要查出我国学术界在30年代讨论舞蹈起源的文章线索。这只要利用中大型图书馆所藏工具书即可(大范围);应主要利用工具书中的索引检索(二级模式);应用有关专题(史学、舞蹈)索引查检(小范围)。这三层是怎样确定的呢? 首先一看这是查一般的中文文献,故定了大范围。其次,这是一个查史学论文(用外概法对"讨论舞蹈起源的文章",析出"史学论文"的检索标志)的课题,故定了小范围。到底有哪些有关史学的专题索引,哪一种最为合适,以及还有什么文献可用,这就需要利用具体的工具书知识和其他文化知识了。

利用以上三个层次的模式,一般说来,大范围(初级模式)的确定,非常迅速,几乎是无所觉察。故对一般课题说来,这并不是重要的,应瞬息完成。重要的是对二级、三级模式的利用。

第三节　检索方案的优化

我们在制定了某种基本检索模式之后,遇到需要查检的课题时又进行了课题分析,析出了检索标志,这样只要进行一次匹配,就可以确定其大略的或基本的检索范围了。就是说,具体课题的整个检索方案已经确定了一半。然而,也只能说确定了一半,还有另一半仍需继续推敲,设法进一步缩小检索范围,直至最后查出所需之结果。

确定检索方案不是可有可无的,无论检索者是否书面列出这个方案,它总是存在的,有些易检课题,检索者只要稍稍一想,便计上心来,随即可利用某种工具查得答案。这稍稍一想,实质上就是在分析课题和确定检索方案。有些难检题则往往要列出书面方案,甚至需要集体设计。在这两种情况下,检索方案都有一个优劣问题。我们为了提高检索效率,应尽可能地优化检索方案。否则,即使课题获解也走了弯路。

制定一个基本的检索模式其实就是为了优化检索方案。根据这个模式,检索者可以节约一部分构思检索方案的时间。在没有这个模式的情况下,检索者需要从大范围或大系统至小范围或小系统作一番全面的构思。有了这模式,即可容易通过匹配确定大范围、中范围以至小范围,而深层的范围则仍需动一番脑筋,如何优化检索方案,其中颇有学问。

一、优化检索方案的数学方法

在优化检索方案的过程中,有多种数学方法可以利用,如统筹法、优选法和集合论均可利用。

1. 统筹法的运用,统筹法曾在优化企事业的组织管理上取得了很大的成效,这与著名数学家华罗庚的多年宣传是分不开的。在安排任何一件稍具复杂过程的工作时,也都用得着统筹法。即先干什么后干什么才最节省时间呢? 运用统筹法可以帮助我们作自然有序的统筹安排,例如用一个炉灶做一顿饭菜,是先淘米做饭而后洗菜节约时间一些? 还是先洗菜炒菜而后淘米做饭节约时间一些? 人们当然会肯定前者。检索文献资料时,凡遇一个课题需几步完成者,均可利用统筹法来帮助优化俭索方案。例如要查出龚自珍以己亥年命名的《己亥杂诗》写于公元何年,若用工具书来查,先查年谱就比较慢,而先查出其生卒年(用《辞海》等辞典均可)而后再查《中国历史纪年表》等年表就较快。

2.优选法的运用。在数学书里,优选法的解释是:供人获取生产工艺、操作、配方、配比最优参数的数学方法。例如酿酒,到底要放多少酒药才算最佳?假如这个参数在 0.01:1 至 0.1:1 之间,怎么迅速找出这个最佳参数?是 0.01:1,0.02:1,0.03:1……试下去呢?还是有更好的方法呢?运用优选法就可以迅速找到这个参数,即用优选法中的对折法就行了。具体做法是,第一次以 0.05:1 试起,如果少了,就在第二次试 0.075:1,如果多了,这个指数就在 0.05:1 至 0.075:1 之间,用同上方法再试几次就可以找到最佳数。查检情报资料也是如此,某一文献资料就在图书馆的文献海洋之中,怎样才能迅速找到呢?是不是从书库的第一架第一格第一本第一页开始查起,一直查到全馆的最后一架最后一层最后一本最后一页呢?当然,谁都不会这样做,因为如果设计这一种蚕食检索方案,则是最笨拙的一种方案。为了优化检索方案,优选法就用得上了。这种方法可以帮助我们第一次大致地排除一半的范围,第二次可以排除剩下一半的一半。余类推。在缺乏某种相应的检索工具时,以及某些课题虽有工具书可用,亦须多次试查时,利用此种方法尤为有效。例如,当缺乏《列宁全集》字顺目录或索引,而要查出列宁《论彼得格勒公共图书馆的任务》(写于 1917 年十月革命胜利后不久),一文在全集中的出处,怎么迅检呢?从头到尾查至 39 卷吗?这种方案显然太慢。《列宁全集》是按年月排列篇目的和安排卷次的。因此可用优选法设计优化的方案,即可从中间一卷(如第十九卷或二十卷)试查,如查得是 1913 年的内容,则排除 1—19 或 1—20 卷的范围;第二次则在第 19(或 20)—39 卷中间一卷试查(如第 25 卷),如果是 1916 年的内容,则可查第 26 或 27 卷了(答案在第 26 卷)这里头两步的方案完全可以事先确定,利用优选法可以大大减少试查的次数,而使方案优化。

事实上,任何按一定方向序化的检索系统(包括工具书的排检系统和普通书的目次、页次等等)都可以灵活地运用优选法迅检。

3. 集合论的运用。集合论是一种运用十分广泛的数学方法,同样可以用来优化我们的检索方案。

所谓集合有有限集合和无限集合之分,例如生物是牛、马、羊、花、草……的集合,这是无限集合;这间房子里的家具是桌子、凳子、椅子……的集合,这是有限集合。凡可以列举完毕的集合为有限集合,列举不完的集合是无限集合。

集合与集合之间有不同的关系,利用这些关系可以帮助我们理解文献与文献之间,文献内部类目、主题之间的关系,从而优化我们的检索方案。这些关系表现为集合,主要是:

①同等集。

如 $A = \{a, b, c, d\cdots\cdots\}$

$B = \{a, b, c, d\cdots\cdots\}$

那么 $A = B$(两集同等)

在选定两种或两种以上内容相同的检索工具时,利用同等集的关系,可以任选一种,以避免重复查检。

②真子集。

如 $B = \{A, c, d, e\}$

$A = \{1, 2, 3, 4\}$

则 $A \subset B$(A 包含于 B)

在利用分类排检的检索系统中,要迅速判断类目级间的关系,常常可利用真子集。例如已知某个资料在某一个子系统中,而这个子系统包含于某一母系统,查检时就可以确定其检索的程序,从母系统开始,找到子系统,再找到具体资料。而不至于反过来,使检索陷入盲目的翻检,浪费时间。

③并集。

如 A = {a,b,c,d}

　B = {a,c,d,e}

则 c = A∪B = {a,b,c,d,e}

（A 并于 B）

当我们查检专题文献资料时,往往不是一种或两种检索工具可以解决的,并集可以帮助我们考虑用多种检索工具;在利用分类、主题排检系统中的类目,主题排检系统中的主题关系时,并集可以帮助迅速确定应查的范围。例如要查出 1981 年发表于全国报刊的最主要的美学论文时,如用年鉴来查,则既要查《中国哲学年鉴(1982)》也要查《中国文学研究年鉴(1982)》等;如利用《全国报刊索引》,则既要查查哲学类,也要查查文学类。总之,运用并集关系可以帮助我们设计出同时查检多个范围所含有同一主题(专题)的文献资料的这种方案。这样就不至于遗漏某些范围,造成漏检。

④交集。

如 A = {a,b,c,d}

　B = {a,e,f,g}

则 c = A∩B = {a}

（A 交于 B,等于 a）

当我们在检索某些主题文献资料时,利用交集关系可以优化检索方案,从而大大提高检索速度。因为按主题法排列的检索系统,某些文献或某些事实情报资料,往往出现在多个主题之下,从不同的主题都可以找到,但却比较费时。例如《列宁全集索引》、《马克思恩格斯全集主题索引》等,往往从相关的主题都可以找同一资料的出处,得到很多页码,如按这些页码去查,必然太慢。若利用交集关系加以运算,将相关主题的页码全部查出,必然可以迅速发现少数几个在两个(或两个以上)主题词下相同的页码出处,一下子排除了其他一切出处,只要查这几个出处就行了,大大提高了检索的速度。这个方案就是最优方案。

以上充分说明,数学方法是可以应用于文科文献检索的,并可以优化检索方案。

二、检索方案在检索前的设计

检索方案是在检索前就需设计的,怎样设计才算最优呢? 这里必须明确几条原则:

第一,必须以检到结果为根本目的,而不能为方法而谈方法,忘记了目的。能否查到,不只是一个纯方法问题,还跟检索者的知识、文化水平和经验等有一定的关系。如果纸上谈兵,头头是道,而实际查不到,则不能算优化方案。

第二,必须以迅速检索到结果为原则。仅能检到资料还不能认定其方案就是最优的,还必须看是否迅速检到结果。为了迅速检索到结果,我们不能受其他东西的约束,即不必拘泥于什么范围,什么文献,什么工具,什么方法,谁先检到了,谁的方案就应算是优化的。例如有的文化高、读书广、记忆强,有些资料也可以只查一次文献的某一个页码出处,而不必通过检索工具来绕圈子,这种方案就是优化的。不过,文化低一点,记忆差一点的检索者按部就班地分析课题,确定检索范围和步骤,即使慢一点,也不能说就不是最优方案,相反,在他的程度上还应算最优方案。可见,所谓最优方案并不是绝对的,只有当检索者的水平和已知条件都一样,谁检得最快,才算谁的最优。事实上,这种情况并不多。因此,检索方案的优化应因自己的知识和对检索工具熟悉的程度而异。不必拘泥某种定式。怎样快,就应怎样检。

第三,检前可以先套某种模式,但又不能太拘泥于模式,因为模式("一般")不能套住一切课题("个别"),事物总是发展的,课题是日新月异的,应灵活修订和运用模式。检索工具书也是不断增加的,模式往往没有把新型工具考虑进去。因此,既要利用模式,又要不拘泥模式。

第四,制定模式或确定具体课题的检索方案时,都应尽可能地利用上述数学方法。

三、在实查中完善检索方案

在具体查解课题时,大多数检前设计的方案是正确的,结果是完全沿着检索方案中的程序得到的。但是,也有一部分难检题,沿着原检索方案往往得不到答案。显然,这种方案不仅不是优化的,而且是错误的。这原因有三:一是检索方案设计之失吴。二是检索工具之不理想。社会科学方面工具书不如科技方面的检索工具书那么排检科学,收录准确和齐全。因此,检索方案看来"最优"但又解决不了问题。例如要查《太阳照在桑乾河上》(丁玲小说)中的"乾"字读音,按理,应利用工具书查解→应利用辞典查解→最好利用地名辞典查解。但目前地名辞典上并无注音。三是一个人的知识总是有限的,有些难检题,往往一时查不到(多在工具书以外的范围)。

在利用事先定的方案实查时,我们应当随时准备修改方案。一是检索不到结果时要修改方案,例如在地名辞典上查不到"桑乾河"的"乾"字读音时,则应改用地名录或地名索引(《中国地名录》、《(汉语拼音)〈中华人民共和国地图集〉地名索引》)来查。走回头路,再据《辞海》等释义分析。二是在检索中发现了新线索时,仍可修改原方案。这叫做顺藤摸瓜,溯流得源。同时,在制定初步方案时,也应当把"试查"的范围包括进去。

总之,在实查一个课题时,往往要广开思路,多方求索,只有这样,把自己的知识加以灵活运用,才能优化检索方案,才能少走弯路,才能迅速得到预期的结果。